孙宏亮 著

黄土高原上的荷马

陕北盲说书人研究

中国社会科学出版社

图书在版编目（CIP）数据

黄土高原上的荷马：陕北盲说书人研究/孙宏亮著.
—北京：中国社会科学出版社，2020.6
ISBN 978-7-5203-6380-8

Ⅰ.①黄… Ⅱ.①孙… Ⅲ.①陕北说书—盲人—民间艺人—研究 Ⅳ.①K825.78

中国版本图书馆CIP数据核字(2020)第068227号

出 版 人 赵剑英
责任编辑 郭晓鸿
特约编辑 王顺兰
责任校对 张依婧
责任印制 戴 宽

出　　版 中国社会科学出版社
社　　址 北京鼓楼西大街甲158号
邮　　编 100720
网　　址 http://www.csspw.cn
发 行 部 010-84083685
门 市 部 010-84029450
经　　销 新华书店及其他书店

印　　刷 北京明恒达印务有限公司
装　　订 廊坊市广阳区广增装订厂
版　　次 2020年6月第1版
印　　次 2020年6月第1次印刷

开　　本 710×1000 1/16
印　　张 19.25
插　　页 2
字　　数 295千字
定　　价 96.00元

凡购买中国社会科学出版社图书，如有质量问题请与本社营销中心联系调换
电话：010-84083683

目　录

CONTENTS

导　　言

一　中国古代“诗赞系”说唱文学的两大系统及其源流

陕北黄土高原农历四月的下午，急促的鞭炮声打破了王家墕村往日的宁静，保安寺上空飘起五颜六色的旗子，老人和妇女们走出自家的窑洞，在田里耕作的农夫肩上扛着镢头缓缓而至，一年一度的老醮会开始了。请神仪式结束，八位身披僧袍的“忌口人”围坐在供奉着佛和菩萨的正殿门口的石桌旁，手持法器，虔诚地宣唱着铺在红布上的经卷。不远处，一位中年盲说书人背靠着土黄色的砖墙，坐在简陋的木凳上，手抚三弦，腿打甩板正在演唱，浑厚而悠长的声音极富穿透力地传向辽阔的远方。

本书是以陕北盲说书人为研究的对象，他们是行走在黄土高原上的荷马。然而，这一特殊的口头艺术表演群体并不是一个孤立的存在。他们不仅是古老传统的延续，在陕北农村宗教信仰仪式活动中，他们也经常与另一类口头艺术的表演者共享表演空间，互不相扰地从事着各自的职业。作为研究的起点，这里有必要先追溯中国古代说唱文学的源头和发展流变，尤其是要梳理清楚宗教僧侣和民间盲说书人这两类不同身份的演唱主体及其口头艺术形式之间的关系，以便确定陕北盲说书人在传统说唱文学中的地位。

中国古代说唱文学的源头，是学术界持久争论的一个问题。在晚近的研究中，盛志梅将其概括为“外来说”和“本土说”两种观点。“外来说”发端于20世纪30年代，以胡适、郑振铎等为代表。他们都是由敦煌变文入手来探讨说唱文学的源流衍变的，“认为说唱文学始自变文，其根子在印度，是随着佛教的传播而‘移植’过来的一种文体”[①]。之后，叶德均在完成于1952年的《宋元明讲唱文学》一书中，全盘接受了胡适、郑振铎的观点，明确指出：“唐五代僧侣们所创制的俗讲是讲唱文学的开山祖。……俗讲以后的讲唱文学，宋代有陶真、涯词、鼓子词、诸宫调、覆赚；元代有词话、驭说、货郎儿；明清有弹词、鼓词、宝卷等，它们都是俗讲的嫡系苗裔。”[②] 郑、胡两位前辈在中国俗文学界都享有崇高的声誉，“外来说”至今仍被很多文科教科书奉为圭臬，在学术界一直占主流地位。

持“本土说”的学者则主张从中国本土的诗歌、赋、歌谣等音乐文学以及先秦“瞽人诵诗”的传统中去寻找说唱文学的源头，认为说唱文学是中国本土文学传统不断发展积累的结果。变文是佛教与中国本土文学结合的产物，它和传统说唱文学“应该是子母关系而非相反”[③]。在综合考察向达、冯宇、王庆菽、程毅中、胡士莹、杨荫浏等前辈以及牛龙菲等当代学者的观点后，盛志梅认为《成相篇》作为“文人拟作之最早说唱文学”，它的出现与先秦“瞽人诵诗”传统有关：

> 事实上，早在周朝初期，就有民间艺人的说唱活动。《周礼·春官》和刘向的《列女传》中都有关于“瞽人诵诗”的记载。《列女传》中记载“夜则令瞽诵诗，道正事”。到战国时期，出现了荀子的《成相篇》，这是我们现在所能见到的最早的署名说唱作品。虽然《成相篇》的句子形式极像“快板”，但绝不可能是荀子原封不动地将民间说唱录了而来，最大的可能即是他模拟了早期民间歌谣“成相词”形式。[④]

在仔细考证“相”的字义后，盛志梅说：“‘相’实乃引导瞽者诵诗前所奏之鼓。‘成相’即‘击相’‘击拊’，也即打鼓，是瞽者歌诵时用来调整节奏的。”[⑤] 但接下来，盛志梅并没有就“瞽人诵诗”展开论述，而是回到《成相篇》“三三七”句式和押韵方式，并列举后世说唱文学作品中的大量例证，

① 盛志梅：《中国传统说唱文学之发展流变》，中国社会科学出版社2013年版，第1页。
② 叶德均：《宋元明讲唱文学》，商务印书馆2017年版，第3页。
③ 盛志梅：《中国传统说唱文学之发展流变》，中国社会科学出版社2013年版，第7页。
④ 同上书，第11页。
⑤ 同上书，第12页。

以证明《成相篇》与后世说唱文学的源流关系。

说唱文学是一种口头表演艺术形式，是由多种因素共同构成的，具有不同的演唱主体、体裁和表演形式。在梳理说唱文学的源流时，我们不能把目光局限在“散韵结合”上，仅仅从文本体制上来探寻说唱文学是“外来的”还是“本土的”。叶德均把说唱文学分为“诗赞系”和“乐曲系”两大类。“乐曲系”说唱文学主要有宋代叙事鼓子词、覆赚、宋金元诸宫调等，情况十分复杂。为了避免烦琐，本书只梳理与陕北说书同类的“诗赞系”说唱文学的源流。事实上，唐代以后的“诗赞系”说唱文学一直存在两类身份悬殊的说唱主体：一是以佛教法师、俗讲僧和民间教派僧侣为代表的宗教职业讲唱者，二是以盲人为主体的民间说书艺人。他们不仅在身份地位上有显著的差异，在演唱的目的、内容和方式上也有很大的不同。据此，笔者认为中国古代“诗赞系”说唱文学存在以宗教僧侣为主体的宗教讲唱文学和以民间盲艺人为主体的盲说书人说唱文学两个系统，前者称为宗教口头传统①，后者称为盲说书人口头传统。宗教口头传统主要有唐代变文和宋元以后的宝卷，盲说书人口头传统包括唐五代词文和莲花落、宋代陶真、元明词话、清代鼓词和弹词。这两大系统之间存在着互相影响，但没有直接的源流关系。如下所示：

宗教口头传统：变文 —— 宝卷

↓↑

盲说书人口头传统：词文、莲花落—陶真—词话—鼓词、弹词

下面，分别叙述宗教口头传统和盲说书人口头传统的源流，并说明二者的关系。

（一）宗教口头传统

变文有广义、狭义之分。广义的变文是指敦煌讲唱文学的总称，狭义的

① 口头传统（oral tradition），是当代口头诗学的基本概念。林继富认为口头传统“指传统社会的沟通模式和口头艺术，包括世代流传的信仰、习俗、格言、谚语、民谣、民间文学等”。（林继富：《民间叙事传统与故事传承：以湖北长阳都镇湾土家族故事传承人为例》，中国社会科学出版社2007年版，第42页。）朝戈金认为：“在具体的语境中，它有时又指表演过程中所涉及的全部因素。从这个意义上说，它就不仅是指一位歌手在一次表演中的所有内容，或者是他的所有表演的内容，而且还包括那些没有叙述出来的由歌手和听众共享的知识。”（朝戈金：《口传史诗诗学的几个基本概念》，《民族艺术》2000年第4期）

变文则专指“转变”的底本。这里，笔者赞同伏俊琏的观点，即认为变文“只应当包括（讲）经文、变文、因缘（缘起）类作品”①，而不包括话本、词文、故事赋等作品。

变文由六朝的“唱导”发展而来，它在文体上共同的特征是散韵结合，韵文以七言为主，兼有五言、六言和四言句式。演唱变文称作俗讲或转变，二者也没有太多的不同。只不过俗讲和讲经文出现得较早，在讲唱时须引据经文，然后加以通俗性解说。② 转变继承了俗讲，以讲唱故事为主，不引经文，因此变得更加灵活一些，这也是变文和讲经文的区别。至于因缘，张鸿勋认为：“因缘兼有俗讲与转变的某些特点，说明它很可能是二者之间的过渡形式。”③ 在敦煌讲唱文学作品中，讲经文原题多冠以“讲经文”“经”，而变文、因缘亦可称作“经”。例如《破魔变文》结尾“小僧愿讲经功德，更祝仆射万万年”④，《目连缘起》散场“今日为君宣此事，明朝早来听真经”⑤，这说明变文、因缘都是从讲经文发展演变来的，都是佛教僧侣讲经的底本，演唱目的是宣传佛法，招募布施。

宗教题材变文的讲唱主体是佛教法师、都讲和俗讲僧，通常在寺院和法会中举行，也有到处游走，乞求衣食布施的流浪僧人。敦煌遗书伯 4980 号记一位俗讲僧的伤心告白：

> 远辞萧寺来相谒，总把衷肠轩砌说；一回吟了一伤心，一遍言时一气咽。话苦辛，申恳切，数个师僧门切（砌）烈（列）；只为全无一事衣，如何御被三冬雪。或秋深，严凝月，萧寺寒风声切切；囊中青婚（缗）一个无，身上故衣千处结……⑥

---

① 伏俊琏：《敦煌文学文献丛稿》，中华书局 2004 年版，第 55 页。

② 王重民先生在《敦煌变文研究》一文中指出：“讲经文是变文中最初的形式，它的产生时期在变文中为最早。……讲纯粹中国历史的变文，应该后于讲经文，可能与讲佛教故事的变文同时产生或稍后。”参见白化文、周绍良编《敦煌变文论文录》（上册），上海古籍出版社 1982 年版，第 276—279 页。

③ 张鸿勋：《敦煌俗文学研究》，甘肃教育出版社 2002 年版，第 22 页。

④ 王重民等编：《敦煌变文集》（上），人民文学出版社 1957 年版，第 355 页。

⑤ 王重民等编：《敦煌变文集》（下），人民文学出版社 1957 年版，第 712 页。

⑥ 潘重规编：《敦煌变文集新书》，台湾文津出版社有限公司 1994 年版，第 825 页。

这位俗讲僧的贫苦之状、哀吟之苦，十分感人。可见做一名俗讲僧也非易事，不仅要精通佛典奥义，还要有“声、辩、才、博”之能，所谓“非声则无以警众，非辩则无以适时，非才则言无可採，非博则语无依据”①。因此，唐代像文溆（一作漵）那样能使“听者填咽寺舍，瞻礼崇奉”② 的俗讲僧，恐怕也只是少数。唐代也出现了演唱非宗教题材故事的转变艺人，例如，吉师老《看蜀女转昭君变》诗写蜀女演唱《昭君变》的情形，所谓“檀口解知千载事，清词堪叹九秋文”③，这应该看作是变文世俗化发展和影响的结果，并不能从根本上改变变文讲唱的宗教属性。

唐代俗讲的仪轨比较烦琐，一般包括“作梵”“说押座”“开题”“说庄严”等环节，接着摘诵经文，逐句讲解，一段结束，再以“×××唱将来”催经，如此循环往复，直至讲完为止，最后“发愿”“回向”。这一过程通常由都讲、法师、梵呗等协作进行。转变和因缘无须引经，仅直述故事，仪式程序上也有了些简化，可一人独立完成，但它仍保留了俗讲的痕迹。例如，《破魔变文》开篇有押座文和“经题名字唱将来”的话语，接着又有一长段类似于俗讲“说庄严”的“祝辞”；《频婆娑罗王后宫彩女功德意供养塔生天因缘变》开篇先讲论无常的押座文和称颂府主的庄严文，接着出现简题“功德意供养塔生天缘”。转变的另一个特点是配合变相（图）进行，这一点学界已有很多论述，这里不再赘言。要说明的是，作为宗教讲唱文学，变文的文本体制和说唱程序对后世民间说唱文学产生了深远的影响，但这种多人协作进行和配合变相（图）的讲唱方式，与民间盲说书人的演唱有着巨大差别，二者不可同日而语。

学界普遍认为宝卷是变文的嫡系苗裔，二者有直接的源流关系。早在20世纪30年代，郑振铎就明言：“‘宝卷’实即‘变文’的嫡派子孙，也当即‘谈经’等的别名。”④ 20世纪50年代，李世瑜则指出：“宝卷是一种独立的民间作品，是变文、说经的子孙，不是他们的‘别称’。”⑤ 郑、李二位前辈

① （南朝）释慧皎：《高僧传》，中华书局1992年版，第521页。
② （唐）李肇：《唐国史补》，上海古籍出版社1979年版，第94页。
③ （清）彭定求等编：《全唐诗》，中华书局1960年标点本，第8771页。
④ 郑振铎：《中国俗文学史》，商务印书馆2010年版，第521页。
⑤ 李世瑜：《宝卷新研——兼与郑振铎先生商榷》，《文学遗产增刊》1957年第4辑。

所谓“谈经”“说经”，均指宋代瓦子中佛门子弟之所为：

> 当“变文”在宋初被禁令所消灭时，供佛的庙宇再不能够讲唱故事了。……但和尚们也不甘示弱。大约在过了一些时候，和尚们讲唱故事的禁令较宽了吧（但在庙宇里还是不能开讲），于是和尚们也便出现于瓦子的讲唱场中了。这时有所谓“说经”的，有所谓“说浑经”的，有所谓“说参请”的，均是佛门子弟们为之。①

不过，郑振铎认为最早发现的宝卷是宋或元人抄写的《销释真空宝卷》，宝卷与“谈经”年代接近，故可称作其“别名”。李世瑜则认为宝卷是民间秘密宗教的经典，是在明末正德年间兴起的，因此只能称作宋代“说经”的子孙。

在中国宝卷研究领域成果丰硕的车锡伦先生指出：“宝卷渊源于佛教的俗讲，产生于宋元时期。它是佛教僧侣用忏法的形式讲经说法、悟俗化众的宗教宣传形式，在民间佛教信徒的宗教信仰活动中演唱。”② 要说明的是：第一，车先生所说的俗讲，仅指“讲经文”“缘起（因缘）”，不包括“转变”及其底本“变文”。第二，车先生否认宝卷是“谈经”别名的说法，认为宝卷与南宋瓦子中的“说经”等无关。③ 车先生的这两点看法，重在强调宝卷独立的宗教属性，故此把唐代“变场”中民间“转变”艺人讲唱的“变文”和宋代瓦子中的“说经”排除在宝卷的源流之外，这正说明宗教说唱文学和民间说唱文学二者不同源。

宝卷继承了变文（俗讲）的演唱形态，演唱宝卷称作“宣卷”（“念卷”或“讲经”），由佛教和民间教派僧侣按照一定仪轨在法会道场中宣唱。宋元时期的《金刚科仪（宝卷）》在讲释经文之前，有以下仪式程序：

（1）恭请十方圣贤现坐道场、“信礼常住三宝”；

（2）讲解经题；

（3）举香，唱“香赞”，讲唱“法会缘起”；

---

① 郑振铎：《中国俗文学史》，商务印书馆2010年版，第520页。

② 车锡伦：《中国宝卷研究》“自序”，广西师范大学出版社2009年版，第1页。

③ 车锡伦：《中国宝卷研究》，广西师范大学出版社2009年版，第57页。

(4) 安坛、请经、请神：先“安土地”护坛，唱诵“净口业”“安土地”“普供养”真言，“请经”，再奉请八金刚、四菩萨“护坛”；

(5) 发愿：唱诵“发愿文”“云何梵”等。①

仪式结束后，唱“开经偈”“开经”，接着讲唱“提纲”，以下即按《金刚经》三十二分转读经文，解说。讲经完毕，讲唱“道场圆满”，最后“随意回向”，诵“结经发愿文”。

宝卷主体部分的段落继承了散韵结合的体制，唱词为七言诗赞，由于受佛教忏法的影响，呈现出固定的格式。在宣唱过程中，不仅演唱者不能随意增减唱段，而且宝卷是“照本宣扬”的讲唱，演唱者即使背得烂熟，也必须把宝卷铺在面前逐句演唱，不能随意发挥。明代以后，宝卷由佛教宝卷向教派宝卷和民间宝卷发展，唱词出现“三三四”格式的十字句，讲唱仪式和文本形式趋于简单化、世俗化，但其基本的演唱形态并未发生变化。

综上所述，唐五代时期的变文和宋元以后的宝卷具有一脉相承的源流关系，共同构成“诗赞系”说唱文学中的宗教口头传统系统。它们相同的特征是：第一，讲唱主体由佛教法师、俗讲僧、都讲和民间教派僧侣担任，具有职业化的特点。第二，通常在佛教寺院和法会道场等宗教信仰活动中按照一定的仪轨演唱，主要目的是讲经说法，追亡荐福。第三，在演唱方式上，变文讲唱须多人协作进行，有时还须配合变相（图）讲唱，尽管中唐出现了“假托经论”的情况，但佛经讲唱仍须以经义为主，不能完全脱离经文；民间教派宣卷则必须把宝卷铺在面前，照本宣扬，不可随意发挥。第四，在文本体制上，变文散韵结合，唱词以七言诗赞为主，兼有五言、六言及杂言句式；宝卷在继承变文的基础上，发展出了“三三四”的十字句。以上这些特征，除了最后一点外，宗教口头传统与民间盲说书人口头传统都不相同。因此，我们应把它们划分为两个系统，不能纠缠在一起，否则便很难理清楚传统说唱文学发展流变的脉络。

① 车锡伦：《中国宝卷研究》，广西师范大学出版社2009年版，第69—70页。

（二）盲说书人口头传统

中国古代以盲说书人为主体的口头传统源远流长，其源头可追溯到上古时期的巫瞽。商周时期，瞽与巫、史分离，专职掌歌乐，并发展成为一个规模庞大的盲人乐官群体。《周礼·春官》载："瞽矇，上瞽四十人，中瞽百人，下瞽百有六十人。"① 在庙堂祭祀仪式中，瞽矇的分工是掌奏各种乐器，歌乐讽诵。至于瞽矇所讽诵的内容，《周礼·春官》中有"帅瞽而廞"和"讽诵诗，世奠系"的记载，郑注："廞，兴也，兴言王之行，谓讽诵其治功之诗。"又引杜子春云："世奠系，谓帝系，诸侯卿大夫世本之属是也。……瞽矇主诵诗，并诵世系以戒劝人君也。"② 当代学者叶舒宪据此认为：

> 瞽与史同源于巫，他们最初所记诵的诗歌除了与法术思维相应的咒祝祷词一类外，还有神话历史或圣王世系。这一类具有历时性展开的叙事记年之诗，往往发展为两种形态：一是具有神话故事色彩的长叙事诗——相当于西方文论中所说的"史诗"（epic），二是纯粹编年系谱性的韵文，相当于《周礼·春官》中所说的"讽诵诗、世奠系"。③

春秋之前的瞽矇已从巫时代的"歌舞乐"一体中分离出来，专职承担歌乐讽诵，在职业化、仪式化的讽诵中，他们已经具有了简单的历史叙事的成分。然而，商周时期的瞽矇并未能像他们的西方同行那样发展出鸿篇巨制的英雄史诗。春秋后期，诸侯争霸加剧，周王朝衰落，瞽矇被时代变化的潮流所裹挟，逐渐失去了宫廷音乐主角的地位，被逐出宫廷，流落民间。

瞽矇地位的下降是历史发展的结果，也是文明进步的必然。除了时代政治的变革外，理性精神的发扬、文字和书写取代口耳相传，都使得笼罩在先秦瞽矇头上的"古之神瞽"的神秘光环和"思绝外物，于音声审"的优势不复存在。流落民间的瞽矇为了生存不得不依靠说唱乞讨谋生，他们奠定了后

---

① 《十三经注疏》整理委员会整理，李学勤主编：《十三经注疏·周礼注疏》，北京大学出版社1999年版，第440页。

② 同上书，第613—616页。

③ 叶舒宪：《诗经的文化阐释——中国诗歌的发生研究》，湖北人民出版社1994年版，第260页。

世民间说唱文学的主体角色。正如李雪梅等在《中国鼓词文学发展史》中所说："至春秋时期礼崩乐坏，再加之郑卫之音等俗乐的兴起，宫廷文化下移，瞽人逐渐淡出朝堂，四散流入民间，汇为民间说唱洪流之中，这对于民间艺术发展而言意义是非常重大的。"① 时至今日，在人们的观念中，说书仍被看作盲人的专项。

但是，我们也应看到，无论是先秦瞽矇还是流落民间的瞽者，他们所诵之诗和作为行乞辅助的即兴说唱，都只能算作衍生说唱文学的源头和原初的发生。真正意义上说，中国古代说唱文学的形成，是从唐代开始的。

敦煌遗书中的词文，引起了当代学者们的普遍关注。现存敦煌词文有：《大汉三年季布骂阵词文》（P. 3386）、《董永词文》（S. 2204）、《悉达太子修道因缘词》（S. 2440）、《下女夫词》（P. 3350、S. 3877）。除了《悉达太子修道因缘词》外，其余3篇都属于非宗教题材作品。词文在体裁上最大的特点是由七言或"三三"结构的六言唱词构成，没有说白，有的虽有散说，却十分简略，仅仅是开场说明或过渡串联。关于敦煌词文的来源，王重民先生将《下女夫词》和《燕子赋》《茶酒论》等作品都归于对话体，指出："它似乎和变文不是一个来源，但是和变文同时发生，同时发展；是和变文互相影响着而又有深厚的关系。"② 张鸿勋以《大汉三年季布骂阵词文》为例，指出："追溯其历史源头，应是古代民间叙事歌谣不断发展与更新的结果。"③ 李雪梅则认为，词文"是一种由中下层文人创作、民间艺人表演，在中下层社会广为流传的通俗文体"④。这说明敦煌词文并不完全属于宗教题材讲唱作品，它的演唱者是身份普通的民间艺人。唐代王建《观蛮妓》诗云：

欲说昭君敛翠娥，清声委曲怨于歌。
谁家少年春风里，抛与金钱唱好多。⑤

---

① 李雪梅等：《中国鼓词文学发展史》，上海人民出版社2012年版，第29页。

② 王重民：《敦煌变文研究》，引自白化文、周绍良编《敦煌变文论文录》（上册），上海古籍出版社1982年版，第281页。

③ 张鸿勋：《敦煌俗文学研究》，甘肃教育出版社2002年版，第13页。

④ 李雪梅等：《中国鼓词文学发展史》，上海人民出版社2012年版，第50页。

⑤ （清）彭定求等编：《全唐诗》，中华书局1960年标点本，第3434页。

诗写“蛮妓”在街头或者闹市歌唱昭君故事的情形。盛志梅在引用了这首诗后说：“但这样的民间词文除了敦煌遗书中所保存的几本外，我们还没有见到其他的。”① 从“抛与金钱唱好多”看，这种歌唱当属“弦歌乞食”一类，而“蛮妓”的身份与后世文献所记载唱陶真的“陌头盲女”相似，也颇有盲女之嫌疑。

关于敦煌词文与后世说唱文学的源流关系，胡士莹先生在《话本小说概论》中引用明代词话的相关记载后，指出：“这和唐代的词文在体裁、句式上都极相似，它们可能是一脉相承的。”② 张鸿勋据《大汉三年季布骂阵词文》结尾“俱说汉书修制了，莫道词人唱不真”，认为演唱词文的艺人自称“词人”，这与明代《大唐秦王词话》第33回“试听一代兴唐主，尽属词人话里传”、第36回“诗句歌来前辈事，词文谈出故人情”，以及明成化词话《新刻全相说唱张文贵传》卷上“前本词文唱了毕，听唱后本因缘事”等，“皆以词文、词人称之，正相呼应，说明敦煌词文与后代诗赞系鼓词类说唱有多么密切的血缘关系了”③。在吸收前贤观点的基础上，盛志梅通过韵辙的比较，认为明成化词话《新编说唱包龙图断白虎精传》全文878句，纯七言，通押“真欣”韵，尤具敦煌词文之“祖风”。因此，“唐代词文虽然遗世作品不多，但影响很大。宋代的陶真，元明时期的词话，从叙事体制来看，是直接继承其衣钵的一种七字说唱”④。

唐五代时期，还出现了瞽者“弦歌乞食”的现象。宋代周密《癸辛杂识·前集》载：

> 韩熙载相江南，后主即位，颇疑北人，有鸩死者。熙载惧祸，因肆情坦率，不遵礼法，破其家财，售妓乐数百人，荒淫为乐，无所不至。所受月俸，至不能给，遂敝衣破履作瞽者，持弦琴，俾门生舒雅执板挽之，随房乞食，以足日膳。后人因画《夜宴图》以讥之，然其情亦

① 盛志梅：《中国传统说唱文学之发展流变》，中国社会科学出版社2013年版，第70页。
② 胡士莹：《话本小说概论》（上册），中华书局1980年版，第181页。
③ 张鸿勋：《敦煌俗文学研究》，甘肃教育出版社2002年版，第14—15页。
④ 盛志梅：《中国传统说唱文学之发展流变》，中国社会科学出版社2013年版，第75页。

可哀哉。①

类似记载又见于《五代诗话》《缃素杂记》。韩熙载（902—970），青州人，仕南唐为相。小说所记的本事未必可信，但至少说明瞽者“弦歌乞食”的现象在当时社会是普遍存在的。这种说唱形式是后世莲花落的雏形，到宋代就演变为陶真了。李家瑞在《北平俗曲略》中引《五灯会元》“俞道婆尝随众参琅琊，一日，闻乞丐唱莲花乐，大悟”，认为：“莲花落是乞丐要钱时所唱的歌曲，宋朝时候就有了。”② 车锡伦则认为：“诗赞体的音乐主要在农村流行，进入城市市民生活的只有莲花落和说唱道情唱诗赞体音乐，它们都是流动乞讨的民间艺人演唱的，被认为是粗俗的低级音乐。”③ 可见，莲花落是民间瞽者行乞时演唱的，并且属于“诗赞系”说唱文学。

宋代盲人从事的说唱技艺称作“陶真”（一作“淘真”）。南宋《西湖老人繁胜录》载：“唱涯词只引子弟；听淘真尽是村人。”④ 据此，学术界一般认为陶真是流行于宋代农村的说唱形式。南宋诗人陆游《小舟游近村》（其三）诗云：

斜阳古柳赵家庄，负鼓盲翁正作场。
身后是非谁管得，满村听说蔡中郎。⑤

诗作于宋宁宗庆元元年（1195），描写诗人家乡山阴（今浙江绍兴）农村盲翁说唱蔡伯喈、赵五娘故事的景象。宋代以后的文献中，陶真多用琵琶伴奏，并且是男女瞽者“以觅衣食”的谋生手段。明代田汝成《西湖游览志余》卷20载：

杭州男女瞽者多学琵琶，唱古今小说、平话以觅衣食，谓之陶真。大抵说宋时事，盖汴京遗俗也。瞿宗吉（佑）《过汴梁》诗云：“（略）

① （宋）周密：《癸辛杂识》，中华书局1988年版，第41—42页。
② 李家瑞：《北平俗曲略》，中国曲艺出版社1988年版，第168页。
③ 车锡伦：《中国宝卷研究》，广西师范大学出版社2009年版，第83页。
④ （宋）孟元老等：《东京梦华录》（外四种），古典文学出版社1956年版，第120页。
⑤ 钱仲联：《剑南诗稿校注》，上海古籍出版社1985年版，第2193页。

陌头盲女无愁恨，能拨琵琶说赵家。”其俗殆与杭无异。[1]

这类记载在明代文献中较为常见。至于“汴京遗俗”的说法，叶德均认为：“虽近于悬测，但陶真的伎艺既流行于南宋的临安，不能说北宋的汴梁没有流行的可能。”[2] 然而，令人疑惑的是孟元老《东京梦华录》记汴京诸色伎艺中并不见陶真一项，关于宋代陶真的记载和描写又出于南宋浙江一带。据此，笔者推测宋代陶真由唐五代词文、莲花落演变而来，南渡之后流入江南，被称作陶真。

除了一些间接的材料外，宋代陶真并没有完整的作品流传下来。1967 年上海嘉定出土《明成化说唱词话丛刊》（13 种），盛志梅据其中《唐薛仁贵跨海征辽故事》的开篇“三皇五帝夏商周，秦汉三分魏吴刘。晋宋齐梁南北史，隋唐五代宋金收”以及作品中出现的“《百家姓》里道（第）一人”“青苗二税”“金台路”“总管”“金沙滩”等话语，认为这个词话作品是北宋末年艺人所唱，“应该是陶真无疑了”[3]。这个看法有些牵强。早在 1980 年胡士莹就曾指出：“仁贵随唐太宗征辽和三箭定天山故事被后世小说家津津乐道。元代平话《薛仁贵征辽事略》，基本上根据这些史实来敷演……而这本跨海东征的词话，比较晚出，开端数行文字，几乎和《事略》完全相同，看来它可能是根据《事略》来改编的。”[4] 这说明《唐薛仁贵跨海征辽故事》是元以后才出现的，况且这个词话作品里出现了整段“三三四”的十字句，这在元代之前的说唱文学中也从未有过。

综上所述，宋代陶真由唐五代词文和莲花落发展而来，是“男女瞽者”谋生的手段，伴奏乐器多用琵琶，主要在农村地区流行。陶真继承了七言诗赞的文本体制，多讲宋代故事，开篇有“太祖太宗真宗帝，四祖仁宗有道君”的程式化唱词。这些特点都影响了元明词话，并为词话所继承。

元明是古代说唱文学出现分化和地方种类形成的重要时期。叶德均说：“词话是元明时称讲唱文学的名称，它除了增加十字句外，和陶真并没有什么

---

① （明）田汝成：《西湖游览志余》，上海古籍出版社 1958 年版，第 368 页。
② 叶德均：《宋元明讲唱文学》，商务印书馆 2017 年版，第 30 页。
③ 盛志梅：《中国传统说唱文学之发展流变》，中国社会科学出版社 2013 年版，第 208 页。
④ 胡士莹：《话本小说概论》（下册），中华书局 1980 年版，第 385—386 页。

不同。它在元明时最为兴盛，到了明末就分化为鼓词、弹词两类。”① 除了词话外，文献中还出现了“陶真”“盲词”“门词”“说词”“唱词”“打谈”“弹词”等名称，它们在演唱形态上并没有太多的差别，很可能是流行的地域不同而出现的异称。

词话在元代曾遭到统治者禁止，《元史·刑法志》《元典章》《大元通制条格》中都有禁约“搬唱词话”的记载，② 这正从一个侧面说明词话在元代十分流行。明代词话更加兴盛，姜南《蓉塘诗话》卷二：

> 世之瞽者，或男女，有学弹琵琶，演说古今小说，以觅衣食。北方最多，京师特盛，南京、杭州亦有之。③

又，臧懋循《负苞堂集》卷三：

> 若有弹词，多瞽者以小鼓、拍板，说唱于九衢三市，亦有妇人以被弦索，盖变之最下者也。④

以上记载可以看出，明代盲人遍及南北城市街坊，靠卖艺谋生，他们弹唱的多是词话、陶真一类，并且增加了鼓板伴奏。相比较而言，明代女盲艺人的表现更加引人注目。朱京藩《风流院》中写万历年间杭州一位盲婆的告白：“[净扮盲婆诨上] 我本好人家，胸前结琵琶，因此琤琤的，两指日日扒，扒得几贯钞，……我会唱弄着嘴儿，调着琵琶，翻愁覆喜，说古论今，这都是俺的本事。”⑤ 明末薛旦《醉月缘》记一位盲弹唱艺人的表白：“自家叫做瞎婆婆，背了琵琶慢慢波。路上怕逢恶狗叫，进门极怪门槛多。”⑥ 这些叙述都十分生动形象。中华人民共和国成立前，陕北农村“沿门门”行乞的盲说

---

① 叶德均：《宋元明讲唱文学》，商务印书馆 2017 年版，第 36 页。

② 《元史·刑法志》：“诸民间子弟，不务生业，辄于城市坊镇，演唱词话，教习杂戏，聚众淫谑，并禁治之。”《元史》，中华书局 1983 年标点本，第 2685 页。

③ （明）姜南：《蓉塘诗话》，周维德集校《全明诗话》，齐鲁书社 2005 年版，第 1 册，第 731 页。

④ （明）臧懋循：《负苞堂集》，古典文学出版社 1958 年版，第 32 页。

⑤ （明）朱京藩：《风流院》，《古本戏曲丛刊二集》，第 24 册，国家图书馆出版社 2016 年影印本，第 457—458 页。

⑥ （明）：薛旦《醉月缘》，廖可斌主编：《稀见明代戏曲丛刊》，第 6 册，东方出版中心 2018 年版，第 163 页。

书人仍被称作“敲狗脑的”。

元明词话现存的作品有：元刻本《包公出身除妖传》①、明代杨慎拟作的《历代史略十段锦词话》《快嘴李翠莲记》（洪楩《六十家小说》本）、明诸圣临编《大唐秦王词话》、明万历“廊房胡同费氏”翻刻本《新刊宋朝故事五鼠大闹东京记》② 以及《明成化说唱词话丛刊》（13 种）。除了《历代史略十段锦词话》《快嘴李翠莲记》两个短篇外，其余都是长篇。这些词话作品表现出相同的文本体制：韵散结合，唱词以七言为主，有的还增加了“三三四”格式的十字句，押韵多“中东辙”和“人辰辙”。这些特点继承了唐代词文和宋代陶真，并有新的发展。其中，《包公出身除妖传》《快嘴李翠莲记》在陕北说书中都能看到相对应的传统曲目，著名陕北盲说书人韩起祥、张俊功都演唱过《快嘴》的故事。《明成化说唱词话丛刊》（13 种）中，《全相唐薛仁贵跨海征辽故事》、《全相说唱包待制出身传》、《说唱包龙图公案断歪吴［乌］盆传》、《全相说唱张文贵传》、（《说唱张文贵求官进宝传》）、《说唱包龙图断曹国舅公案传》等故事，至今仍被陕北盲说书人演唱。值得注意的是，这 13 种明成化词话是从宣昶夫妇墓穴中出土的。宣昶生前做过西安府同知，而出土的《全相莺哥行孝义传》封面的公文纸有“西安府同知”“成化贰拾叁年拾月初柒日”等字，并有“三原县印”官印，这种用旧公文纸作封面的现象在明代较为普遍。由此推断，这些词话作品应为宣昶生前所有，当时已流传陕西，这无疑从地理空间上拉近了明成化词话与陕北说书的距离。

清代“诗赞系”说唱文学主要是鼓词和弹词两类，鼓词流行于北方地区，弹词流行于南方，形成了几个显著的特点：一是随着市民阶层的壮大，说书人进入城市书场献艺，娱乐性商业表演长足发展；二是在各地方言和民歌小调的基础上，说唱文学的地方种类和流派大量产生；三是文人参与说唱文学的整理、改编和创作，大量说唱文学作品被民间书坊印行，形成了“弹词万卷将充栋”③ 的局面。然而，在广大的农村地区，随着说唱文学地域种类的产

① 李雪梅、李豫：《新发现元刻本〈包公出身除妖传〉说唱词话考论》，《民族文学研究》2013 年第 6 期。

② 潘建国：《明说唱词话〈新刊宋朝故事五鼠大闹东京记〉考——再论“五鼠闹东京”之故事流变及其学术意义》，《文学遗产》2015 年第 2 期。

③ 鲍震培：《清代女作家弹词研究》，南开大学出版社 2008 年版，第 211 页。

生和形成，盲说书人走村串户，仍是传统说唱文学的主体承担者。据冯丽娜统计，20世纪中期山东、山西、河南、陕西4省盲人说唱曲种36种，其中，起源时间可考的有29种，绝大多数形成于清代中后期。①

总之，从先秦瞽矇到唐五代词文和莲花落、宋代的陶真，再到元明词话、清代鼓词和弹词，中国古代盲人说书的历史源远流长，形成了一个一脉相承的系统。直到今日，在陕北等地的偏远农村，我们依然能见到背负三弦（或琵琶）游走于村落的盲说书人。

以上依据演唱主体、目的、内容和表演方式的不同把唐代以后的“诗赞系”说唱文学划分为宗教口头传统和盲说书人口头传统两大系统，并梳理了它们各自发展流变的脉络。最后要说明的是，宗教口头传统和盲说书人口头传统二者尽管没有直接的源流关系，但在平行发展的过程中却存在着互相影响的关系。变文和宝卷在文本体制、表演程序和思想内容方面都对盲说书人演唱产生了巨大的影响。不仅民间说唱文学散韵结合、说唱兼行的特点是受变文的影响，盲说书人开场演唱书帽也与变文讲唱“说押座”相似。在思想内容上，民间说唱文学明显受到佛教宣扬的因果报应思想的影响，并把它作为“劝世”的主要思想。一些农村地区的盲说书人还吸收了变文、宝卷的仪轨，在庙会等宗教信仰仪式场所演唱，并发展为其表演的主体形态。然而，盲说书人口头传统也并非只是被动地接受宗教口头传统的影响，从一开始盲说书人的演唱就倾向于历史和英雄叙事，随着时代的发展，后世盲说书人演唱的故事题材更加丰富，人物形象和故事情节更加生动，更加受到听众的喜爱，这一点是宗教僧侣的讲经很难做到的。因此，明清时期民间教派开始大量改编俗文学宝卷，民间盲说书人演唱的大量传统故事被改编成宝卷，不仅极大地丰富了宗教口头传统的题材内容，也促进了宝卷表演形式的发展。总之，我们既要看到宗教口头传统和盲说书人口头传统不同源，也要承认二者互相影响的关系。

① 冯丽娜：《盲说书人的调查与研究》，中国文史出版社2013年版，第38—46页。

二　陕北盲人说书的地位和意义

笔者在拙著《陕北说书研究》一书中说："陕北说书起源于上古巫瞽，形成于明清时期。它是由盲人行乞辅助和谋生手段发展而来的一种民间说唱艺术形式。从演唱形态和现存书目看，宋代陶真和元明词话是陕北说书的直接渊源。至于唐代佛教俗讲和变文，目前尚无证据能说明它们和陕北说书有直接关系。明清时期，陕北成为民间教派活动和传播的主要区域，受民间教派宣卷风气和北方鼓词的影响，陕北说书演变为一种民俗宗教信仰活动中的文艺表演。"[①] 据清康熙十二年（1673）重修《延绥镇志·艺文志》载：

> 刘第说传奇，颇靡靡可听。闻江南有柳敬亭者，以此伎遨游王公间。刘第即不能及其万一，而韶音飞畅，殊有风情。无佛称尊，不即江南之敬亭乎？[②]

这是目前所能看到的关于陕北说书最早的文字记载。虽然未出现"说书"一词，但据上下文看，所谓"说传奇"，即指说书。可见，清初陕北说书已经发展成熟，并且出现了一位名叫刘第的著名说书人。据此算来，陕北说书已有 340 多年历史了。

20 世纪 40 年代，陕北盲说书人韩起祥（1914—1989）被发现，经过"新书改造运动"，陕北说书登上延安文艺的舞台，引起人们普遍关注。20 世纪 80 年代后期，大批视力健全者涌入说书人的行列，盲说书人的生存空间缩小，逐渐边缘化。尽管如此，陕北盲人说书依然保留着较古老的形态，对于研究传统说唱文学具有重要价值和意义。

首先，从流传的历史地理时空看，陕北地处黄土高原，东隔黄河与山西相望，西界子午岭与甘肃、宁夏接壤，北括河套与内蒙古相接，南连铜川和关中。包括今天榆林、延安两市所辖 25 个县（区），自北向南依次为府谷县、

① 孙鸿亮：《陕北说书研究》，天津人民出版社 2011 年版，第 1 页。
② 刘汉腾、纪玉莲：《延绥镇志校注》，三秦出版社 2006 年版，第 563—564 页。

神木县、榆阳区、佳县、横山区、靖边县、定边县、米脂县、子洲县、绥德县、吴堡县、清涧县，以及子长县、吴起县、安塞区、志丹县、延川县、宝塔区、延长县、甘泉县、富县、宜川县、洛川县、黄龙县、黄陵县，总面积约8万平方千米，人口600多万。

陕北，是一个有大文化背景的地理空间概念。这里有盘古开天地的传说，有人文始祖轩辕黄帝的伟业，有大禹治水留下的足迹。高耸入云的盘古山、古柏掩映的黄帝陵、“天下黄河一壶收”的壶口瀑布，至今仍见证着这方土地的伟大与神奇。

陕北黄土高原是一个历史悠久、多民族文化的交叉地带。5万—3万年前，无定河边的“河套人”和洛河东岸的“黄龙人”就曾在这块土地上聚居，繁衍生息。新石器时期，陕北是仰韶文化和龙山文化的重要分布区域之一。目前已发现的仰韶文化遗址有府谷县新庄子遗址、连城峁遗址、延安蟠龙镇圪驮村遗址、安塞方家河遗址、大李沟遗址、太春遗址等，“这些遗址出土的石器有石斧、石刀、磨棒、石杵、石球、砍砸器等，这表明当时的农耕已占有非常重要的地位”①。在陕北发现的众多龙山文化遗址中，保存最完整的是神木石峁遗址。从出土的大量陶器、玉器、石器以及暴露的灰炕、白灰面居址看，当时的人们已修建地灶和半地式房屋，生活较前大有改观。

商周期间，陕北为鬼方国，在半农半牧基础上，形成了独具特色的“鬼方文化”，“鬼方是居于陕北北部以游牧为主的民族，他们是后来的猃狁——匈奴的祖先”②。鬼方在陕北繁衍生息，逐渐强大，成为殷商北边的外患。《周易·既济》：“高宗伐鬼方，三年克之。”③ 然而，周初鬼方又逐渐强盛起来，并对西周政权构成新的威胁。周康王曾命盂率师伐鬼方，擒获猃狁酋豪3名，杀掠2万人，缴获战车、牛羊甚众。在商周与鬼方的战争中，伴随着血与火的痛苦，中原农耕文化与北方游牧文化撞击、融合，陕北境内大量的商周文化遗存，就是这种文化碰撞与融合的历史见证。

春秋时期，陕北为白狄所占据。《史记·匈奴列传》载：“晋文公攘戎狄，

---

① 高长天、张小兵：《陕北历史文化述略》，陕西人民出版社2006年版，第7—8页。

② 同上书，第31页。

③ 周振甫：《周易译注》，中华书局1991年版，第223页。

居于河西圁、洛之间，曰赤翟、白狄。”[1] 圁，水名，即今神木秃尾河；洛，即今延安南部洛河。陕北古称“肤施”，据高长天、张小兵考证，“肤”本为“膚”，是一个以犬兽类为图腾的部族。上古无轻唇音，“肤”与“北”“白”一音之转；上古也无唇上音，“施”正好读作“狄”。因此，肤施即白狄，“是春秋时代陕北人族号的泛称或代称”[2]。

公元前453年，韩、赵、魏三家分晋，陕北属魏，设上郡，治肤施（今榆林鱼河堡一带），这是中原统治者首次在陕北建立行政建制。公元前221年，秦统一后，置郡设县，陕北仍为上郡辖地。由于特殊的地理位置，陕北成为抵御匈奴、拱卫京师的屏障，秦派太子扶苏、大将蒙恬戍守于此，筑长城，修直道，极大地促进了陕北的发展。

汉代统治者与匈奴时战时和，陕北在战乱动荡中经受洗礼。汉王朝为了巩固边地，移民屯田，陕北农业经济得到空前发展，绥德、米脂等地出土的大量汉画像石生动地反映了汉代陕北社会发展和陕北人生活的场景。值得注意的是，陕北出土的东汉画像石中有几幅讲说图曾被《中国曲艺志·陕西卷》收录。其中，三人讲说图中“有低脚榻一张，一长者跽坐其上，摊开双手若在讲述，两侧各有一人聆听，右侧者与讲述人对面而坐，左侧者捧物恭立”[3]。虽然我们不能据此认为汉代陕北已有说书，但至少说明此类讲述行为在当时是存在的。

魏晋之后，陕北沦为北方少数民族与中原政权交替统治区域，匈奴、鲜卑、羯、氐、党项、东突厥、女贞、契丹、蒙古等都曾占据于此，有的还建立了政权。胡汉杂居，战争频繁，王朝更迭，陕北成为多民族文化交融的区域，不断谱写着民族融合的篇章。

陕北，是一块贫瘠、苦难的土地。沟壑纵横，气候干燥，自然条件恶劣，生活于斯的陕北人，除了倍受战乱迁徙的煎熬，还不断承受着自然灾害带来的痛苦。远者暂且不论，据陕北各县志不完全统计，明代276年间，“陕北地区发生较大的旱灾总计有104次之多，平均约2.68年一次”，发生“较大的

---

① （汉）司马迁：《史记》，中华书局1959年标点本，第2883页。
② 高长天、张小兵：《陕北历史文化述略》，陕西人民出版社2006年版，第44页。
③ 中国曲艺志全国编辑委员会：《中国曲艺志·陕西卷》，中国ISBN中心2009年版，第603页。

水灾43次”，“不同程度地震有42次”，“影响较大的雹灾有25次”，“其他如风灾、瘟疫等记载也不绝于书”。[①] 清光绪三年（1877），陕北全境大灾，自北向南，无一县得免。府谷县从春至秋滴雨未下，树木枯死，寸草不生，百姓纷纷走西口，乞讨为生；绥德县“岁大饥，人相食，饿殍载道”[②]；横山县“自春徂夏，旱无滴雨，赤野千里，斗米银二两，饥民殭毙者甚众”[③]；延川县“大饥，人相食，死人大半”[④]。

如果说历史悠久，多民族文化长期融合，二者是构成底蕴深厚、色彩斑斓的陕北文化的时空坐标，那么，苦难则是陕北黄土文化的根性和灵魂。唯其如此，滋生于陕北黄土高原的口头艺术形式，不仅古朴凝重，浑厚苍凉，而且散发着震撼人心的艺术力量。

其次，从内部分布看，陕北盲人说书具有门派风格多样性、丰富性的特点。

按主要伴奏乐器，陕北说书可分为三弦书和琵琶书两类。三弦书以横山区为中心，分布的区域包括米脂县、佳县、吴堡县、榆阳区、子洲县、绥德县、清涧县、靖边县、定边县、子长县、延川县、安塞区、吴起县、志丹县、宝塔区、甘泉县。琵琶书分为硬弦琵琶书和软弦琵琶书两派，硬弦琵琶书以延长县为中心，软弦琵琶书流行于子洲、绥德、清涧、延川、子长5县部分区域。榆林北部神木、府谷两县由于受到内蒙古、山西的影响，境内流行“二人台”，陕北说书并未真正进入这两个县的农村。延安市南部富县、宜川、洛川、黄龙、黄陵5县，已不属于陕北晋语方言区。至于宜川、黄龙两县农村至今流传的说书，据笔者调查，它们是民国时期随逃荒者从河南、山东传入的外来种类，并不属于陕北说书的范畴。因此，从严格意义上说，上述7个县不属于陕北说书的分布区域。〔见附录1〕

盲说书人门派的概念只能通过地域师承谱系、演唱书目和音乐曲调等因素来把握。第一，琵琶书和三弦书有着明显的不同。硬弦琵琶书流行于延长县，其师承谱系可追溯到晚晴民国时期，至今已传承5代。陕北盲说书人使

---

① 侯虎虎、王天强：《明代陕北自然灾害与民生研究》，《沈阳大学学报》2009年第4期。

② 光绪《绥德州志》，台湾成文出版社有限公司1970年影印本，第268页。

③ 民国《横山县志》，台湾成文出版社有限公司1969年影印本，第188页。

④ 民国《延川县志》，中国档案出版社2003年点注本，第64页。

用的琵琶为民间自制的曲项琵琶，其特点正如盲说书人在演唱中所说：

> 琵琶生来楸木材，
> 生在深山靠在崖。
> 砍柴老翁砍回来，
> 鲁班师傅修成材。
> 九品四相胸前排，
> 两只龙眼分摆开。
> 四根金簪头上戴，
> 铜心铁胆怀里揣。
>
> ——刘忠元演唱，延长县七里村，2014

硬弦琵琶使用经过多道工序加工、搓捻而成的熟牛皮做弦，弦硬而粗，弹奏起来声音高亢浑厚，在空旷的农村传得很远。这种“以楸木为面”“皮作弦”的曲项琵琶见于唐代文献。段安节《乐府杂录》载：“蛇皮琵琶，盖以蛇皮为槽，厚一寸余，鳞介具焉，亦以楸木为面……极精妙也。”① 段成式《酉阳杂俎》载：“开元中，段师能弹琵琶，用皮弦。”② 值得注意的是，这种皮弦琵琶在北宋就已失传。宋代吴曾《能改斋漫录》引欧阳修诗云：“杜彬琵琶皮作弦，自从彬死世莫传。”③然而，谁又能料到千年之后，这种琵琶仍在陕北盲说书人的怀中铮铮作响呢？著名民族音乐学家张振涛感慨地说：

> 第一次在陕北看到“曲项琵琶”，着实吓了一跳。大唐宫殿聚光灯下照得明晃晃的标志性乐器，真得实实在在藏在这穷乡僻壤？不是死物收藏，而是活态演奏！琵琶是一回事，曲项琵琶是另一回事，横抱曲项琵琶更是另一回事，留得下曲项琵琶又弹得响曲项琵琶，则更是另一回事！此事意义，非同凡响，足以轰动音乐史。④

---

① 亓娟莉：《乐府杂录校注》，上海古籍出版社 2015 年版，第 72 页。
② （唐）段成式：《酉阳杂俎》，中华书局 1981 年版，第 65 页。
③ （宋）吴曾：《能改斋漫录》（上），上海古籍出版社 1979 年版，第 121 页。
④ 张振涛：《声漫山门：陕北民族音乐志》，文化艺术出版社 2015 年版，第 371 页。

第二，硬弦琵琶书的传统书目和演唱风格也与三弦书不同。在采录到的传统书目中，例如《代州还愿》《九美图》《割肝孝母》《红风传》《巧婚缘》《金刀玉鞘》《玉镯记》等，仅见于琵琶书书目，即使邻近区域的三弦书说书人也从未演唱过这些曲目。此外，硬弦琵琶书最大的特点是唱词整齐，并且以唱为主，书词中说白所占比例很小。加之，硬弦琵琶书流行的延长县位于延安市东部，东临黄河与山西省大宁、永和县隔河相望，南依宜川，其方言呈现出不同的特点："延长方言属于典型的过渡型方言，其底层是陕北晋语，但是又受到强势方言关中话的强烈冲击，已经面目全非。"① 这些都使得硬弦琵琶书独具特色，成为陕北说书的一个独特门派。

三弦书在陕北的分布区域很广，演唱书目和表演形式基本相同，盲说书人独自坐场表演，伴奏乐器有三弦、甩板等，形式简单古朴。其地域门派的区别主要表现在音乐曲调和演唱风格方面，大致上可分为：（1）北路说书，以横山区为代表。横山是三弦书的中心，有"说书窝子"之称，不仅说书人数量多，当代著名的陕北盲说书人韩起祥、张俊功、王学师均祖籍横山。横山说书的整体风格特点是古拙、质朴，因此被认为是陕北说书的"正宗"。（2）中路说书，包括榆阳区、绥德县、子洲县、米脂县、清涧县、子长县、延川县、安塞区、甘泉县，除子洲、绥德、清涧、延川、子长 5 县流行用羊小肠刮搓而成的皮弦作弦的软弦琵琶书外，这个区域的三弦书呈现出自北向南过渡的复杂局面，形成了米脂"老调"、子洲"急三腔"、子长"靠山调"等门派，演唱风格各不相同。（3）西路"梅花调"，吴起、志丹、靖边、定边 4 县因受到甘肃华池说书的影响，在部分区域流传着一种独特音乐风格的三弦书。梅花调多用^{b}B 调，定弦为 $\underset{\cdot}{5}\cdot 1\cdot 5$，不同于横山说书的 $\underset{\cdot}{1}\cdot\underset{\cdot}{5}\cdot 1$ 或 $\underset{\cdot}{1}\cdot\underset{\cdot}{5}\cdot\underset{\cdot}{5}$，音乐旋律较平，变化少，风格辽阔苍凉，独具一格。（4）东路说书，佳县和吴堡两县位于陕北东部，东隔黄河与山西省吕梁市临县、柳林县相望，不仅方言语音受其影响，说书表演形式也模仿临县说书，除了甩板外，盲说书人大腿膝盖上还绑有小镲，从而形成了不同的特点。

20 世纪 80 年代，著名盲说书人张俊功（1932—2008）对陕北说书进行改

---

① 孟万春：《从语言的三个平面看汉语方言分区——兼谈延长方言的归属问题》，《内蒙古社会科学》2006 年第 4 期。

革，增强传统说书的表演性，形成了新的门派风格。大批视力健全的年轻说书人趋之若鹜，争相仿效，“张派”大行其道，已成为当今陕北说书的主流。但是在僻远的农村，大部分盲说书人依然延续着各自的门派风格，维持着陕北说书口头传统的多样性和丰富性。

再次，从表演形态看，陕北说书分为“打闲（音 hán）书”和“说神书”两类。打闲书，亦称“地摊书”，是指盲说书人在缺乏台口的情况下，为了生存，自行前往庙会、乡镇集市撂地说书，以求乞讨的表演行为。这类说书与文献记载的“男女瞽者多学琵琶，唱古今小说、平话以觅衣食”相似，亦即盲说书人开篇所唱：

> 琵琶好像一头牛，
> 书匠背上串世头。
> 东头收了吃东头，
> 西头收了吃西头。
> 东西南北都不收，
> 琵琶饿成空壳篓。
>
> ——邱满囤演唱，子洲县，2014

“打闲书”是清代说书人常见的表演形态。民国上海石印本《绣像杨家将鼓词》中有一段叙述：

> 且说杨泰同着众家兄弟前来看景，至场子近前，一起站下，看了看到底是甚么景致。一看原是个说书的……说的是《三国志》。列位：他兄弟们极爱的是《三国志》，安心待往下听听，可巧的那个说书的说到回头，待住下。要知甚么是回头，他说的是虎牢三英战吕布，说到张飞枪挑吕布，那个人除冠，煞下鼓板，不说了呢，排官要子呢。众人听说要子，“哄”的一声散了大半。只见有一位少年立起身来说：“好混账，跑甚么？自古道光棍光棍，到处帮衬，真正是大家跑甚么？”那些人俱不动了。①

① 《绣像杨家将鼓词》卷1，上海锦章书局民国石印本，第14页。

这段文字生动地记叙了说书人在庙会撂地说书的情景，陕北盲说书人“打闲书”与之相似。1940年前，韩起祥在米脂镇川堡万善桥“打闲书”，遭到有钱人毒打，被师兄搭救后，萌生了投身革命的念头。今天在延安市区清凉山庙会、小东门广场，我们仍能看到“打闲书”的说书人。

“说神书”是指盲说书人应事主（请书的村民）或者庙会会长的邀请，在民间宗教信仰仪式活动中进行的说书表演，是陕北说书的主体表演形态。

说神书分为“家书”和“会书”。“家书”亦称“私人书”或“个人书”，是个体村民家庭的仪式行为，通常由事主邀请盲说书人至家中设坛演唱或在村庙中演唱，目的是礼佛了愿，祈保平安。“会书”指在庙会、醮会等集体信仰仪式活动中表演的说书，这类集体性信仰仪式活动通常由会社组织，以村为单位或多村联合举办。说神书有固定的请神、参神、安神、送神仪式，由盲说书人弹奏三弦（或琵琶）表演。盲说书人既是仪式的主持者，又是书文和故事的演唱者，这种“巫瞽合一”的主体角色是古老传统的遗存。

“家书”和“会书”既是陕北说书的主体表演形态，也是民间盲说书人表演的主要台口。在说唱文学日益广场化、娱乐化的今天，陕北盲人说书并没有完全脱离民间宗教信仰语境，仍然依附于民间宗教信仰仪式而存在，这一点也是有其特殊价值的。

最后，从现存传统书目看。据笔者调查，陕北说书现存传统书目200多本（段），其中，书帽40多篇、小段50多段，中长篇约120本。民间盲说书人有“短为段，长为本”的说法，在民间“活”态说书表演中，传统中长篇是演唱的主体部分，称作“正本”，书帽和小段是正本开始前加唱的部分，一般不独立演唱。书帽由整齐的唱词构成，一唱到底，包括朝代歌、劝世歌、古代英雄人物事迹的串联、谜语等。其中，谜语最有特色。例如：

月字三点出头王，
千人足下有太阳。
八王坐在丙丁上，
壬癸落在酉字旁。

春天人走日高飞，

村庄树木化成灰。
人王怀中两颗印，
运粮官儿不戴盔。[①]

——吴锡忠演唱，子洲县葛兰畔村，2014

谜底分别是“清香美酒”“三寸金莲”。这类书帽与宋代瓦舍中的“商谜”相似，二者当有源流关系。书帽为短篇唱词，一般无明显的故事情节，小段则演唱短小精悍的传统故事。例如《彭祖夸寿》、《王祥卧冰》、《古城会》、《斩单通》、《罗成算命》、《鸿雁捎书》、《包公夸桑》、《九子图》、(《王员外休妻》)、《三女婿拜丈人》、《小两口抬水》等，唱词有七字句、十字句。小段是陕北说书的精粹所在，经过一代一代盲说书人不断加工，唱词更加整齐，语言更加诙谐幽默，情节更加生动，经常被当代年轻说书人搬上舞台表演。

中长篇书是陕北说书演唱的主体部分，称为“正本”，通常连演10多场，有些连环大本书甚至可连续演唱1—2个月。这些长篇传统书目大多出自明代词话、清代鼓词和宝卷，分为“传书”和“记书”两类。“传书”即历史演义，有“说唐”系列的《秦琼打擂》《响马传》《罗成破孟州》《大破乌鸦山》《大破龙泉寺》《薛仁贵征东》《秦英征西》《罗通扫北》《薛丁山征西》《粉妆楼》等，“杨家将”系列的《杨七郎打擂》《杨六郎告御状》《金刀玉鞘》《大破洪州》《杨宗英下山》《杨金花争帅印》等。“记书”题材广泛，包括爱情、侠义、公案、民间传说、神话故事等，代表性书目有《五女兴唐传》《金镯玉环记》《双头马》《小八义》《大八义》《包公案》《珍珠汗衫记》《汗巾记》《白玉楼挂画》《花柳记》《摆绳记》《劈山救母》《万花记》等。这些古老的故事至今仍为盲说书人所演唱，伴随着浑厚的三弦声，飘荡在黄土高原的村落和庙会。这一丰厚的活态口头传统的宝藏和田野材料，无论对于中国还是全世界口头传统研究者，都是值得去发掘、记录，并从中受益的。

① 吴锡忠演唱，孙宏亮录音，子洲县葛兰畔村，2014年8月15日。

三　理论方法和材料来源

本书在前期材料搜集和研究的基础上，将视线转向宗教信仰仪式和民俗活动中表演的人，以盲说书人为研究对象，通过田野调查和文献分析，考察盲人说书起源的传说，追溯陕北盲说书人的历史脉络和师承谱系，全面、准确地描述盲说书人拜师学艺、行艺过程和生活图景，并借鉴当代民俗文艺学理论方法，探讨盲说书人口头艺术的特点。使用的民俗学理论方法和材料来源简述如下。

（一）“口头诗学”和“表演理论”

口头诗学，亦称“帕里—洛德理论”“口头程式理论”（Oral Formulaic Theory），它和表演理论（Performance Theory）都是20世纪中后期兴起于美国的民俗学理论方法，后者被认为是对前者的发展。目前，这两种理论方法和研究视角已为国内众多口头传统的研究者所借鉴和使用。

在中译本《口头诗学：帕里—洛德理论》译者导言中，朝戈金把“口头程式理论”的精髓概括为三个结构性单元概念，构成了帕里—洛德理论体系的基本骨架：

> 它们是程式（formula）、主题或典型场景（theme or typical scene），以及故事型式或故事类型（story - pattern or tale - type）。凭借这几个概念和相关的分析模型，帕里—洛德理论很好地解释了那些杰出的口头诗人何以能够表演成千上万的诗行，何以具有流畅的现场创作能力的问题。①

关于“口头程式理论”经典著作以及该理论产生的学术背景、相关概念术语、学术影响等的译介，朝戈金、尹虎彬二位先生用力颇勤，目前翻译的有《口头诗学：帕里—洛德理论》《故事的歌手》等。他们还率先借鉴该理

---

① ［美］约翰·迈尔斯·弗里：《口头诗学：帕里—洛德理论》，朝戈金译，社会科学文献出版社2000年版，第15—16页。

论方法，出版了《口传诗史诗学：冉皮勒〈江格尔〉程式句法研究》《古代经典与口头传统》等著作。之后，周爱明、乌力吉仓、富世平等借鉴“口头程式理论”，分别研究《格萨尔》《江格尔》以及敦煌变文的口头诗学特质和口头传统问题。

在拙著《陕北说书研究》中，笔者借鉴口头诗学理论方法和相关分析模型，梳理分析了陕北说书的程式、书套和故事范型，并指导研究生完成了《口头诗学视野下的陕北说书研究——以程式、书套为对象》《信天游口头诗学研究》两篇硕士论文。通过研究，笔者对口头诗学理论方法的长处和不足都有了更加清楚的认识。

表演理论，亦称“美国表演学派”，是20世纪60年代末至70年代初兴起的一种民俗学研究视角和方法。其代表人物理查德·鲍曼（Richard Bauman）是一位十分卓越的民俗学家和语言人类学家，主要著作有：《作为表演的口头艺术》（*Aerbal Art as Performance*）、《故事、表演和事件：从语境研究口头叙事》（*Story, Performance, and Event: Contextual Studies of Oral Narrative*）等。表演理论打破了以往以文本为中心的研究范式，更加关注口头艺术文本在特定语境中的动态形成过程以及讲述人、听众和参与者之间的互动交流，因此，被一些学者称为“一场方法论上的革命”①。

表演理论的核心观点是将口头艺术看作是一种表演，而表演则是一种交流的模式。“在这种模式中，表演者要对观众承担展示自己交流技巧的责任，而他使交流行为得以完成的相关技巧和效果会受到观众的品评，观众则会通过对表达行为本身内在品质的现场欣赏而得到经验的升华。”② 围绕这一核心观点，鲍曼提出一系列标定表演“框架”的手段，并对表演的模式性、新生性等问题做了分析，从而建构起“以表演为中心”的理论系统和研究范式。

鲍曼认为表演作为一种交流，只有在被看作“这是表演”的语境中才能实现，这个有限定的、阐释性的语境（defined interpretive context）就是框架。换言之，表演作为一种交流方式，建立或者展现了一个阐释性框架（an inter-

① ［美］理查德·鲍曼：《作为表演的口头艺术》，杨利慧、安德明译，广西师范大学出版社2008年版，第259页。

② 同上书。

pretative frame)，被交流的信息将在此框架之中得到理解，框架是元交流性的：

> 包括表演在内的所有框架，都是通过使用在文化上已经成为惯例的（culturally conventionalized）元交流来实现的。用经验性的语言来讲，这意味着每一个言语共同体都会从其各种资源中，通过那些已经成为文化惯例和具有文化特殊性的方式，使用一套结构化的特殊交流方法，来标定表演的框架，以便使该框架中发生的所有交流，都能在该社区中被理解为表演。①

表演的标定（keyed）实质上是对表演的框架进行建构的过程，它所要回答的问题是：表演何以被理解为表演，特定形式的表演与其他言说方式和语言行为是如何被区别的？例如，在陕北民间讲故事的方式至少包括评说、叙事歌谣、说古朝、练子嘴、说书等，表演在非常大的范围内与这些言语行为相关涉，但说书作为特定的表演，显然与其他方式不同，我们不能笼统地把所有讲故事方式都理解为说书表演。在绥德县城简陋的小酒馆里，三杯酒下肚，一名年轻的歌手放下手中的酒杯，用筷子敲打着桌子上的菜碟，开始演唱：

> 弹起三弦定准音，
> 各位乡亲一声请。
> 我请大家都坐好，
> 说一段故事大家听。

虽然没有三弦和甩板，年轻歌手的表演得到了认可，所有在场者都认为他表演了说书，并报以热烈的掌声。然而，在调查的开始阶段，一名本地学生向笔者推荐了一位年轻的表演者，为了方便录像，我们邀请他在学生家的院落中演唱。年轻的表演者戴上墨镜，绑好甩板，弹起三弦开场了。邻居和

① ［美］理查德·鲍曼：《作为表演的口头艺术》，杨利慧、安德明译，广西师范大学出版社2008年版，第17页。

附近的村民围坐在院子中间听书，约10分钟后，一些老年村民转身离去，接着妇女和年轻人也纷纷离去，他面前的听众所剩无几，只有笔者、学生和摄像机。他的表演显然未得到听众的认可。用最早转身而去的老年人的话来说——他不是一个说书的，是个冒牌的稆生“书匠”①。上述两个极端的例证说明，陕北说书确实展示了一个特殊的阐释性框架，在此框架之内的说唱行为才能被认可为说书表演，并且这个框架与说唱行为的外在形式（是否有三弦伴奏等）没有必然的联系。

用以标定口头艺术表演的交流手段，鲍曼列举的一般性目录包括：

特殊的符码（special codes）；
比喻性的语言（figurative language）；
平行关系（parallelism）；
特殊的辅助语言特征（special paralinguistic features）；
特殊的套语（special formulae）；
求诸传统（appeal to tradition）；
对表演的否认（disclaimer of performance）。②

这些手段都与表演本身的特性密切相关，这种传统特征和形式上的模式具有引发观众参与的力量，“将观众的注意力更强烈地固着在表演者的身上……并为表演者的展示所吸引”③。本书关于陕北盲说书人演唱文本构成的分析，将借鉴这些手段。

鲍曼认为洛德的贡献之一，“在于他证明了在表演中编创（composed in performance）的口头文本的独特性和新生性”④。因此，新生性（emergent quality）成为口头诗学和表演理论的共同点，这也为笔者将二者结合起来使用提供了依据。对于口头文本的独特性和新生性，学界已形成的基本分析模式是记录同一位演唱者演唱的同一个故事的不同异文以及不同演唱者演唱的同

① 稆生：落粒自生、野生。稆生“书匠”，指未经过师傅传授、师出无门的说书人。
② ［美］理查德·鲍曼：《作为表演的口头艺术》，杨利慧、安德明译，广西师范大学出版社2008年版，第17页。
③ 同上书，第18页。
④ 同上书，第44页。

一个故事的不同异文，进行细致的分析比较。这一分析模式，本书也将借鉴。

表演理论经过阎云翔、周福岩、杨利慧、安德明等的译介，已被国内学者借鉴和使用，在探索本土化的过程中，不少人对该理论方法进行了反思和批评。例如，周福岩指出表演理论的分析过程太过琐碎，有“陷于琐细短视的危险”①。还有学者认为表演理论更加关注“当下”和个人因素，“把情境变成了文本”，缺乏历史的维度。② 具体到陕北盲说书人这一特殊群体，笔者发现盲说书人对于表演场景变化的感知并不特别敏锐，并且一些盲说书人坚信自己是在为庙堂里的神灵演唱，即使面前空无一人，他依然会按照固有的模式演唱。传统在大部分老艺人身上已根深蒂固，即使面对摄像机，他们在表演过程中产生的文本，也不会与民间信仰仪式场所形成的演唱文本有太明显的差异。因此，本书将采取折中的方法，兼重文本与表演，将二者结合起来进行考察和分析。

事实上，表演理论是一个不断发展的民俗学理论方法。“如果说早期表演理论从以文本为中心到以表演（语境）为中心，是从民俗事象（Item）到事件（Event），那么，后来提出文本化、去/再语境化，则又转向以文本为中心。”③ 也正如王杰文所说，这一转向克服了早期表演理论的缺陷，“聚焦于民俗表演文本的呈现过程，从文本内部寻找语境线索，考察文本与语境相互建构的关系”，从而给表演研究增加了“历史”“权力”和“文化”的维度。④

总之，本书将综合使用口头诗学和表演理论两种理论方法，兼重文本和语境分析，以盲说书人行艺为考察重点，在田野调查和文献分析的基础上，全面呈现陕北盲说书人口头传统的特点。

（二）田野调查

田野调查是本书研究的基本方法和材料的主要来源。2006 年至今的 10 多年时间里，笔者一直没有停止对陕北说书的田野调查。面对繁重的教学工作

① 周福岩：《表演理论与民间故事研究》，《鞍山师范学院学报》2011 年第 1 期。

② 张志娟、安德明等：《〈表演理论对中国民间文学研究的意义〉问答、评议与讨论》，《民族艺术》2016 年第 1 期。

③ 同上。

④ 王杰文：《语境主义者重返“文本”》，《青海社会科学》2013 年第 3 期。

和日常琐事，下农村跟随说书人听书，甚至成了笔者寻求自我调节和放松的一种方式。本书所使用的材料主要来自寒暑假和节假日不连续的调查，课题组成员曹伯植、程琴以及硕士研究生秦国庆、代凯丽，本科生杜丽等独自或者参与了对个别盲说书人的调查。2011 年和 2012 年岁末，笔者应邀参加延安市曲艺馆陕北说书采集小组，采访了靖边、定边、横山、子洲 4 县区部分盲说书人；2014 年 2 月和 2017 年 7 月，笔者分别陪同华东师范大学研究生张真瑞、上海音乐学院研究生孔崇景以及江苏靖江宝卷研究会黄靖、刘卫平采访延长县两位琵琶书盲说书人；2014 年至 2017 年的 9—10 月，笔者带领学生赴延长、延川、靖边、绥德 4 县中学教育实习，利用业余时间，非常便利地采访了附近的一些盲说书人；2018 年 4 月，笔者陪同河南大学部冬萍采访了子洲、米脂、靖边县的 3 位盲人说书人，并考察了米脂县的 3 处三皇庙；2017 年 4 月和 2018 年 5 月，笔者两次赴子洲县王家墕采访民间教派宣卷和醮会书，并考察了子洲县的几处三皇庙（殿）。

由于台口被抢夺，大部分老年盲说书人只能在居住的窑洞中接受我们的采访，抱起覆满尘土的三弦为我们演唱。因此，对于少数没有完全退出传统的老年盲说书人和新生代盲说书人，我们作为重点对象，进行了多次采访，并跟随他们进入“家书”和“会书”的表演现场，完整地记录了仪式和演唱的过程。

此外，笔者还采访了韩应莲、张和平、张云、贺治财、李维俊、王永文、乔仰文、郑宝、童强、王勇、赵华英等视力健全的说书人，作为老一代盲说书人的弟子和再传弟子，他们讲述了各自师傅和老一代盲说书人的往事。在农村和庙会采访期间，笔者还采访了大量村民，向他们了解村落风俗和农村口传文化的变革。通过与陕北说书国家级非物质文化遗产保护单位延安市曲艺馆的良好合作，笔者还获得 20 世纪 80 年代采录的韩起祥口述录音以及韩起祥、张俊功、刘绪旺、白旭章、王学师等老艺人的演唱录音和相关资料，极大地丰富了本书的材料来源。

（三）文献分析

笔者科班出身的专业是中国古典文学，借鉴古典文学文献分析方法研究民间说唱文学，自是本书研究方法应有的选择。陕北盲人说书与中国古代说唱文学同源，共同经历了漫长的发展演变，借助相关历史文献记载，把陕北盲人说书置于传统说唱文学发展演变的历史长河中，通过历时性考察，探寻陕北盲人说书的地位和意义，这既是本书研究的起点，也是本书研究应包括的内容。此外，陕北盲说书人演唱的传统书目大多出自明代词话、清代鼓词和宝卷，它们是盲说书人学艺的底本。笔者收集了500多种木刻本和石印本鼓词，通过鼓词底本与盲说书演唱文本的比较分析，不仅可为盲说书人在特定语境中的表演增加历史的维度，也将有助于重新认识口头传统与书面文本之间的关系。

清代、民国时期编纂的陕北各县县志现存30多种，这些方志中散见着一些珍贵的史料，是本书文献资料的主要出处。在庙会调查中，笔者还发现了一些明清时期的碑记，它们也具有很高的文献价值。广义的文献还包括口述文献，对于历史文献几乎为零的陕北说书的起源，老一代盲说书人的资料、师承谱系等问题的研究，口述文献有着不可取代的作用。随着口述史研究的兴起，其研究方法已为众多人文学科研究领域所采用。在田野调查中所获得的大量口述材料，也将是本书分析的对象和内容。

四　方言名词术语

书匠：“说书匠”，陕北民间对说书人的称呼。“书匠”一词经常带有贬义。例如，“那是个什么儿书匠。”儿：方言。不好，坏。“稆生书匠”则指未经过师傅传授、师出无门的说书人。

先儿：读若“仙”，陕北民间对盲说书人的尊称。清代已有称盲说书人为“先儿”者，又称说书先生。被称作“先儿”的盲说书人通常能够演唱大量传统书目，拥有渊博的与说书相关的知识，并且精于算命等外艺，具有高尚的艺德。因此，在某个特定区域，只有少数德高望重的盲说书人享有此称呼。

书跟：陕北民间盲说书人把听书迷称作“书跟”。以前盲说书人每至一村，挨家挨户说“家书”，此类听书迷亦跟随盲说书人挨家挨户听书，甚至跟随至邻村听书，故称“书跟”。在民间庙会表演中，老“书跟”经常蹲坐在盲说书人面前，神情专注。他们是忠实的听众，多数带有怀旧情结，经常对年轻说书人的表演感到不满。当然，他们也经常为诸如“佘太君活了100岁还是120岁”之类的细节，与表演者争得面红耳赤。

过书：盲说书人传授和记忆书词的方式，一是师傅一句一句教，一是请识字者照着鼓词底本一字一句读，学艺者听。“过书”是陕北说书口耳相传的主要方式，也是盲说书人学艺的基础。尽管对于传统文本的机械记忆和坚持一字不差的忠实性，在陕北盲人说书表演中扮演着重要角色，但很少有盲说书人能真正做到这一点。事实上，除了故事的“关口将名”外，他们记住的主要是稳定的书套和唱段。

揣书：指盲说书人借助书套等传统要素和即兴创编，把听到的故事转化为表演的过程。“揣书”是盲说书人通过自学，不断扩大自己“腹藏”的方式，充分体现了陕北说书口头性（orality）特质。

书套：相当于口头诗学的“主题与典型场景”（theme or typical scene），是陕北说书传承的核心要素。书套表现为描述特定人物、事件和场景的完整唱段。例如，“梳妆打扮”“武将装束”“观男看女”“点兵”“行军”“厮杀”“朝王见驾”“夸店”“安顿叮嘱”等。书套既为盲说书人所共享，又具有门派差异。部分书套是固定唱词和音乐形式的结合，故亦称“牌子”。

说古朝：陕北民间一种徒口讲故事的方式，类似于评书，内容以历史演义、民间故事为主，使用方言，只说不唱。“表演中，艺人们在说表摹学中插入贯口、变口、喷口、俏口、批讲等技巧，叙述故事，描摹人物；用形象的比喻、通俗的语言、明快的节奏和绘声绘色的说表，将人物形象和故事情节淋漓尽致地加以传达。”①

打闲书：闲，方言读 hán。“打闲书”，亦称“地摊书”，陕北说书表演形态之一，是指盲说书人在得不到台口时，为了生存，自行前往庙会、集市撂地说书，以便乞讨的表演形式。

说神书：陕北民间活态说书的主体形态。即盲说书人应事主（请书的村民）或会长的邀请，在民间宗教信仰仪式活动中进行表演。“说神书”主要包

① 中国曲艺志全国编辑委员会：《中国曲艺志·陕西卷》，中国 ISBN 中心 2009 年版，第 496 页。

括“家书”和“会书”两类，它们也构成了盲说书人表演的台口。

台口：源自传统戏班表演，有台口，意指接下来有演出的活。台口指盲说书人受到事主或会社组织者的邀请而前往表演的场域。台口通常须预约，称作“写戏”。台口具有稳定性和变动性，在很大程度上取决于地缘人际关系和其他一些复杂因素。

家书：分为“口愿书”“平安书”和“暖窑书”三类，是在村民家中或村庙中举行的说书表演，主要目的是敬神还愿，祈保平安，一般包括设坛、打醋坛、请神、参神、安神、送神等仪式。“家书”曾是陕北盲说书人表演的主要台口，随着时代发展，“家书”数量已明显减少。

会书：指在会社组织的集体性信仰仪式活动中举行的说书表演，按信仰仪式活动场所不同，会书分为庙会书、醮会书和社书三类。

捎书：指村民向神灵许愿后，不请盲说书人来家中设坛表演，而是在庙会期间，请盲说书人演唱1—2个小段，捎带还愿的特殊形式。捎书的村民需向盲说书人说明许愿缘起，并支付少量费用。

三弦书：指三弦作为主要伴奏乐器的说书表演。三弦书有单音调、双音调之分，单音调定弦为$\underset{\cdot}{1}\underset{\cdot}{5}1$，双音调定弦为$\underset{\cdot}{1}\underset{\cdot}{5}\underset{\cdot}{5}$。

琵琶书：指琵琶作为主要伴奏乐器的说书表演，分为硬弦琵琶书和软弦琵琶书。硬弦琵琶书流行于延长县，使用牛皮弦；软弦琵琶书主要流行于子洲县、绥德县、清涧县、子长县、延川县境内，使用羊肠加工而成的皮弦。

坐场书：陕北说书传统表演形式。盲说书人怀抱三弦（或琵琶），手戴蚂蚱蚱，腿绑甩板，独自坐场演唱，形式古朴自然。

走场书：两人或多人组合表演的说唱形式，兴起于20世纪80年代，著名陕北说书人张俊功首开其风。走场书由一人站立主说，一人主奏三弦、甩板，其余分别演奏二胡、板胡、笛子等。走场书极大地增强了陕北说书的表演性，丰富了陕北说书音乐形式，场面红火热闹，已成为当前陕北说书的主要表演形式。

弯：陕北说书表演单位。绥德、米脂、子洲等地盲人说书人把一场书称作“一弯书”，通常连续演唱1—3小时。在特定语境中，“弯”还指小段或书帽。例如，“上场说了一个小弯弯”，意即上场唱了一个小段。

蚂蚱蚱：陕北说书独有的伴奏乐器，因晃动时，其形状酷似一只跳跃的蚂蚱，故称。多用椭圆形或菱形薄木片串联而成，缀以三角形布头或红头绳，戴在盲说书人拇指和腕部，边弹三弦（或琵琶），边晃动手腕，使小木片碰撞、摩擦，发出“杀杀杀”的声音，多用于“武调”演唱，渲染气氛。

拨子：盲说书人弹弦时使用的工具，多用牛骨或杏核磨制而成。杏核的尾部缀以布条，并用红头绳缠绕，形似蝌蚪，便于手指夹带。

甩板：或作“书板”“刷板”，陕北说书表演必备乐器。由三四块长方形木片或竹片串联而成，材质以枣木为佳，音质清脆，用红布绳缠绕在说书人小腿部位，通过小腿晃动，打击节奏，有快慢轻重的变化。

书帽：“书有帽子戏打通”。书帽，指说书人开场前加唱的部分，多为七言、十言体，内容与正本演唱的故事无关，一般为朝代歌、古代英雄事迹的串联、谜语，以及带有劝世意味的唱段。

正本：盲说书人演唱的主体部分。“正本”一般为中长篇传统书目，需连演多场。

肚才：指说书人有深厚的书词功底，并掌握丰富的知识和语言词汇的能力。陕北民谚：“说书人的口，无量的斗，要说多有就多有；说书人的肚子，杂货铺子，要听啥就有啥。”《盲艺人韩起祥》：“再加个人的天才，照老百姓的说法，就是心灵，有肚才。”①

急才：指说书人随机应变、即兴发挥演唱的才能。

文言：“文”是与“俗”相对的概念，文言不仅指区别于日常口语的书面语和古语，更蕴含着“有文化的说话”的意思，它与盲说书人在民间被称作先生、有文化的人息息相关，是其职业身份的体现。

飘言：方言词典中的解释是“开头的话”“开场白”或者“轻佻的话”。②广义上飘言指盲说书人在表演现场即兴编唱的书词，与源自书本或师傅亲口传授的“死词”相对照，飘言是灵活多变的，类似于河北大鼓书中的“淌水”。

---

① 林山：《盲艺人韩起祥——介绍一个民间诗人》，引自中国民间文艺研究会上海分会编《中国民间文学论文选 1949—1979》（中），上海文艺出版社 1980 年版，第 257 页。

② 王兆仪：《陕北区域方言选释》，三秦出版社 2014 年版，第 292 页；杨明芳、杨进：《陕北语大词典》，陕西师范大学出版社 2011 年版，第 579 页。

刚口：词典中的解释是“说书人利落的口才”①，“说话有技巧而能动听”②。《红楼梦》五十四回：“奶奶好刚口！奶奶要一说书，真连我们吃饭的地方都没了。”③

喷口：陕北说书演唱或念白的口齿功。“使用喷口吐字发声时，唇、齿、腭、舌等器官要有机地配合，字头发音要重，使字音有力地喷发出来，并注意字后的腔体共鸣。喷口的作用是使说表的字音饱满、刚劲有力。”④

外艺：泛指盲说书人从事的算命、保锁娃娃、过关、扶运和安土等迷信巫术活动。外艺是陕北盲说书人谋生的第二职业，体现了其“巫瞽合一”的传统角色。

① 白维国：《白话小说语言词典》，商务印书馆2010年版，第400页。

② 陆澹安：《小说词语汇释》，上海古籍出版社1964年版，第417页。

③ （清）曹雪芹、高鹗：《红楼梦》，中华书局2009年版，第825页。

④ 中国曲艺志全国编辑委员会：《中国曲艺志·陕西卷》，中国ISBN中心2009年版，第502页。

第一章 “三皇说”及其相关问题之考察

在调查中，笔者发现陕北盲说书人中间普遍流传着“三皇”创始盲人说书的传说，米脂、子洲、横山、绥德、佳县等地不仅有供奉着“三皇”的庙和神殿，还有很多以“三皇”命名的村庄和地名。此外，2005年8月，郑杰文在山东省文登市发现民间收藏的《三皇遗训》传抄本，说明唐代瞽者已有“三皇”信仰和结社的现象。冯丽娜在对山西、陕西、河南、山东4省盲说书人的调查中，也发现民间盲说书人普遍存在“三皇会”或“三皇社”一类的行会组织，反映了说书盲人的一种制度化生存方式。① 本书把“三皇说”及其相关问题放在第一章来考察，以彰显其重要性。

一 “三皇说”的不同版本

版本一：

说书本是三皇传下来的。人皇有一位大太子眼睛瞎了，他的父皇一见龙心大怒，立时把他赶进山里。太子在山里修行了12年。一天，忽然一阵香风，来了一个女婵娟，对太子说：“太子呀，你深山修道多辛苦，我唱几个曲儿解愁烦。”……只唱得大太子心乱，“哎呀不好，何处妖魔把人缠？”太子轰隆隆举起追云掌，把那女子打死，伸手一摸，原来是一个巨大的蝎子精。太子心中拿定主意，把蝎子精的肠子抽出来做弦，缠

① 冯丽娜：《盲说书人的调查与研究》，中国文史出版社2013年版，第197页。

绕在它的躯体上，抱在怀里扑棱棱一弹，声音十分动听，只弹得百鸟随鸣，彩凤飞舞。后来，人皇听见了，请太子回朝。太子依然弹奏，一弹风调雨顺，二弹国泰万民安，三弹五谷丰登牛羊满圈，四弹文武出圣贤。又过了几年，老王晏驾归天，太子登基，从此人间留下了说书。因此说，说书人不要自轻自贱，说书的营生圣人传。①

版本二：

相传，早在三皇时代，天上有一玉石琵琶。有一天琵琶自动响了起来，优美动听的旋律惊动了众位仙官，诸仙你争我夺，都想将玉石琵琶据为己有，终因争不分明，而拜见玉帝。玉帝一怒之下，把玉石琵琶扔到人间。人间有马牛二员外，马员外养马，牛员外养牛，各雇一牧童放牧。一天两位牧童走到一个幽静的山谷放牧，忽然发现玉石琵琶，不知是什么东西，赶快拿回家去给二位员外看，二位员外看了半天也弄不清是什么东西，只好放起来欣赏。

当朝的皇帝有一太子，因眼瞎了被赶到深山，凑巧让二位牧童看见，听说了瞎太子的悲惨遭遇，纯真的牧童充满了对瞎眼太子的同情，他们把自己的干粮让给太子吃。太子很感激，却无可报答，就给二位牧童讲起了动人的故事。故事一个接一个地讲着，二位牧童听得着了迷，忘记了回家。二员外找到了山里，问起原因，牧童如实告诉。员外一听太子会讲故事，分外高兴，就请太子回去讲给他们听。二员外也听得入了迷，他们把太子当成座上宾，并把玉石琵琶拿给太子。太子用手一摸，惊异地说：“这是天上的玉石琵琶，怎么会到你们家？”并拿来羊小肠绑在琵琶上，连弹带说，入耳动听。

后来皇上驾崩，无人继承王位，只好派人查访瞎太子的下落。当找到瞎太子时，瞎太子已在神仙的帮助下治好了眼睛，便回朝继承了皇位。所以直到如今，说书人还拜的是三皇。琵琶上的四相九品也是按皇帝封的官衔安的。每年到五月端午节，陕北说书艺人都要到绥德拜三皇庙，

① 据韩起祥编，王宗元整理《翻身记》，《延河》1976年第6期。

并为群众义务演出。从此三皇传给世间盲人陕北说书的故事就传了下来。①

版本三：

起初，盲人眼睛看不着，只能给人家推磨。三皇太子眼也看不着了，也被赶了出来，到那里推磨。一圪嘟（按：堆、群）盲人都说："推磨太累了，太子哪能受这苦？你则盛（按：停留，居住）下，我们推，伺候你，你受不下。"太子就这样盛着，眼睛忽然好了，能看着了。后来，太子登基，十分感激盲人，说盲人眼看不着，但长心着呢。于是，便封盲人去说书，从这儿就留下个盲人说书。②

据冯丽娜调查，"三皇"信仰在全国各地盲说书人中普遍存在，不少地方的盲说书艺人还成立有"三皇会"的行会组织，敬奉"三皇"为始祖。例如，黑龙江依安地区"三皇会是算命盲人参加的行会组织，会长的家就是三皇会的办公地，供奉三皇的牌位"；青海河湟"1891 年，谢承华的奶奶、盲人彭敬香在西宁街头演出贤孝，……她的盲人丈夫谢长德为三皇会会长，每年主持盲艺人的祭祀演出和活动"；山西"沁州盲人聚会是每年的五月初五，辽州盲人聚会是每年九月初九。加入三皇会的人必须遵守三皇律。三皇会组织的说书比赛项目是艺人们借以交流技艺的盛会"；山东荣成"清代民国时期，就有盲艺人组织三皇会在县内演唱荣成大鼓。多用三弦伴奏，深受群众欢迎"；北京"盲人有一个行会组织，即瞽目会。盲艺人崇拜的是三皇，即天皇、地皇和人皇"。③ 此外，在河南宝丰马街，"三皇社是影响艺人参与书会的重要因素。它是一个类似行会的组织，但相对松散和灵活。供奉三皇即天皇、地皇、人皇三尊神，成员多为三弦和坠子艺人子艺人"④。在江苏苏州，

---

① 中国曲艺志全国编辑委员会：《中国曲艺志・陕西卷》，中国 ISBN 中心 2009 年版，第 623—624 页。

② 邱满囤口述，孙宏亮采访，子洲县城，2014 年 8 月 18 日。

③ 上举例证皆引自冯丽娜《盲说书人的调查与研究》，中国文史出版社 2013 年版，第 191—197 页。

④ 王清：《村落的记忆——马街及周边村落的传说研究》，《民间文化论坛》2004 年第 4 期。

“清代艺人建立了自己的行会组织，叫做光裕会所。该组织奉三皇祖师，三皇即天皇、地皇、人皇”①。

上述材料表明，北起黑龙江、青海，南至江苏的广大区域中，都存在盲说书人信仰“三皇”的现象。然而，我们却很少看到像陕北民间“三皇说”一类的传说。青海河湟地区的贤孝艺人持弦子演唱，“民间传说三弦的子、中、老三根弦代表三皇，在人家里不平安的时候，请去唱一个贤孝，就相当于神仙去了一回，弹完了家里就会平安”②。这个传说与陕北盲人说书相似，在韩起祥后面的口述中，三弦的三根弦分别代表发明说书的“三黄”兄弟，并且在陕北盲说书人“家书”演唱中也经常听到这样的唱词：

三弦在你家里响一响，
保你一家老小常安康；
三弦在你家里弹一弹，
给你门上挂个平安牌。

——拓开发演唱，佳县秦马硷村，2016

王清在对河南马街书会的调查中，发现有“救驾兴会”的传说：东汉年间，刘秀被王莽追到马街村东的应河岸边，军马被河水挡住，说书艺人和听书的群众都来帮刘秀渡河。刘秀当了皇帝后，为感谢马街百姓，降旨免去马街一带的皇粮，并钦赐“三皇社”御牌一块。以后人们便以正月十三为会期，年年兴会，感念皇恩，延续至今。③

山东临沂地区的说书艺人“敬三皇，供东方朔”。据老人们讲，原先的盲人只能靠推磨维持生活，苦不堪言。后来，东方朔教给盲人说书算命，因此东方朔被算卦者尊为祖师爷。山东德州陵县有东方朔庙，“该庙原坐落在神头镇北街村北小广场的北边，庙门朝南……正中一间矗立着东方朔先生塑像。西边两间分别是盲人推碾推磨的塑像，东边两间是盲人说书算命的塑像……

① 李希凡、孟繁树、吴文科：《中华艺术通史》（清代卷），北京师范大学出版社 2006 年版，第 255 页。

② 冯丽娜：《盲说书人的调查与研究》，中国文史出版社 2013 年版，第 196 页。

③ 王清：《村落的记忆——马街及周边村落的传说研究》，《民间文化论坛》2004 年第 4 期。

每到农历三月三日至十三日，是东方朔庙香火最旺盛的时候，全国各地的盲人代表上千人来此祭拜东方朔”[1]。民间占卜者尊东方朔为祖师爷由来已久，唐代笔记小说中记载阿来婆弹琵琶卜，合眼唱“东告东方朔，西告西方朔”[2]，说明唐代卜者已敬奉东方朔。陕北盲说书人“三皇说”版本三的内容与之大致相似，两个传说很可能有过接触。之所以把东方朔对民间盲人的同情，变成三皇太子对盲人的感恩，这恐怕与陕北盲说书人敬奉“三皇”，不尊奉东方朔有关。

以上缕述“三皇”信仰分布和相关传说，意在说明陕北盲说书人“三皇说”的意义和价值。与全国其他地区相比，陕北“三皇说”不仅保留着完整的形态，而且形成了一个独特的“传说圈”，这对于探寻中国古代说唱文学的起源是有特殊意义的。

“把每一件史事的种种传说，依先后出现的次序排列起来”，然后“研究这件史事的渐渐演进”[3]，是“历史演进法”的基本思路。在陕北民间这个“传说圈”内，“三皇说”不同版本之间有过接触，也存在着争执的痕迹。研究发现，版本一在陕北地区流传最广，尽管在表现形式上增添了文学性叙述，但其基干并未变化，应该是“三皇说”较早的形态。版本二明显地糅合了后起的另外一个传说，它通常用来解释盲人说书从乞讨向还愿仪式的演变：

> 到了封建社会又变的不一样了，又进了一步，讨饭讨到家里（说书）。有几个员外：一个姓牛叫牛员外，一个姓马叫马员外，一个姓财叫财神爷。这三家员外听见要饭的唱得好，就把他们请到自己家里，今儿这个给牛员外唱、那个给马员外唱；明儿那个又给马员外唱，这个给牛员外唱，就这么轮流的……
>
> 最后三家员外死了，说书的人就把他们称为神了——牛王菩萨、马明大王、福禄财神。
>
> 周朝以后，就成了还愿了。牛有了病了，就给牛王爷说几天书；驴、

① 冯丽娜：《盲说书人的调查与研究》，中国文史出版社2013年版，第229页。

② （唐）张鷟：《朝野佥载》，中华书局1979年版，第64页。

③ 胡适：《古史讨论的读后感》，引自顾颉刚《古史辨自序》（下），商务印书馆2011年版，第989页。

马有了病了，给马王爷说书，结果一代一代下来就神了。人有了病，给土神爷说书，买卖人给财神爷说书，庄稼汉给龙王爷说书……反正你敬什么神就给什么神说书。①

此外，版本二还吸收了琵琶起源的传说：

周朝皇女目盲，皇王打发下人把她送到黄河里，叫鱼鳖海怪吃了。皇女也是有命人，到了河里就叫唤了。惊动惊动多惊动，惊动太白李金星，太白金星空中过，掐指一算算得清，周朝皇女有难星，便打发蝎子精下去往住镇压。结果，（皇女）嗓音洪亮，把蝎子精逼得头疼，变成了琵琶。琵琶生来八根弦，王母娘娘拿了一根纺线弦，鲁班爷拿了一根吊线弦，杨六郎拿了一根射箭弦，弹棉花的拿走一根弹花弦，最后丢下四根皮弦。②

至于版本三，前文已指出，它可能是受了山东民间传说的影响，将东方朔教盲人说书算命附会到三皇太子的身上，因此与前两个版本产生了差异。

通过“三皇说”版本的分析，我们可以直观地看出，说书与盲人的谋生方式有关，它最初的形态是盲人行乞辅助。这一点在另一个后起的传说中，得到了更加生动的呈现：

陕北说书有人说是三皇治世时就已有了，这完全是神话。而我们老师所说的这个“三黄”应该不是神仙、皇帝那个“皇”，“三黄”是姓黄的“黄”。

在很早以前，可能在奴隶社会吧，有这么一家人家，一个老汉养的三个儿。老汉给奴隶主当奴隶，叫奴隶主折磨死了，留下弟兄三个。弟兄三个据说可能有名字，因为穷人的名字没人叫，就失传了，以后就是排行叫大黄、二黄、三黄，依他那个姓叫名字了。大黄叫奴隶主把手给

① 韩起祥口述，孙宏亮编：《红色说书人——韩起祥陕北说书口述史》，中国致公出版社 2017 年版，第 12—13 页。

② 刘忠元口述，孙宏亮采访，延长县七里村，2014 年 9 月 28 日。

剁了，剁了一个正（右）手；二黄叫奴隶主把一条正（右）腿给打坏了；三黄从娃娃时候就伺候奴隶主太太哩，结果被（奴隶婆）拿锥子把眼给扎坏了。弟兄三个都成了残废，奴隶主就不要了，把这弟兄三个赶出去了。

弟兄三个就要饭，到处流浪乞讨。……大黄拾掇（按：拾取，修理）的两根烂木板敲上，走到有钱人的门上，就敲（着）说些吉利话，有钱的给吃一点东西。这样感觉比他们到了门上叫干大、叫干妈强，以后他就弄两块木板敲着要饭，比以前光喊叫又强了一步了。

一次，弟兄三个没个住处，晚上就住在人家古坟里。古坟上有一个烂匣子，三黄就弄根棍棍，他哥敲根木板，他就敲那么个烂匣子，敲得还好像有点声音。三黄慢慢琢磨琢磨，先没声音配合，最后就唱出点声音，结果比之前要饭好像强了一点了。又有一次，人家杀羊哩，把那羊麻肠撂出来了。三黄就弄得些羊麻肠，在一个庙里把那羊麻肠要玩（按：摆弄）了一顿，之后就慢慢想办法绷在烂匣子上，还有点声音哩。最后他就绷了四根羊麻肠，稍微还弹出点声音了。……过去很早以前，榆林地区把蝎子叫琵琶，不叫蝎子，因此给它起了个名字，叫琵琶，这个乐器就是这么慢慢发明的。

为什么到现在有些人叫盲人瞎子？他就依三黄拾掇的那个烂匣子拿上要饭，很受群众欢迎，群众不知道他们姓什么叫什么，一看见就说："咦，匣子又来了，匣子又来了……"原先就把琵琶叫匣子，虽然是那个乐器名字，最后人也叫成匣（瞎）子了。一代一代传下来，眼失明以后就叫瞎（hā）子……

二黄就拾掇的一个不知道是圆的罗圈还是什么，……他一开始就敲那个东西，和琵琶就配在一起敲了。人家就说："咦，看匣子还有圈子……"为什么现在咱们这地方把拐子叫瘸子？这就是那会二黄拿个圈子敲哩，人家一个说："咦，匣子和圈子又来了。"这样慢慢就叫出去了，以后就把拐子叫瘸（圈）子。

二黄慢慢把罗圈圈子握小，先蒙了些烂布子，看这还有声音，最后他拾掇的一节烂扁担头子，把那（圈子）往上一放，也绾了三跟弦，弹起来有了声音了。逐渐以后进化，就变成个三弦。为什么叫三弦？三弦就是依他们弟兄三个，老弦代表老大，二弦代表老二，三弦就代表老三。以后他们弟兄三个还是照样要饭，一个扫琵琶，一个弹三弦，一个敲木板。最后敲的木板就起不下个名字，究竟叫个什么呢？琵琶也起下了，三弦也起下了，木板起个什么名字哩？那是他们老大（敲的）嘛，叫个老子。本来是个老子，咱们把那叫走音了，叫成个落子（莲花落子），起下这么个名字……

这三种形式，一种是叫莲花落，一种是琵琶，琵琶是三黄用的；一种是三弦，三弦是二黄用的。从此，就一代一代把说书传下了。[①]

这个后起的版本是著名盲说书人韩起祥在1981年口述的，目的是为给当时的全国曲艺集成提供资料。它是“三皇说”的发展，主角由神（“三皇”）转变为人（“三黄”），并以否定的姿态，从神话向历史迈进，重构讲述话语的权威。时至今日，说书依然是大多数盲艺人“以觅衣食”的营生，我们依然能看到手持三弦沿街行乞的盲说书人的身影。

二 “皇”之本义与“三皇说”

王国维先生曾说：“上古之事，传说与史实混而不分。史实之中固不免有所缘饰，与传说无异；而传说中，亦往往有史实为之素地。”[②]“三皇说”不仅直观地讲述了盲人说书原初的发生，也以神话的方式，极富想象力地向人们讲述着中国古代说唱文学的起源。这一点，笔者在《先秦“瞽矇文化”与陕北说书》一文中已有初步探讨，为了避免重复，引述如下。

① 韩起祥口述，孙宏亮编：《红色说书人——韩起祥陕北说书口述史》，中国致公出版社2018年版，第2—9页。

② 王国维：《古史新证——王国维最后的讲义》，清华大学出版社1994年版，第1页。

> 中国古代说唱文学起源于上古巫瞽。先秦时期的瞽矇由上古巫瞽演变而来。凭借这一原型角色，瞽矇作为宫廷音乐师，享有崇高地位。春秋后期，瞽矇地位下降，被新的宫廷音乐的主角“优”所取代，淡出宫廷，流落民间，从而奠定了后世民间说唱文学的主体角色。
>
> “三皇说”与先秦瞽矇的历史具有同构性。在传说中，先秦瞽矇的命运被生动形象地讲述为三皇太子被逐出宫廷和三黄兄弟被赶出家门。三皇太子与蝎子精变成的美女较量，不为其所惑，隐约折射出“瞽”与“优”殊死抗争的悲壮与凄怆。时至今日，陕北盲说书人依然保留着“巫瞽合一”的原型角色，他们的演唱并未走向纯粹娱乐化。①

冯丽娜经过比较，认为陕北传说中的“三皇”同山东、河南、山西等地盲艺人的“三皇”信仰有着较大区别：

> 晋鲁豫等地盲人的三皇信仰非常清晰，就是“天皇”“地皇”与“人皇”；而陕北流传的三皇传说却相对模糊，有的说是大黄、二黄、三黄三兄弟，有的说是三皇时代。什么原因造成这种现象呢？笔者认为这有着深刻的历史因素。据推测，汉代应是盲人走出宫廷继而信奉讲唱三皇的一个时期。中原地区的三皇之说与盲人三皇信仰大抵成型于战国秦汉之时，而此时的陕北地区恰恰位于汉朝边缘，受中原文化影响有限。……从另一个角度讲，陕北盲人说书没有受到秦汉文化的影响反而是一件好事。伴随秦汉以来三皇之说的形成与盲人对新造神三皇的讲唱，先秦的一些文化和历史继而被取代。未受过秦汉三皇之说影响的陕北盲人说书很可能反而保存了先秦的一些历史记忆。②

盲说书人“三皇”信仰是否成型于战国秦汉之时，留待下节商榷。但是，认为陕北流传的“三皇说”保存了先秦的历史记忆，这一看法的确很有见地。

---

① 孙鸿亮：《先秦“瞽矇文化”与陕北说书》，《社科纵横》2008 年第 8 期。

② 冯丽娜：《盲说书人的调查与研究》，中国文史出版社 2013 年版，第 187—188 页。

下面结合“皇”的本义，做一些补充。

“皇”字的本义，学术界看法不一。许慎《说文解字》说：“皇，大也。从自。自，始也。始皇者，三皇，大君也。”① 随着金文、甲骨学的崛起，人们对“皇”字的探讨日渐深入，提出了许多看法。例如，汪荣宝认为“皇”的本义是“冠冕”，“皇者，舜时宗庙之冠，与夏之收，殷之冔，周之冕相当……古文皇字即象其形”②。徐中舒、郭沫若也持类似观点。郭沫若说：

> 查《周礼·春官》乐师有“皇舞”。郑司农云：“皇舞者以羽冒复头上，衣饰翡翠之羽。”……又，《礼记·王制》“有虞氏皇而祭”，注云：“皇，冕属也，画羽饰焉。”我意画羽饰之冕亦是后起之事，古人当即插羽于头上而谓之皇。原始氏族之酋长头饰亦多如此。故于此可得皇字之初义，即是有羽饰的王冠。③

之后，李国正通过对构成“皇”的两个主要成分“王”和“白”重新分析说解，认为“皇”，从“白”象形，从“王”得声，其原始意义是孔雀尾翎。“因尾翎色彩绚丽而又不易得，故后来凡色彩绚丽的羽毛及人工染制的五彩羽都称皇。原始部落的人们将皇插在头上为饰，逐渐演化为冠，这种羽冠也就谓之皇。……这种舜时祭祀之冠，渐为王者所独用，后世最高统治者因之称皇。”④ 杜金鹏通过陶器、玉器符号与古文皇字的比较，指出：“皇字的本义，是以鸟羽为饰的皇王冠冕，喻指神界或人间的最高统治者。”⑤ 这些说法都有一定的道理，然仍未究“皇”之本义。何新在《诸神的起源——中国上古神话新探·三皇考》一文中，引郭沫若、于省吾等前辈之说，认为“皇”之本义“乃古代大巫之号”：

> 皇音通“兄”（兄古音读如“匡”），兄即祝之本字。郭沫若说：“兄

---

① 汤可敬译注：《说文解字》，中华书局 2018 年版，第 39 页。

② 汪荣宝：《释皇》，《北大国学季刊》第 1 卷第 2 号。

③ 郭沫若：《长安县张家坡铜器群铭文汇释》，中国科学院考古研究所编《长安张家坡铜西周器群》（考古学专刊乙种第十五号），文物出版社 1965 年版，第 5 页。

④ 李国正：《“皇”字新解》，《语文研究》1986 年第 2 期。

⑤ 杜金鹏：《说皇》，《文物》1994 年第 7 期。

字古可假为况或贶。故知古音读如匡，即尫之初文，象形。此种人，口鼻向上，古人以为巫祝，故祝字从之。”(《郭沫若全集》第一卷，第460页) 于省吾说：“《尚书·无颐》篇内皇字，汉石经并作兄，古读兄如皇。”(《甲骨文字释林》，第289页) 音近义通。故皇之本义，乃古代神巫之名也。皇、黄又通。唐兰先生说：“黄字在甲骨文中本为巫师之名。”(详论见裘锡圭：《论卜辞的焚尫与作土龙》)“黄字古文，象人仰面向天，腹部胀大，是巫尫之尫的本字。”黄、皇二字古可通用（《庄子·齐物论》《徐无鬼》黄帝均书作皇帝）。以是可知，黄帝者，本事应为上古传说中之大巫也。①

“皇”“黄”本义皆“神巫”之名，这与上面李、杜二先生的看法并不矛盾。《周礼·春官》：“司巫，掌群巫之政令。若国大旱，则帅巫而舞雩。”② 舞雩，即求雨祭祀仪式，参与这种仪式的是巫。又，“乐师掌国学之政，以教国子小舞。凡舞，有帗舞，有羽舞，有皇舞……”雩、羽同音，羽舞疑即雩舞，指持羽而舞。郑司农云：“皇舞者，以羽冒覆头上，衣饰翡翠之羽。……皇，杂五采羽，如凤皇色，持以舞。”③“皇舞”“雩舞”皆为以羽毛为舞具，“皇”即指“鸟羽”“羽冠”，自然也可指代持羽而舞的巫。

另外，肖波认为“皇”是指“头上戴着冠饰的萨满巫师”，“日首人身”的“太阳人”形岩画是“皇”字的最初形态，“皇”字的起源，反映了原始先民对太阳神的崇拜。④ 这一看法很有启发意义，著名的陕北伞头秧歌，舞者手持象征太阳光芒四射的“日照”。民国《安塞县志》中把秧歌称作“阳歌”：“元宵男装女扮如杂剧，鸣锣击鼓，兼唱春词，名曰闹阳歌。”⑤ 这说明陕北秧歌很可能起源于祭祀太阳神的原始歌舞。

---

① 何新：《诸神的起源——中国上古神话新探·三皇考》，《中国社会科学院研究生院学报》1985年第2期。

② 《十三经注疏》整理委员会整理，李学勤主编：《十三经注疏·周礼注疏》，北京大学出版社1999年版，第687页。

③ 同上书，第596页。

④ 肖波：《从“日首人身”形岩画看“皇”字起源》，《艺术探索》2015年第4期。

⑤ 民国《安塞县志》，《中国地方志集成·陕西府县志辑》，凤凰出版社2007年影印本，第42册，第227页。

回到“三皇说”。笔者认为“三皇说”中的“三皇”最初的含义也应指上古“神巫”或“萨满巫师”，后来逐渐演变成天皇、地皇和人皇。至于为何称“三皇”，邢克斌解释说：“三，具有增加、发展之意……既可解释自然，又能概括人类社会，是一个高尚的字眼。因此，人们用来标示神圣的皇的数量。”① 可见，“三皇”的原义并非特指，而是泛指上古神巫。《国语·周语下》：“古之神瞽，考中声而量之以制。”韦昭注：“神瞽，古乐正，知天道者也。死以为乐祖，祭于瞽宗，谓之神瞽。”② 所谓“古之神瞽”，即指兼具巫与乐两方面职能的上古巫瞽。他们不仅是说唱文学的创始者，也应当属于“皇”之列。明乎此，我们才能明白后世盲说书人信奉“三皇”的真正原因，也才能解释“三皇说”中被逐的太子发明了说书，后世盲说书艺人仍尊“三皇”为始祖的原因之所在。“三皇说”不仅以神话传说的方式讲述着说唱文学的起源，同时，也印证了口头诗学奠基人洛德的那句名言：“在他成为艺术家之前，诗人是神巫，是先知。”③

三 《三皇遗训》与“三皇”信仰的形成

2005 年 8 月，郑杰文在山东省文登市发现民间收藏的传抄本《三皇遗训》，为我们了解唐代瞽者社会及“三皇”信仰的形成提供了珍贵的资料。关于《三皇遗训》及其所反映的唐代瞽者社会的情形，郑杰文已做了深入论述，④ 这里着重探讨《三皇遗训》与“三皇”信仰的形成。

冯丽娜则认为民间盲人的“三皇”信仰成形于汉代。在阴阳学盛行的背景下，“汉统治者搬出三皇是为了维护统治，同样推行阴阳学说也是维护统治。让阴阳者奉三皇，而皇帝又以‘皇’自居，正是顺理成章、手到擒来之事。恰逢这个时期，瞽史已被称为‘狂瞽’，让瞽人奉三皇，借瞽人之口宣扬

---

① 邢克斌：《“三皇”“五帝”的各种说法》，《文史知识》1983 年第 7 期。
② （战国）左丘明：《国语》，上海古籍出版社 2015 年版，第 87 页。
③ ［美］阿尔伯特·贝茨·洛德：《故事的歌手》，尹虎彬译，中华书局 2004 年版，第 94—95 页。
④ 郑杰文：《新发现的〈三皇遗训〉与唐代瞽人社会》，《文献》2009 年第 3 期。

三皇，正可以化害为利，这合情合理”[1]。郑杰文则认为唐初统治者为了传扬其正统地位，出于政治用心的考虑，开始崇信三皇，不仅在《帝范》中正式认可“三皇”为早于“五帝”的远古帝王，朝廷还专门设立“三皇”之祀。在此文化背景下，“无法依持体力劳动维持生计的瞽者，讲唱三皇，以合世风，以顺朝廷，以求糊口，便是十分自然的事情了；而作为瞽者之社会组织的唐代瞽者社会，在其会约《三皇遗训》中，规定瞽者讲述三皇，更是顺理成章的事情”[2]。二人都是从时代政治和文化风尚来解释“三皇”信仰的形成，所谓“三皇”均指“天皇、地皇、人皇”。

按“三皇”一词，始见于《周礼·春官》“外史掌书外令，掌三皇五帝之书”[3]，但未详所指。清人崔述说：

> 经传述上古皆无三皇之号。《春秋传》仅溯至黄帝，《易传》亦仅至伏羲，则谓羲农以前别有三皇者妄也。燧人不见于传，祝融乃颛顼氏臣，女娲虽见于记而文亦不类天子，则以此三人配羲农以足三皇之数者亦妄也。……盖三皇五帝之名，本起于战国以后。[4]

“三皇五帝”说起于战国、秦汉之际。《汉书·郊祀志》：“夫周秦之末，三五之隆。”颜师古注：“三谓三皇，五谓五帝。”[5] 在秦汉大变革的时代，原本泛指古之“神巫”的“皇”，在“宗教神学之再造与复兴”的背景下，逐渐地被神格化，形成了各种新“三皇”说。[6] 如此一来，“三皇”由最初泛指的“神巫”演变为半神半人的神圣，成为后世敬仰的对象。“三皇”的名称虽然确立于西汉，但在西汉“三皇却不与其盛”，究其原因，正如顾颉刚所说，“汉武帝时以泰一为天的异名，泰皇即可与天皇并家”，汉代的观念中，

---

① 冯丽娜：《盲说书人的调查与研究》，中国文史出版社 2013 年版，第 18—19 页。

② 郑杰文：《新发现的〈三皇遗训〉与唐代瞽人社会》，《文献》2009 年第 3 期。

③ 《十三经注疏》整理委员会整理，李学勤主编：《十三经注疏·周礼注疏》，北京大学出版社 1999 年版，第 711 页。

④ （清）崔述：《补上古考信录》，中华书局 1985 年版，第 1 页。

⑤ （汉）班固：《汉书》，中华书局 1962 年标点本，第 1261—1262 页。

⑥ 李衡眉将秦汉文献中所载“三皇”分为 4 类，即“《史记》与《尚书大传》三皇说”“儒家三皇说”“纬书三皇说”“诸子派的三皇说”。参见李衡眉《三皇五帝传说及其在中国史前史中的定位》，《中国社会科学》1997 年第 2 期。

分别以泰皇和后土为天上和人间最高人物，“既没有三皇的需要，三皇之说自然就不发达了”①。因此，《三皇遗训》中所谓“汉子房公奏准汉高圣上”，使“诸术艺人供养三皇”②，这显然与西汉的社会风气不符，并不足信。此外，《三皇遗训》中“掌天地”的“三皇”为伏羲、黄帝、神农，又说：“天皇兄弟十三头，各一万八千秋；地皇兄弟十二头，亦各一万八千岁；人皇兄弟并九头……”这与唐代司马贞《补三皇本纪》“天皇氏十二头，兄弟十二人”略同，皆属于后起的纬书“三皇”的说法。由此可见，民间瞽者“三皇”信仰正式形成于唐代较为可信，笔者赞同郑杰文的观点。

《三皇遗训》作为唐代瞽者的“会约”，折射出瞽者社会地位的历史变迁。如前所述，春秋后期，瞽者的社会地位发生了根本性变化，在与“优”的抗争中，瞽者群体出现分化。一方面，文献中出现了“瞽说欺天”③“狂瞽之词，谬出惑人”④等贬称，这类“狂瞽”属于与“优”合流，而依靠滑稽表演供人主娱乐的瞽者。《淮南子·缪称》载：“侏儒瞽师，人之困慰者也，人主以备乐。”⑤把瞽与侏儒并称，亦可见其地位之沦丧。20世纪50年代，陕西、四川、河南出土了一批汉代“说唱俑”，他们或坐或立，头顶椎髻软帽，穿无领短褐或裸露上体，从其蹙眉闭目、双眼眯缝，以及夸张、滑稽的形象看，他们很可能也属于“狂瞽”。这类瞽者在唐代社会依然存在。《旧唐书·李实传》载：“瞽诵箴谏，取其诙谐以讬讽谏，优伶旧事也。”⑥所谓“优伶旧事”，即代表了唐人对瞽者的认识。另一方面，流落民间的瞽者，则几乎被历史所湮没，文献中也很少有他们的记载。东汉蔡邕《瞽师赋》中写道：“夫何蒙眛之瞽兮，心穷忽以郁伊。目冥冥而无睹兮，嗟求烦以愁悲。抚长笛以摅愤兮，气轰锽而横飞。咏新诗之（一作‘以’）悲歌兮，舒滞积而宣郁。何此声之悲痛兮，怆然泪以潸恻。”⑦赋中所写的瞽师心境悲凉，凄怆万分，很可能是一位生活在社会底层，依靠卖唱乞讨糊口的瞽者。总之，从

① 顾颉刚：《古史辨自序》（上），商务印书馆2011年版，第250页。
② 《三皇遗训》，引自郑杰文《新发现的〈三皇遗训〉与唐代瞽人社会》，《文献》2009年第3期。
③ （汉）班固：《汉书》，中华书局1962年标点本，第3451页。
④ （晋）陈寿撰，（宋）裴松之注：《三国志》，中华书局1959年版，第180页。
⑤ （汉）刘安：《淮南子》，上海古籍出版社2016年版，第236页。
⑥ （五代）刘昫等：《旧唐书》，中华书局1975年标点本，第3731页。
⑦ （清）严可均辑：《全后汉文》（下），商务印书馆1999年版，第712页。

春秋后期到唐代，瞽者的地位和声誉逐步沦落，已降至社会的底层。《三皇遗训》正反映了唐代瞽者面对社会地位和舆论的历史落差，通过信仰“三皇”，缅怀先烈，成立会社和自我约束，以求达到“不弃于斯世”，继而重回昔日崇高的理想，也表现出唐代瞽者不甘沉沦、自立自强的精神。

最后，《三皇遗训》明确规定瞽者讲唱“三皇”，缅怀盘古氏、有巢氏、燧人氏、伏羲、黄帝、神农开天辟地、构木为巢、钻木取火、尝百草、教民稼穑的开创事迹以及尧舜、文王、周公的历史功绩。在陕北盲说书人的演唱中，我们至今仍能听到这样的书帽：

神农皇帝尝百草，
才分开糜麻五谷味气殊。
黄帝的老婆是嫘祖女，
她留下养蚕缫丝纺织帛。
虽然有了衣和食，
野宿血吃没人伦。
契司徒调教人伦道，
才有了父子夫妻情。
燧人氏钻木取出来火，
有巢氏发明的砌楼盖房厅。
有皋陶立下法语录，
才有了持杖徙流脚斩刑。
大禹王打开口子放走水，
伯益氏放火烧开梢山林。
……①

这不仅继承了唐代瞽者的传统，也颇有先秦瞽矇“世奠系”的余绪。

① 孙鸿亮、吕达等编：《陕北说书精选》，陕西人民出版社 2008 年版，第 22—23 页。

四 陕北三皇庙调查

日本学者柳田国男认为传说与故事不同：“传说的核心，必有纪念物。无论楼台庙宇、寺舍庵观，也无论是丘陵墓塚，宅门户院，总有个灵异的圣址……尽管很少有人因为有这些遗迹就把传说当真，但毕竟眼前的实物唤起了人们的记忆，记忆又联系着古代的信仰。”① 纪念物不仅是传说产生的客观凭借，也大大增加了传说的可信性。在陕北地区，与“三皇”说相对应的纪念物主要指三皇庙或以三皇命名的村庄、地名等。清代和民国陕北方志中，不乏三皇庙的记载。可惜的是，这些三皇庙今已大多不存。根据民间盲说书人提供的线索，2017 年 4 月和 2018 年 4—5 月，笔者分别实地调查了子洲、米脂县的 6 处三皇庙（殿）。现将调查情况列表如下：

表 1－1　　陕北 6 处三皇庙（殿）调查情况

庙（殿）名	地址	供奉三皇名称	碑序（记）	庙会日期（农历）
三皇庙	子洲县瓜园则湾乡柏全山	天皇 地皇 人皇	清乾隆四十二年、道光元年、咸丰四年、光绪八年、光绪三十一年重修碑序 5 通	五月十八 七月十五
三皇庙	米脂县姬家峁村天圣山	天皇伏羲氏 地皇燧人氏 人皇神农氏	民国二十年重修碑序 1 通	七月十五
三皇庙	米脂县玉皇阁村	伏羲氏 炎帝神农氏 黄帝轩辕氏	2007 年重修扩建碑记 1 通	五月初五
三皇庙	子洲县三川口镇常家园则村	三皇大帝	1994 年重修碑记 1 通	五月（活日子）

① ［日］柳田国男：《传说论》，连湘译，中国民间文艺出版社 1985 年版，第 26—27 页。

续 表

庙(殿)名	地址	供奉三皇名称	碑序(记)	庙会日期(农历)
三皇殿	子洲县瓜园则湾乡乏牛山目连寺	三皇大帝	无	十月二十七
三皇殿	米脂县杜家石沟镇闫家畔村真武洞	天皇燧人氏 地皇伏羲氏 人皇神农氏	无	三月初三

这6处三皇庙（殿）都经过了近年来的扩建和重修，庙宇和神像已非旧貌。但是，通过庙内保存的碑序，我们仍能看出其悠久的历史。下面，略举两例。

《重修三皇龙神庙碑序》

碑存子洲县瓜园则湾乡柏全山三皇庙侧，碑体高大雄伟，长方形，圆顶中间竖刻“皇清”二字，两侧横刻“碑记”。碑身右侧1行题“重修三皇龙神庙碑序”，碑文9行，满行35字，正文末分两行刻“乾隆四十二年岁次丁酉桂月谷旦立”“绥德州痒生梁敏撰”字。正文字迹脱落，略云：

盘古干纪，孔子不记。伏羲、农、黄，《周易》始起。迹其所为，与后世印合，诚万代之瞻仰也。厥后沐其甘雨，咸曰五方龙神衣食之本也，崇而奉之，可不谓知本也哉。然而，人知龙神为衣食之本，而不知三皇实衣食之源。绥城西百里许有李什□火石沟者，中隔一峰，曰柏泉［全］山，巍然古迹也。旧有三皇祠一所，祀以五方龙神，附以山神、土神。虽未详其建于何代，而共祀一堂，非有得于衣食一体之义乎？然自康熙年国能等重修以来，至今又历百年，栋宇倾圮，圣像剥落，风雨之飘摇，神其不安，人心岂安之乎？于是合社同议，竭力捐赀［资］，而且绵力不继。募化同人，共□其事。易厦而室也，改画而塑也。□无□瓦陶□，而一时之□，神像庙貌聊亦焕然聿新。工程竣矣，嘱予记之。

《姬家峁重修三皇庙碑序》

碑长方形，圆顶，正中竖刻“纪念”字样，两侧刻鹿、鹤图案。碑身左侧刻“民国二十年四月吉日公会”字，署“清翰林院待诏衔附贡生姬永贞谨撰”。碑文曰：

> 盖闻天开于子，则有天皇；地辟于丑，则有地皇；人生于寅，则有人皇。然则继盘古而首出御世，以其惟三皇乎？我米南门外距城五里河西姬家峁村，□乡科举人邑知县姬光远之故里。我村山顶上旧建三皇庙一所，不知创自何代？考之残碑断碣，明洪武年犹重修也。历年既久，栋折垣颓，金粉凋落，不可以棲神以□□观瞻。村民姬子世远目击心伤慨，并有重修之志。本村按户捐资，酌量多寡，外复募化，得四方乐此好施者，共计壹仟余缗，工经三年而甫竣。不料民国十年冬月初七日夜间地震，庙宇忽然崩坏，村众虽抱隐忧，莫可如何。（中略）村人姬子世忠、世钧相与谋曰：人之所恃锡□者神，神之所赖感福者人，庙貌之残缺，梁栋之摧折，吾辈岂堪坐视乎？于是纠集阖村人等，按前次每名施钱若干，仍旧各输之。各村人皆踊跃乐从计，复捐资贰百余缗，庙宇之规模照旧基，建筑枕头窑一孔，三开其口，接连卷棚三间，窑口正中供奉世祖三皇牌位，东青龙、黄龙、火帝真君，西赤龙、白龙、黑龙，两旁左山神、土地，右蚜蛾、虫八蜡，其工于民国十二年七月十六日垂成，于十四年四月下旬、十五年四月二十六日开光演戏，四方进香者络绎不绝，香火之盛，莫非神圣之显应有以□□也。族弟会首世忠、世钧求予为文，予因其颠末而志之。

据以上碑序所载，柏全山三皇庙创修于清康熙之前，至乾隆四十二年（1777）重修，姬家峁三皇庙始建于明代之前，洪武年重修，又历后世多次扩建重修，留存至今。那么，陕北地区的三皇庙起源于何时，又有哪些特点呢？

如前所述，“三皇”信仰形成于唐代。唐玄宗天宝六年（747），令京师“置三皇五帝庙署”①，然地方尚未建庙。宋代统治者将“三皇”分开祭祀，

① （宋）欧阳修、宋祁：《新唐书》，中华书局1975年标点本，第1247页。

《宋史》《宋会要》等史籍均未言及三皇庙。三皇庙制度化始于元代，《元史·祭祀五》载：

> 元贞元年，初命郡县通祀三皇，如宣圣释奠礼。太皞伏羲氏以勾芒氏之神配，炎帝神农氏以祝融氏之神配，轩辕黄帝氏以风后氏、力牧氏之神配。黄帝臣俞跗以下十人，姓名载于医书者，从祀两庑。有司岁春秋二季行事，而以医师主之。①

日本学者水越知认为，元朝总括了“圣人祭祀”与“医家祭祀”两种“三皇”信仰的系谱，并根据新的理念建立了三皇庙制度。② 这项制度导致“三皇”信仰在元代的普及，形成“大都小邑，皆庙三皇”③ 的局面。据此，笔者认为陕北的三皇庙也应始建于元代，并且反映了将“三皇”作为医祖的观念。光绪《绥德州志》：“药王庙，一在九真观中，祀伏羲、神农、黄帝，以十名医从祀。”④ 米脂县玉皇阁村三皇庙《重修扩建三皇庙碑记》亦曰：

> 马湖峪武龙河右岸侯渠沟岔，古辈相传有一狐仙叼来牌位一个，先辈们认为此乃神灵显圣，故在牌位落处修建三皇庙。正殿供俸伏羲氏、炎帝神农氏、黄帝轩辕氏，火宗燧人、文祖仓颉及历朝名医站殿院……神农树艺五谷，教人种地，烧陶造具，尝药辨性创医，著《神农本草经》；轩辕收服部落，统一中原，创建律例、历法、定向，造船车、画弓乐，研讨医学，创医著《黄帝内经》；又有仓颉造字，传播文化。三皇为中华民族繁衍生息奠基铺道，立创世之功，五千年文明垂颂古今。故龙的传人、炎黄子孙尊其为人文始祖，佛教道教尊其为天皇、地皇、人皇，天大地老乎，古今医学界尊其为医家之宗。

这段碑记，既把“三皇”作为创世始祖，又尊其为“医家之宗”，反映

① （明）宋濂：《元史》，中华书局1976年标点本，第1902页。

② ［日］水越知：《元代的祠庙祭祀与江南地域社会——三皇庙与赐额赐号》，《宋史研究论丛》2007年，第530页。

③ （元）胡祗遹：《创建三皇庙记》，李修生主编《全元文》，江苏古籍出版社1998年版，第5册，第336页。

④ 光绪《绥德州志》，台湾成文出版社有限公司1970年影印本，第180页。

的正是元代的观念。特别值得注意的是，明初继承了元代三皇庙祭祀制度，但洪武四年（1371），朱元璋“以天下郡邑通祀三皇为渎”①，下令废止三皇庙，在全国一律实行城隍庙、乡厉坛等祭祀。然而，米脂县姬家峁《重修三皇庙碑序》所谓“明洪武年犹重修也”，正说明该三皇庙始建于元代，并在明洪武四年（1371）前进行过重修。否则，在统治者下令废止的情况下，民间恐怕不可能重修三皇庙了。

元代统治者将“三皇”作为医祖，令天下医者祭祀“三皇”，进一步强化了民间瞽者的“三皇”信仰。元人黄潜《海宁州三皇庙祭田记》中说：“我朝言医及阴阳者，乃原其所自，推三皇以为先圣。”② 元代祭祀“三皇”的群体除了医者，还包括巫和阴阳者。民间瞽者本源自巫，兼占卜算命，经常使用迷信方式为人禳灾治病。因此，他们尊奉“三皇”，并集会祭祀也就更加合乎情理了。

从笔者调查的6处三皇庙（殿）看，陕北民间对于“三皇”的具体所指并不统一，反映的观念也比较混乱。子洲县柏全山三皇庙正殿供奉神像三尊，披红绸缎，高大威严，下方牌位分别为“南无天皇大帝”“南无地皇大帝”“南无人皇大帝”，显然，这是以天皇、地皇、人皇为“三皇”，并且受到了佛教的影响。然而，详按乾隆四十二年（1777）《重修三皇龙神庙碑序》，“三皇”应指“衣食之源”的伏羲、神农、黄帝，并取“衣食一体之义”，将“三皇”与五方龙神共祀一堂，纪念其“尝百草而制衣裳，树五谷而教稼穑”的历史功绩。米脂县姬家峁三皇庙供奉天皇伏羲、地皇燧人、人皇神农，旁边文字介绍说：“天皇伏羲氏生活在作结绳而为网罟，以细为渔的时代；地皇燧人氏生活在钻木取火，以化腥臊的时代；人皇神农氏生活在断木为耜，揉木为耒的时代。”这是把“三皇”作为创世之祖来祭奉的。闫家畔村真武洞三皇殿位于侧殿，中间三尊塑像，两侧陪坐十大名医。居中的神像身蓝，腰部系绿树皮，双手持太极图垂于腰间，右侧神像褐色，衣兽皮，左手持木棒；左侧神像服衣冠，双手持木简。下方牌位分别书写“供奉天皇燧人氏之神位”“供奉地皇伏羲氏之神位”“供奉人皇神农氏之神位”。这种以燧人为天皇、

① （清）张廷玉：《明史》，中华书局1974年标点本，第1293页。
② 李修生主编：《全元文》，第29册，凤凰出版社2004年版，第327页。

伏羲为地皇、神农氏为人皇的说法，与秦汉最早的“三皇”说模式相似。这说明陕北民间三皇庙和“三皇”信仰，既受元代的影响，又保留了一些古老的观念。

最后，上述6处三皇庙每年都会在特定的日子举行庙会。米脂县玉皇阁村《重修扩建三皇庙碑记》中，还有著名陕北说书人韩起祥曾担任会长，并在庙会说书的记载。又据韩起祥口述：

> 盲人最受累的，就是每年到五月端阳节、七月十五，哪有三皇庙，不管你南来北往的，不管你是哪个调子，到（庙）会上来了，尽三天义务。人家给你管饭，你说这三天书，你就不能挣人家一个钱……
>
> 我赶了一次七月十五，姬家峁有个三皇庙，我去敬三皇去了。人说你给三皇说了书，你的说书生意就快。我那阵就拿我母亲十块豆腐给我换那个烂三弦，进去以后，人家都拿的是蟒皮大鼓子三弦，一共有15个盲人都是说书的，有老先生，也有刚才开始说书的。我一去以后，人家一看我的三弦，那些老先生们都汹（按：生气，恼怒）了，说这就不是个说书的么，这吃不开了：“会长，这是个要饭的，叫吃给两天，叫去就算啦。”我吃了头一天，第二天我说：“会长，我走呀。你们不要我说书，我说书也说得不好，我走呀，我给上二百钱布施。”会长说：“不要上了，你也没办法的个人，拿上量上二升米家里回去吃去。”我说：“再没办法，这三皇留下的，我要给三皇上一点布施。”会长不要，我说：“临走呀，你叫我到庙门外头说上一阵书就表示我把三皇敬了。”会长说：“行，你一定要说，你到山门外头说去。”①

韩起祥早年参加姬家峁三皇庙集会的经历尽管不十分愉快，这段讲述却真实地反映了盲说书人敬奉“三皇”，在三皇庙义务说书的情景。今天，笔者调查的6所三皇庙每年庙会期间仍能看到说书人表演，但说书已非盲艺人的专项，年轻的演唱者不会义务表演，他们对于古老的传说和信仰也已变得十分淡漠了。

---

① 韩起祥口述，孙宏亮编：《红色说书人——韩起祥陕北说书口述史》，中国致公出版社2018年版，第28—30页。

第二章　陕北盲说书人的传承脉络和门派谱系

从地方志中记载的“刘第说传奇”算起，陕北说书至今已有340多年历史了。一代一代盲说书人背负着三弦（或琵琶），蹒跚在崎岖的山径上，默默传衍着古老的传统。虽然他们中的大多数早已湮没在历史的尘埃中，名姓全无，没有留下任何的痕迹，但是，他们所演唱的故事至今仍飘扬在陕北黄土高原上。他们和伟大的天才荷马一样，都属于古老口头传统的一部分。

一　记忆中的老一代盲说书人

陕北盲说书人进入知识阶层的视野，是在20世纪40年代之后的事情。在此之前的老一代盲说书人，我们只能通过他们的弟子记忆，获得一些简略的信息。据著名陕北说盲书人韩起祥口述：

> 我的老师姓杜，叫杜维新。我第一次去了一个月。我们这一期一共5个学生，人家那4个家里都好，就数我家里穷。去了以后，我才13（岁）了，那个时候贪耍，就是不用心，去了盛了一个月，学的一本书书名叫《两替婚》。过了一个月，二哥来看我了，看我学得怎么样，老师出于一番好心，给我二哥说：“你们家典田卖地，供你兄弟学艺了，但是他不用心学，一个月学的一本书还不熟……”
>
> 人家都回家了，我不回，后两个月我学了两本书，算命、滚流星学了六十年、《子平》条子学了300多条子。到第三个月头上，我一共学了

6 本书——《两替婚》《汗巾记》《摇钱记》《白狗记》《五行山》《金刀记》。后来，我学了外艺了，就是算卦这一类的。学算卦，老师说今年不给你教，等明年给你教。我那阵就感觉书好学，外艺不好学，我就心用到那个上了。老师怕我学会了，一开始给那 4 个教上算卦，不让我学，叫我盛在院子外边。他们窑里头教，我在外头听了，赶他们会了，我也会了。（这件事）叫老师的儿子给老师说了，老师又把我赶在大门外头。①

杜维新，生卒年不详，米脂县人，约生活在晚清民国时期，善于演唱传统记书，兼算命，是一位严厉而略有些保守的盲说书人。据盲说书人高新荣说，杜维新的师傅姓张，叫张月贵，米脂县下盐湾（今属榆阳区）人，约生活于清道光年间（1821—1850）②。除了韩起祥外，杜维新的另一位徒弟高维旺（1903—1935），米脂县卧羊区人，6 岁失明，12 岁拜师学艺，1934 年加入中国共产党，并成立了最早的盲人说书队，利用说书宣传革命，1935 年被国民党军阀杀害。③

在自传体陕北说书《大翻身记》中，韩起祥还讲述了一位姓曹的盲说书人，他在大雪冰封的无定河边搭救过年幼的韩起祥和他走投无路的母亲，并且成为韩起祥后来的师傅。在横山县一座荒芜的古庙中，他弹起三弦，向徒弟们讲述陕北说书起源的传说，并展示了极其精湛的三弦演奏技巧。这位极富传奇色彩的曹师傅利用一次说“家书”的机会，向杀害自己妻儿的仇人——一位姓陈的地主寻仇，失败后，被捕入狱。④

韩起祥在口述中经常提及的另一位老年盲说书人名叫杨生福（？—1953），延长县人。他的师傅绰号“鞋底光”，生年不详。杨生福 19 岁学艺，是陕北硬弦琵琶书的代表性人物。他怀抱一胆古老的土琵琶，用经多道工序加工而成的熟牛皮作弦，声音十分响亮，在空旷的乡村能传到 5 里之外。这

① 韩起祥口述，孙宏亮编：《红色说书人——韩起祥陕北说书口述史》，中国致公出版社 2018 年版，第 23—26 页。

② 高新荣讲述，郜冬萍、孙宏亮采访，米脂县县城，2018 年 4 月 19 日。

③ 中国曲艺志全国编辑委员会：《中国曲艺志 · 陕西卷》，中国 ISBN 中心 2009 年版，第 698—670 页。

④ 韩起祥编，王宗元整理：《翻身记》，《延河》1976 年第 6 期。

位传统老盲艺人擅长演唱《杨家将》《洪武传》等传统大书，在当地颇有名气。据说，在大雪纷飞的窑洞院落里，他脱下身上羊皮袄，坐在上面演唱，一场书说完竟然满头大汗。20 世纪 40 年代，杨生福老汉反对韩起祥说“新书”，认为说书是“三皇”留下来的，韩起祥的改造把说书弄得“不像说书了”，二人因此上演了一场“对台戏”。韩起祥获得最终的胜利，听众纷纷倒向新书，最后，杨老汉跟前只剩下两位 70 多岁的老头。① 尽管如此，韩起祥晚年对杨老汉“那一手好琵琶”仍十分敬佩，并为他后继无人而深感惋惜。

清光绪年间，陕北绥德（包括今子洲县部分区域）一带出现了几位被称作“先儿”的盲说书人：

> 我外爷姓高。他那会弹的还不是三弦，是琵琶，可有名气了。殁着倒 80 多（岁）了，（活到现在）估计够 130 岁了。我们那时在旧窑盛（按：居住，停留）着了，正月初二他下来，庄里挨着往过说，家家都有书，一下说高先儿来了，都来听书来了。那会没娱乐，一点娱乐都没有，正月就听书。我外爷书说得好，喜怒哀乐分得好。他说的都是传书，记书他不说，上下几个县的（说书人）没他的书多。他从小眼看不着，一个字不识，掐手（按：算命等外艺）这一方面可是有名了。我记得月尽黑了，他一个人拄根棍，其他人不让来，慢慢到河畔里头收法去了，（口里）念念念，“圪当”一响，这才回来了。②

这位被称作“高先儿”的盲说书人，家住绥德县许家坪村。擅长说长篇大传书，受到周围群众的欢迎，并且精通算命等外艺。去世时，他把心爱的土琵琶作为自己的陪葬，一同埋进了坟墓中。

> 我师傅有 3 个师傅，第一个师傅封家塌老朱先儿，人样可丑了，口音三弦好，人家那书不多，有 30 来本书，腔调、三弦音声……一听就把人黏定了，可实在是好师傅。我们老人（按：父亲）可多伺应他在庙上

① 韩起祥口述，孙宏亮编：《红色说书人——韩起祥陕北说书口述史》，中国致公出版社 2017 年版，第 88 页。

② 王永文口述，孙宏亮采访，绥德县石家湾村，2017 年 2 月 18 日。

说书了，数封家墕朱先生喜怒哀乐弹得好。第二个师傅是天王塔老张先儿，老张师有七八十本书。（老张先儿）名字叫张好吉，教出去看不着的徒弟可多了，李渠有一个高瞎，西庄有一个，天王塔这个要是现在活着呀，120 岁差不多了。①

“先儿”，即先生，是陕北民间对于盲说书人的尊称。清代李声振《百戏竹枝词·鼓儿词》说：“瞽者唱稗史，以三弦弹曲名，八板以按之，闺人恒乐听焉，呼之曰先儿。其词北方最盛，又名说北书先生。”②《红楼梦》五十四回：“便有婆子带了两个门下常走的女先生儿进来，放了两张杌子在那一边……贾母便问近来可又添些什么新书？两个女先儿回说倒有一段新书，是残唐五代的故事。”③ 在陕北民间，能够享有这一称谓的盲说书人，“一是会说的书要多，二是《子平》都懂。就像我们老师说的——说书人的肚子，杂货铺子，要听啥就有啥；提起啥就解（按：hài，懂得）下啥。知识多，才称呼叫先生”④。20 世纪 70—80 年代，米脂、绥德、子洲等地还出现了冯先儿（冯金旺）、党先儿（党福祥）、田先儿（田治枝）等几位著名的盲说书人。

晚清民国时期，一些地方文人开始为盲说书人编写书词，或者加入陕北说书人行列，从而引发了盲说书人和视力健全的说书人的斗争。据《吴堡县志》记载，清光绪三年（1877），白家塌子村一位名叫白稽位的文人，编写了《乱陕西》《白麦申冤》《田慕争妻》等唱本。其中，《白麦申冤》开篇：

一口冤气正为仇，日每怀恨在心头。
若要我把冤仇解，价压五谷才罢休。

（白）我姓白，名麦，字粮首。自从先君留世以来，封我为众粟之首，敬神敬佛，奉先奉祖，最我为贵；不了老天，连遭年难，诸粟皆涨，将我压住，思想起来，好不冤屈人也。⑤

---

① 曹生高口述，孙宏亮采访，子洲县曹家河村，2017 年 2 月 16 日。
② 雷梦水等编：《中华竹枝词》（1），北京古籍出版社 1997 年版，第 75 页。
③（清）曹雪芹、高鹗：《红楼梦》，中华书局 2009 年版，第 823 页。
④ 高新荣口述，孙宏亮采访，米脂县朱兴庄，2016 年 6 月 17 日。
⑤ 吴堡县志编纂委员会编：《吴堡县志》，陕西人民出版社 1995 年版，第 866 页。

这是我们能看到的最早由陕北地方文人创作的说书词。又据子洲县说书人李维俊说：

庙河峁几个书匠写过一本书，一个马树文、一个马龙光、一个马国瑞，那时合称“三马”，这是清朝人。这几个人写了一本《梦中楼》，写李自成的，现在已经失传了。

巡检司盛（住）个付万全，说书是碗碗腔调，会两本书，一本《金镯记》，一本《玉环记》，就会这两本书。人家说上书，不会听书的也听了，句子相当活，嗓子好，听起来相当舒服。还有一个老艺人叫胡启彪，我听我爷爷说的，嗓子好，文章不深。再从我们这儿上去，有个高书匠，长眼着了，是个大文人，他说书最注重修辞，嗓子不好。

这高书匠做过一件儿（按：坏）事。三川口有个刘渠，刘渠有个刘瞎，就在霍家渠订的两本书。订好以后，刘瞎子领个人，到了（事主）家里，高书匠说上了。刘瞎人乖，说：“高师，你是个长眼的么，这碗饭是三皇爷给我们瞎子留下的，你咋价……我订好的书，你能抢得说我的书了？”高书匠说：“哼，三皇爷那阵留的叫你们推磨了，你们推磨不要蒙眼。”刘瞎回家了。我们子洲有个刘绅士，去绥德给当官的一告，绥德下了禁令，逮长眼书匠。瞎子逮住长眼书匠，剜眼剁手……长眼书匠都放下了，不敢说书了。①

在口述录音里，韩起祥也讲述了盲人和长眼说书人斗争的情形：

我们老师那一代，老师的老师那一代，甚至犯下了人命。（长眼人被）盲人捉住了，不要犯到手底；犯到手底，一把抓住不往脱放，把眼给你挖了——你爱吃这碗饭，你和我一样了，你不会我还给你教哩。把眼给挖了，你搞这一行去。或者长眼人厉害，把盲人揍死了。比如我们老师的一个师兄弟就是叫人家长眼人揍死的，他干涉人家说书了，人家不让。还有（盲人）捉不住（长眼）人，捉住三弦了，把三弦给你一踏

① 李维俊口述，孙宏亮采访，子洲县城，2017 年 2 月 14 日。

两截，打官司，长眼人还赢不了——这就留下人家眼看不见的人说书，就没留下你们长眼人说书，三皇就没给你们留下这份事。[1]

20 世纪 30—40 年代，陕北连年荒旱，榆林绥德、米脂、横山一带的百姓纷纷逃荒“走南路”。村落荒废，人烟稀少，盲说书人和长眼人的斗争更加激烈，再加上国民党反动军阀的欺压掠夺，盲说书人的生存更加艰难。正是在这种背景下，1940 年，韩起祥夜走延安，从此翻开了陕北盲人说书史崭新的一页。

二 韩起祥的早年和“延安时期”

韩起祥（1914—1989），陕北著名盲说书人。祖籍横山，3 岁因出天花双目失明，13 岁拜师学艺，14 岁出师，开始独立行艺。在 1958 年创作并演唱的自传体陕北说书《翻身记》中，韩起祥回忆了自己的身世和悲惨的童年遭遇：

我老家在陕北横山县，
城南百里韩家园子村。
三辈子都是揽工汉，
祖祖辈辈受苦辛。
我爷爷给地主揽工把腰压坏，
我父亲九岁揽工累断筋。
我大哥下窑掏黑炭，
四哥从小卖给人。
三哥出家当和尚，
二哥揽了十五年工。[2]

父亲去世后，双目失明的韩起祥给地主推磨，遭到地主婆和儿子的虐待。

① 韩起祥口述，孙宏亮编：《红色说书人——韩起祥陕北说书口述史》，中国致公出版社 2018 年版，第 16 页。

② 韩起祥编：《翻身记》，长安书店 1963 年版，第 1—2 页。

后来，韩起祥回到家中，帮助母亲推豆腐。13 岁，母亲用积攒的 5 块银圆为他请了师傅，让他拜师学艺。他很快便成为一名年轻的盲说书人。

在逃往延安之前的早期岁月中，韩起祥的生活与同时代的盲说书人并没有太多的不同。他曾在米脂县校场堡街上“打闲书”，被几位师兄嘲笑，说他是“穷瞎子”。在镇川堡万善桥上，他遭到有钱人的殴打，师兄高维旺救了他，并鼓励他为红军、共产党做事，为盲人争光。在姬家峁三皇庙，他因为手中破烂的三弦，受到会长和众多同行的冷落，但他用精湛的表演征服了他们，为自己赢得了声誉。

民国十八年（1929），一场旱灾之后，韩起祥和家人失散，走投无路的他上吊欲自尽，被一位同乡搭救后，两人一同逃难山西。这段经历对韩起祥后来的说书产生了影响，他学习山西临县盲说书人的做法，演唱时在腿部放置了一个小镲。他还尝试用薄木片模拟蚂蚱的叫声，发明了陕北说书独有的乐器——蚂蚱蚱，这件乐器至今仍为盲说书人所使用。

在接下来的 3 年时间里，韩起祥往返于横山、安塞一带，靠说书和算命维持生计，并且有证据显示他曾到过延安西北的丰富川。在晚年的口述录音里，韩起祥把这个时期的流浪讲述为一次寻找“无穷无富”光明圣土的旅行，并且他遇到了红军领袖刘志丹，后者送给他一双新鞋和 4 块银圆。[①] 他开始宣传红军，悄悄地把标语贴在一位前朝拔贡的脊背上：

> 我们庄里有一个拔贡对红军不满。他请我去说了三天书。第三天头上，他穿个袍子把我从大门送出去，我拿点榆皮放口里闷湿，粘到标语上，他弯转往回走了，我说你老则回去，后背推了一下，就给他脊背上贴了一张。第二天他见了我说：“你眼看不见，要注意了！昨天晚上我出去庄里转了一阵儿，不知是神还是鬼给我脊背上贴了一张标语，写的是打倒土豪劣绅，你要注意哩。”[②]

1938 年，韩起祥联合十几位盲说书人驱逐了一位手持国民党专员公告的

---

① 胡孟祥：《韩起祥评传》，中国民间文艺出版社 1989 年版，第 48—51 页。

② 韩起祥口述，孙宏亮编：《红色说书人——韩起祥陕北说书口述史》，中国致公出版社 2018 年版，第 37 页。

说书人。后来，这位国民党专员带兵逃到横山，这令韩起祥感到不安。一场突如其来的洪水过后，韩起祥和32户村民离开横山，来到离延安20多千米的张家窑子村。在此之前，他的一个哥哥已逃荒至此。

初到延安的几年里，韩起祥默默无闻，他与新环境格格不入。[①] 然而，1943年夏日傍晚的一次偶遇，改变了他的命运。贺敬之回忆说：

1943年，我在延安县川口采风，正巧韩起祥也在那里说书，我记下了他说的许多精彩段子；不久，我专门邀请他到“鲁艺”去说书。[②]

贺敬之是第一个发现韩起祥的人，也是韩起祥走上革命道路的引路人。在“鲁艺”，韩起祥结识了音乐家张庚、吕骥、刘炽、安波等，并得到他们的鼓励。他尝试用向贺敬之讨来的废电线作三弦弦，以解燃眉之急，弹给刘炽听后，后者竟连声称赞说“还很有西洋音乐的味道呢”[③]。

韩起祥对新事物抱有强烈的好奇心，并勇于探索和实践，这使他逐渐适应了新的环境。1942年5月，“延安文艺座谈会”召开后，陕甘宁边区掀起了轰轰烈烈的“新秧歌运动”，韩起祥受到鼓舞，他尝试弹着三弦演唱《抗日三字经》。1944年8月，韩起祥参加延安县政府召开的“陕北说书讨论会”，正式参加革命工作。1945年4月，陕甘宁边区“文协说书组”成立，韩起祥在柯仲平、高敏夫、王宗元、林山的帮助下，先后创作出《四岔捎书》《红鞋女妖精》《反巫神》《张家庄祈雨》《刘巧团圆》《张玉兰参加选举会》《王丕勤走南路》《时事传》《宜川大胜利》等新书，引起巨大反响。付克在《记说书人韩起祥》一文中写道：

星期六晚饭后到南门外去访友，回来经过新华书店门口的时候，那里有一簇人围在一张桌子旁边，一种好奇心，使我也挤了进去，原来是个说书的瞎子，桌子一旁广告牌上写着：“本店特请民间艺人韩起祥说

---

① “当时，延安县政府只准说新书，不准说旧书，而韩起祥弹唱的仍是一些奸臣害忠良、相公招姑娘一类的传统书目。为此，他的三弦被没收了，卦签也被砸烂了。”引自胡孟祥《韩起祥评传》，中国民间文艺出版社1989年版，第66页。

② 曹伯植等编：《陕北说书传统书目选编》（序），陕西人民出版社2010年版，第7页。

③ 中国曲艺志全国编辑委员会：《中国曲艺志·陕西卷》，中国ISBN中心2009年版，第630页。

书。节目：防旱备荒、红鞋女妖精、洋铁桶，欢迎来听！”

吸过了一支烟，艺人开始准备了，他拿出了六件工具（打击乐器），主要是一个三弦，此外有松木板、铜铃、快板锁（用几块木板连起来）、响棍、醒木，看过这几件东西之后，我估计最少需要三个助手才能配合得好，哪知道他一开始，一个也没有，完全是他自己唱独角戏。除了一块醒木和响棍在桌子上之外，其余的工具都挂在他的两腿和手腕上，几个人用的东西，他一个人操持了。他拿起三弦弹起来了，弹出的声音好像带着一种深远的铜器声。①

这段话真实呈现了韩起祥在延安街头演唱的情景。除了新内容外，给人最深刻的印象是他丰富的乐器和新的表演形式，这源自韩起祥对传统的改造和创新。

《刘巧团圆》是韩起祥的成名作和“新书”的代表作。韩起祥回忆说：

过了一段时期，中央党校第六部派了个同志叫祁水堂，请我去给他们党校说《张家庄求雨》。把书说完以后，祁水堂同志就跟我说陇东出了个刘巧的故事……我当时听了也很喜欢，因为它有头有尾，有故事有人物，我回去就编。……我到了庆阳一问，人家庆阳也很重视这个事，专门派了一个同志陪我……在刘巧家住了十来天，又到刘货郎那住了五六天，最后到赵老汉那儿住了一个礼拜左右。……以后回来编成故事，先就在农村里给农民说。

那时候买卖婚姻，延安刚解放了，好多地方还没解放，买卖婚姻在山区很严重。也正好适合当时反对买卖婚姻，因此把这个书编了以后，在农村一说很受群众欢迎。群众说：“哎，这个书要好好说了。”②

在这本新书里，韩起祥不仅大量吸收民歌、信天游、山西梆子、迷胡曲调，注重人物喜怒哀乐情感变化，并且赋予自己所从事的职业新的理解：

---

① 付克：《记说书人韩起祥》，《解放日报》1945 年 8 月 5 日第 4 版。

② 韩起祥口述，孙宏亮编：《红色说书人——韩起祥陕北说书口述史》，中国致公出版社 2018 年版，第 110—113 页。

手弹三弦口来讲，
春夏秋冬走四乡。
说书不为别的事，
文化娱乐我承当。①

1946 年 8 月，韩起祥赴杨家岭、枣园为毛泽东、朱德演唱陕北说书，并受到称赞和鼓励。毛泽东不仅称赞韩起祥“书说得好”，还许诺全国解放后送给他一把新三弦。政治权威的肯定，最终确立了韩起祥陕北说书在中国当代曲艺史上的崇高地位。

三　说书训练班和盲人曲艺宣传队

说书训练班和盲人曲艺宣传队，是一个较长时期内陕北盲说书人的培训方式和组织形式。在某种意义上，这种新形式取代了传统的“三皇会”，对当代陕北说书产生了重大影响。大部分出生于 20 世纪 20—50 年代的陕北盲说书人参加过说书训练班，后来加入各县文化馆成立的盲人曲艺宣传队。

说书训练班始于 1945 年 4 月，由陕甘宁边区“文协”举办，目的是改造说书人，帮助盲说书人编唱新书。1945 年 11 月，韩起祥作为被改造者，与其他 5 位盲说书人一起参加训练班，并被推选为班长。② 他很快就由被改造者转变为训练班的倡导者和组织者。在一个叫南沟岔的地方，韩起祥遭到两位陌生的盲人同行的责难，后者认为“新书”抢夺了他们的饭碗，并扬言要惩罚韩起祥。韩起祥送给他们两本新书词，鼓励他们演唱“新书”，并且接受了他们要求举办训练班、教唱新书的正确建议。于是，他主动倡议举办训练班，推广新书。1946 年 6 月，边区“文协”派遣林山、韩起祥赴米脂、绥德、清涧、延长、延川、子长等县办说书训练班，教唱《刘巧团圆》《张玉兰参加选举会》《四岔捎书》等新书。他们取得巨大成功，全陕北地区 438 位盲说书人

① 韩起祥编，高敏夫记：《刘巧团圆》，东北书店 1947 年版，第 1 页。
② 林山：《说书训练班的收获》，《解放日报》1945 年 11 月 23 日第 4 版。

中，有 273 位经过改造开始演唱新书。①

中华人民共和国成立后，陕北说书得到地方政府文化部门的重视。1950 年在陕甘宁边区“文协”曲艺改进会的基础上，延安专区文教局成立曲艺培训班，由韩起祥任教，1950—1966 年，先后在延安举办了 5 期说书训练班，培训说书人 268 人次。② 1951 年，尚爱仁、韩起祥等在绥德九真观举办盲说书人训练班，一些老艺人对当年参加训练班的情形记忆犹新。子洲县盲说书人封树生回忆说：

> 开始斗老财，1948 年那年就学的说古书，1951 年绥德就开了盲人训练班了，就是尚爱仁召开的。在绥德九真观……尚爱仁培训了，最后就来了韩老（韩起祥），韩老引 3 个人——李海清、刘德凤、鲁加祥，到了绥德，又训练了 1 年，学的是《王贵与李香香》。最后到了子洲，那时候韩老要把我往延安引了，我没去，家里不让去……③

2001 年，英国学者 Stephen Jones 采访了米脂县盲说书人何光武，后者介绍说：

> 1955 年，我参加了绥德地区举办的说书训练班——那会我们村属于绥德县。我们总共 35 人，在绥德街上学了两个月。1964 年，我又在米脂县文化馆跟韩起祥训练了 45 天，那时我们叫他韩老、韩主任。在绥德，我们学了《王贵和李香香》《李双双》《反巫神》，绥德给我们发了证书，米脂也给我们发了宣传证，上面印着宣传部长和韩起祥的名字。拿着这些证，每个村都接待我们，给我们安排住的地方，召集群众听书，给我们粮票和钱。一开始，我们说一本书是 8 斤粮食，后来一本书 2 元钱。如果放在现在，就相当于每演唱两小时 20 元了。④

① “那时候包括榆林在内，全陕北有 438 个说书的，那时候说的都是盲人，不说明眼人，有这么多。我们办了几期训练班，就有 273 人改造过来说了新书。”参见韩起祥口述，孙宏亮编《红色说书人——韩起祥陕北说书口述史》，中国致公出版社 2018 年版，第 87 页。

② 中国曲艺志全国编辑委员会：《中国曲艺志·陕西卷》，中国 ISBN 中心 1990 年版，第 565 页。

③ 封树生口述，韩应莲、孙宏亮等采访，子洲县老君殿，2011 年 11 月 23 日。

④ 译自 Stephen Jones，*Ritual and Music of North China*，*Volume 2*：*Shaanbei*，Ashgate Publishing Limited，2009，p. 58。

在说书训练班的基础上，20 世纪 60—70 年代，陕北各县相继成立了盲人曲艺宣传队，每年定期举办训练班，组织盲说书人学唱新书。据《中国曲艺志·陕西卷》、各县县志及笔者的调查，将陕北各县盲人曲艺宣传队列表如下：

表 2-1　　20 世纪 60—70 年代陕北各县成立的盲人曲艺宣传队

名　称	成立时间	人数	备　注
绥德盲艺人宣传队	1960 年	约 50 人	《中国曲艺志·陕西卷》:绥德盲艺人宣传队。1960 年在绥德成立,隶属县文化馆。由数个民间松散说书组组成。主要成员有张崇华、杨成功、郝玉科、孙贵海、韩文华、石维君等。宣传队成立后,艺人即参加了县文化馆举办的培训班,接受思想教育和学习新书目。1966 年,陕北说书被视为“四旧”而禁演,宣传队自行解散。1970 年冬,文化馆再次组织宣传队,任命石维君为队长,郭新钰为指导员。艺人们分成 17 个小组,按全县 24 个公社划片,以 2—5 人为一组,持文化馆颁发的说书证,定区、定任务开展说书活动① 《县志》:1968 年 8 月,成立盲人宣传队,宣传队经常深入农村演说,有时也进城,很受群众欢迎。1989 年宣传队有队员 18 名②
横山县盲艺人曲艺宣传队	1960 年	20 余人	《曲艺志》:1960 年于横山县成立,隶属横山县文化局领导。张凤梧为指导员。全队有 20 多个说书盲艺人。下分 8 个小组,一般 1 至 3 人成一组活动。管理组负责给艺人发放县文化馆核发的“准演证”。艺人们到横山及周边各县农村进行演出,每一演就是一两个月。1985 年,文化管理体制改革,曲艺宣传队管理组撤销③ 《县志》:1963 年,吸收游散说书的盲艺人 10 名,组成横山县曲艺宣传队,1974 年曲艺队已发展到 21 人。……从 1981 年起,曲艺队在县文化馆的统一领导下,将队员分散到农村、厂矿,为基层演唱④

① 中国曲艺志全国编辑委员会:《中国曲艺志·陕西卷》,中国 ISBN 中心 1990 年版,第 554 页。

② 中国曲艺志全国编辑委员会、绥德县志编纂委员会编:《绥德县志》,三秦出版社 2003 年版,第 512 页。

③ 中国曲艺志全国编辑委员会:《中国曲艺志·陕西卷》,中国 ISBN 中心 1990 年版,第 566 页。

④ 横山县地方志编纂委员会编:《横山县志》,陕西人民出版社 1993 年版,第 537 页。

续　表

名　称	成立时间	人数	备　　注
子长曲艺组	1962 年	7—9 人	《县志》:1962 年成立子长曲艺组,组织 11 名说书艺人(其中 9 个盲人)编写并教唱新书。……县革委会向各公社下达说书场次,曲艺组下乡巡回说书,主要说唱县文化馆杨步达改编的《红灯记》《智取威虎山》等长本书和结合形势创作的《愣愣和秀秀》《瓦窑堡英雄赞》等小段书。1978 年,曲艺组在瓦窑堡大操场修窑 4 孔,卜壳 2 孔。1990 年,曲艺组有说书艺人 7 人①
子洲县盲艺人宣传队	1963 年	24 人	《县志》:1963 年县文化馆将全县盲艺人组织起来,成立了盲艺人宣传队,当时有 24 人,共分 3 组,分赴全县各地演出。演唱的新书有《刘巧团圆》《王贵与李香香》《白毛女》《智取威虎山》等。县文化馆先后共培训盲艺人 39 次。1982 年起,县盲艺人宣传队基本分散活动。县盲艺人宣传队的队长田治枝 14 岁开始说书,会说书 100 多本。马岔乡的吴锡忠说书也很有特色,地区多次录音②
清涧县盲艺人宣传队	1964 年	20 余人	《县志》:1964 年成立县盲艺人宣传队,成员有张晨祥、白世荣和薛世恭等 20 余人,其中女 2 人,至今有组织地活动于城乡③
延川县盲人曲艺说唱队	1964 年	10—7 人	《县志》:1964 年春,组建延川县盲人曲艺说唱队,队员 10 名,通过培训整编,分三个小组在城乡巡回进行社会主义教育和阶级教育宣传。说唱节目主要有韩起祥编写的《回乡记》《翻身记》《刘巧团圆》《宜川大胜利》以及别人编写的《王贵与李香香》等。1966 年更名为毛泽东思想曲艺宣传队,人员减至 8 人。1976 年 10 月,改称盲人曲艺宣传队。1984 年,曲艺宣传队进行改革,原 3 组分为 4 组,并实行自负盈亏,队员只交公积金,其余归个人所有。1990 年有队员 7 名④

① 子长县志编纂委员会编:《子长县志》,陕西人民出版社 1993 年版,第 666 页。
② 子洲县志编纂委员会编:《子洲县志》,陕西人民教育出版社 1993 年版,第 369 页。
③ 清涧县志编纂委员会编:《清涧县志》,陕西人民出版社 2001 年版,第 584 页。
④ 延川县志编纂委员会编:《延川县志》,陕西人民出版社 1999 年版,第 590 页。

续 表

名 称	成立时间	人数	备 注
靖边盲人曲艺宣传队	1969 年	30 人	杨树祥口述:1969 年成立,隶属于县文化馆,成员由最初的 17 人发展到 30 多人,曾参加 1975 年在榆林举行的西北五省区民间艺术改革会,取得优异成绩,受到韩起祥称赞。目前,不足 10 人①
佳县盲艺人宣传队	1969 年	30 余人	《县志》:中华人民共和国成立后,政府组织盲人举办说书训练班,建立盲艺人宣传队,每 2—3 人为一小队……有名的说书人有张宏甫、张巨恩、曹红甫等② 拓开发口述:盲人宣传队 1969 年成立,1977 年分成 10 个组,每组 3 人,下农村说书宣传。③
吴堡县盲人曲艺队	1970 年	不详	《县志》:1970 年,在有关部门资助下,县文化馆组织了 3 个盲人曲艺队,分期分批培训,巡回全县配合中心工作进行宣传。1980 年以来,盲人曲艺队实行责任制,多说《金镯玉环记》等传统书词④
安塞县曲艺队	1972 年	8 人	《县志》:1972 年年底,举办了盲艺人曲艺培训班,不久由 8 人组成"盲艺人毛泽东思想宣传队",演唱陕北说书,剧本以真人真事编写的《葬狗记》及《白毛女》等为主⑤
米脂盲艺人毛泽东思想宣传队	1972 年	10—17 人	《县志》:1972 年,文化馆吸收 10 多位艺人组成盲艺人毛泽东思想宣传队,到农村、工矿企业、学校说唱新书。1984 年 9 月开始,曲艺馆开辟场所,供县内外盲艺人演唱,两个多月说书 50 余场,观众 5000 多人次。1973—1982 年,文化馆每年举办 1—2 次盲艺人培训班,整顿思想,传授新书,提倡说新书,宣传党和国家的政策方针。据 1978 年统计,本县盲艺人有 17 位⑥

① 杨树祥口述,韩应莲、孙宏亮等采访,靖边县城,2011 年 11 月 25 日。

② 佳县地方志编纂委员会编:《佳县志》,陕西旅游出版社 2008 年版,第 792 页。

③ 拓开发口述,孙宏亮采访,佳县拓家硷,2016 年 9 月 22 日。

④ 吴堡县志编纂委员会编:《吴堡县志》,陕西人民出版社 1995 年版,第 641 页。

⑤ 安塞县地方志编纂委员会编:《安塞县志》,陕西人民出版社 1993 年版,第 564 页。

⑥ 米脂县志编纂委员会编:《米脂县志》,陕西人民出版社 1993 年版,第 542 页。

续　表

名　称	成立时间	人数	备　　注
志丹县盲人曲艺队	1973 年	7 人	《县志》:1973—1976 年,县文化馆组织本县王占胜、苏志玉、张殿流等 7 名盲人组成盲人曲艺队,分为 3 个小组,每年在县文化馆集中培训 7—15 天,学习、提高演技,然后坚持长年串乡,逐队宣传演出①
延长县曲艺队	1978 年	6 人	《曲艺志》:1978 年,农村民间文艺活动广泛开展,刘绪旺带着自己的徒弟白旭章及白旭章的徒弟蔡福林、张文玉、刘俊富、李言欢等人经延长县文化馆同意,组建了延长县曲艺队。曲艺队成立后,刘绪旺倾其心血热心授徒,队员也虚心向师爷请教。在刘绪旺的教授下,该队的琵琶弹奏成为一绝②
甘泉县曲艺队	1978 年	约 10 人	《曲艺志》:1978 年成立,张俊功任队长。主要演员有张光明、张云、张启发、张维斌、郝民(女)、贺改民、张和平等。曲艺队在县文化馆领导下深入农村乡镇,为农民群众演出,也曾到延安、富县、洛川及山西一带交流演出③

说明：榆林北部神木、府谷 2 县及延安甘泉县以南的富县、洛川、黄陵、宜川、黄龙 5 县非陕北说书流传区域，这里不做统计。此外，榆阳区、宝塔区、定边县、吴起县因资料缺乏，未做统计。

盲人曲艺宣传队成立后，主要任务是举办训练班，教唱新书，有时他们还参加地区和县里组织的会演。为此，一些地方文艺工作者改编创作了《神仙出丑记》《母女会》《智取威虎山》《奇袭白虎团》《海港》《红灯记》《大寨英雄贾进才》《白毛女》《朝阳沟》《李双双》《雷锋当兵》等新书词，印刷成册，在培训期间，向盲说书人教授。子洲县盲说书人吴锡忠回忆说：

当时常开培训会，学《智取威虎山》《奇袭白虎团》《红灯记》……就教说这些。那年全子洲盲人都开会了，学《威虎山》了，一个月零五

① 志丹县地方志编纂委员会编:《志丹县志》,陕西人民出版社 1996 年版,第 574 页。

② 中国曲艺志全国编辑委员会:《中国曲艺志·陕西卷》,中国 ISBN 中心 1990 年版,第 560 页。

③ 同上书,第 559 页。

天还没（学会），有的学会一半，有的学会少一半的，有（学会）多一半的。我13天就把《威虎山》背会了。因为会演了，那阵我拿个榆林本地三弦，县上说长这么巧两只手，就拿这么个三弦……就在子洲（给我）买的个三弦。①

2016年9月14日，笔者在佳县盲说书人拓开发家中见到了他保存的宣传证、佳县革委会文教局下发的文件以及《红灯记》《海港》《智取威虎山》等油印册子。从这些珍贵的资料中，我们可以清楚地了解盲人宣传队活动的情况。其中，佳县革委会文教局1977年下发的《关于盲艺人宣传工作的意见》将盲艺人分为10个队，每队3人，指导教师1人，明确了每位盲艺人的工分，最高者10分，低者5分。接着分配了每队演出的乡镇和场次，规定每队全年宣传任务180场，每场每人工资1元，其中10场收入作为公积金，其余由盲艺人按工分分配。除完成180场宣传任务外，每队还必须在会议、工地和街头义务宣传30场。下乡宣传时，每位盲艺人每天交伙食费2角、粮票半斤。此外，县文教局和文化馆还普遍加强了盲说书人的政治思想教育和整顿，要求盲艺人不算卦、不还口愿、不搞封建迷信。

盲人曲艺宣传队和训练班还为不同县区盲说书人之间的交流和学习搭建了平台。1972年，担任子洲县盲人曲艺队队长的田治枝，被吴堡县文化馆邀请，他在那里待了一年时间，为吴堡县盲说书人教唱新书。子洲县另一位盲说书人吴锡忠学会《智取威虎山》后，吴堡、佳县、米脂县文化馆专门派人请他录音，并奖励给他三面锦旗。1978年，靖边县盲说书人孙世荣、王玉娥等参加了韩起祥在横山县举办训练班。这种交流和学习打破了原来的地域门派之见，有助于盲说书人相互切磋，提高演唱技艺。

曾担任榆林文化馆馆长的地方学者孟海平认为："文化馆吸收盲说书人进入曲艺队，并向他们颁发演出证，乡镇领导和村长不得不接纳他们，给他们安排食宿，盲说书人史无前例地受到欢迎，从而保障了他们的饭碗。"② 不仅如此，作为一个时代特殊的组织形式，盲人曲艺宣传队为盲说书人的生存和

---

① 吴锡忠口述，韩应莲、孙宏亮等采访，子洲县葛兰畔村，2011年11月24日。

② 译自 Stephen Jones, *Ritual and Music of North China*, *Volume 2*: *Shaanbei*, Ashgate Publishing Limited, 2009, p. 55。

演唱提供了某种保护机制，王学师就是这方面的一个例证。

王学师（1935—2008），横山高镇人，是一位在陕北说书人中享有崇高声誉的盲说书人。王学师出生于一个地主家庭，3 岁双目失明，因命运多舛，他按照迷信的方式，改口叫自己的父亲“舅舅”。12 岁王学师开始学艺，他真正的舅舅拓石贵是一位晚清秀才，精通琴棋书画，懂中医，号“拓四先生”。在舅舅的帮助和指导下，王学师背诵了《五女兴唐传》《金镯玉环记》《秦英征西》《薛仁贵征东》等传统书词，并学习算命等外艺。后来，家里用骡子驮着银圆送他到省城西安的盲人学校学习盲文，他阅读了大量医学类盲文书籍。然而，20 世纪 60 年代后期，王学师遭到批斗，被剥夺了说书的权利。后来经过韩起祥写信求情，王学师最终进入横山县盲人宣传队，不仅获得表演的机会，他深厚的书词功底和独具风格的演唱，赢得盲说书人的尊敬，被推举为曲艺宣传队的老师，培养了吴锡忠、张亮清、鲁峰等 30 多位盲说书人。

起初，说书训练班和盲人曲艺宣传队鼓励演唱新书，但不完全禁止演唱传统书目。家住米脂县的盲说书人李怀强说：“土改时期，经常开会。共产党领导人民破除迷信。开会的时候，他们先请说书人演唱一段新书集合村民，村民都到齐后，接着说书人就开始说传统书了。”① 事实上，至少在 20 世纪 50 年代，新书依靠自身的魅力赢得了听众。田治枝回忆说：“1950 年代，村民喜欢听新书，我学的新书有《优秀团员》《张玉兰参加选举》《反巫神》《王丕勤走南路》《烟袋》《桂妈妈做军鞋》。”② 随着形势的发展，从 1966 年开始，传统书目被禁止演唱。一些盲人曲艺宣传队因说古书，队长被撤职。有的盲说书人因偷着说古书、算命和保锁娃娃，三弦遭到没收，甚至被当作牛鬼蛇神抓起来游街。然而，这种强制禁止的做法适得其反，广大村民对于传统故事的热情被重新点燃。在文化娱乐极度匮乏的陕北农村，盲人宣传队手持介绍信和演出证下农村宣传，他们的到来如同电影放映队一样，受到村民空前欢迎。面对村民高涨的情绪，盲说书人开场演唱 1—2 个新书小段后，便在村民强烈的要求下，轮番上场，开始转向传统故事的演唱了。子洲县说

① Stephen Jones, *Ritual and Music of North China*, *Volume* 2: *Shaanbei*, Ashgate Publishing Limited, 2009, pp. 58 - 59.

② Ibid., p. 59.

书人李维俊回忆说：

> 1963 年，国家就对盲艺人重视了，那时候还让说古书；从 1964 年开始，古书偷着敢说了。1966 年，集体下乡宣传，就不让说古书了。1967 年开始说“老三篇”《智取威虎山》《海港》……名目（义）上不让说了，（宣传队）农村往下一走，都是（说）古书。新书说一阵阵，大队负责的说，咱们村保你无事，则就开始说古书了。你说新书，人家只给你喝口米汤；你说古书了，则就鸡蛋也（送）来了，烧酒也（送）来了。①

李维俊的父亲李有治（1926—1999）是一位口碑极佳的盲说书人，1963 年加入子洲盲人曲艺宣传队。李维俊 6 岁跟随父亲出门说书，经常为盲人宣传队带路，因此，他对当年的情景记忆深刻。

吴锡忠也向笔者讲述了当年盲人曲艺宣传队下农村说书的情景：

> 那时候没有电，点个煤油灯，吃过（晚）饭，全村的人都来了，满满价挤一窑，外边窗户上爬的都是人，大人娃娃，婆姨女子……则开始了，几个书匠，一人一轮子，直说到晚上十一二点，人还不走。那些（按：指其他盲艺人）都偷懒了，最后就我一个说，有时直说到鸡叫……还是说古书多，我的老嗓子就那时练出来了，越说越亮，不觉着熬。②

田治枝回忆新书在 20 世纪 50 年代十分流行，但他接着说：“从 1967 年旧书被禁止——那时人们开始喜欢旧书，不喜欢新书了，所以我们偷偷地在村里说一些旧书。”③ 可见，在盲人曲艺宣传队的招牌下，20 世纪 60—70 年代，陕北农村传统书目的演唱并未停止。

盲人曲艺宣传队通常在一个村子演唱 1—2 个晚上，接着便在村里派遣的小孩子的带领下转向下一个村子。他们背着三弦，拄着木棍，相互牵引着，

---

① 李维俊口述，孙宏亮采访，子洲县李孝河村，2017 年 12 月 9 日。

② 吴锡忠口述，孙宏亮采访，子洲县葛兰畔村，2017 年 9 月 25 日。

③ 译自 Stephen Jhons，*Ritual and Music of North China*，*Volume 2*：*Shaanbei*，Ashgate Publishing Limited，2009，p. 63。

行走在崎岖的山路上，有时他们会被调皮的领路者捉弄：

> 盲人曲艺队下去宣传，一个村挨一个村，这个村说罢，村里派人送到下一个村。有时派小孩送，（他）故意捉弄我们瞎子，平路喊“趴下”，我们都蹲下，弯着腰慢慢走；过桥洞了，他又喊“起”……把三弦碰坏了，有一次还把我们引到河里。①

这一时期，盲人宣传队的表演场所通常是在村委会、学校的窑洞或者院落。庙会活动被全面禁止，但对于个体村民来说，他们仍需要盲说书人为他们生病的孩子治疗，祈求神灵的保佑。在偏远的农村，不仅一些未加入宣传队的盲说书人秘密演唱“家书”，依然从事算命、保锁等外艺，一些加入宣传队的盲说书人，也在暗中悄悄延续着这些传统职业。李维俊说：

> 那时候，人家请我父亲说“家书”。白天不敢去，到了晚上，夜静更深，把琵琶装在口袋里，背上偷着出发了。天不明就要赶回来，要是叫别人看见，就得办学习班，站大会。半夜去，半夜来。②

子洲县盲说书人曹生高的师傅王瑞珍（？—1985），曾拜当地3位著名的说书人为师，凭借超强的记忆力，学会了100多本传统古书，1963年加入子洲盲人曲艺宣传队。据曹生高说，在一个冬天下农村表演过程中，师傅不堪忍受破窑洞的寒冷，恰好一位村民请他算卦，他到了村民家里，在热炕头睡了一晚。从此，他便离开了盲人宣传队，独自为村民说书敬神、还口愿，并娶到了一位身体健全的妻子。

子洲县另一位富有传奇色彩的盲说书人田治枝（1933—2010），12岁拜师学艺，1951年开始独自行艺。同年，他在绥德九真观参加说书训练班，学习新书。1962年，田治枝来到延安，跟随韩起祥说书。后来他回到子洲，担任盲人宣传队大队长。除了下乡宣传外，他还算命、给小孩子保锁。到2001年，他竟然保锁了200多个“干儿子”。正如绥德县盲说书人郭新钰所说：

---

① 王学师口述，孙宏亮等采访，横山县旗峰村，2007年2月24日。

② 李维俊口述，韩应莲、孙宏亮等采访，子洲县李孝河村，2011年11月24日。

“我们不能公开保锁，但对于那些有需要的村民和小孩，我们仍然那样做，算命在暗地里依然很活跃。”①

1978年后，地方政府和文化馆放松了对盲人曲艺宣传队的控制，盲说书人可以自由地进入庙堂和村民家中为神灵演唱，而不必像从前那样偷偷摸摸了。在新的背景下，陕北盲人说书进入了真正的黄金时期。

首先，盲人曲艺宣传队的分配方式发生了变化。盲说书人仍手持文化馆颁发的宣传证和介绍信下农村演出，向生产队讨要演出费。除了缴纳少量公积金外，绝大部分归盲说书人所有，这极大地调动了盲说书人演唱的积极性。杨树祥说：

> 过去我们走集体道路，下农村宣传，挣下钱给组织缴一些公积金，剩下的反正一月能弄100来块钱。那时候县委书记一个月才拿68块半工资，我们那会一人能拿100多块钱。②

杨树祥（1954— ），靖边县杨桥畔人，1973年担任靖边县盲人曲艺宣传队队长。1975年，他带队参加在榆林举办的“西北五省区民间艺术改革会”，并取得优异的成绩，受到韩起祥的称赞。1978年后，靖边县盲人曲艺宣传队由最初的17人发展到30多人，除了下农村宣传外，他们还为庙会和个体村民演唱。

1978年，张俊功成立甘泉县曲艺队，他们与生产队签订责任书，拿着县文化局和文化馆颁发的演出许可证下农村庙会演出。从保存的1982年4月演出日志中，我们可清楚地看到，他们共演出10场，平均每场50多元，合计收入520元。除了给生产队缴纳60元外，曲艺队月收入460元，这在当时的确是一个不小的数目了。除了在庙会表演外，他们还在县城和乡镇卖门票说书。张俊功的弟子贺改民说：

> 最走红的时候是1979年一直到1985年。那时候钱也值钱，一张票

① 译自 Stephen Jones，*Ritual and Music of North China*，*Volume 2*：*Shaanbei*，Ashgate Publishing Limited，2009，p. 64。

② 杨树祥口述，孙宏亮采访，靖边县城，2011年9月28日。

是一毛五分钱，我们一场书能卖到700多元，你把人数衡量一下！像百米井、海子梁那一场书，人特别多，收入是确实不错，钱也值钱。那时我是个学徒，一月能拿到一百一二。①

其次，家庭联产承包责任制实行后，村民重新获得土地、牛羊等生产资料。为了祈保风调雨顺、六畜兴旺，不少村民向神灵许愿，农村宗教信仰活动复兴，“会书”“家书”盛极一时，为盲说书人提供了充足的表演台口和不菲的收入。佳县盲说书人拓开发说：

改革开放后，个人都承包了，牛了羊了驴了，许下一堆口愿。那阵工资低，说一场书3块钱，比尔刻（按：现在）挣150还强。现在挣150是个小工钱，那时3块是匠工钱。到一个庄里，大庄子我起码说1个月，小庄子最少说十来八天，生活来源满满的。②

拓开发，1948年出生，家住佳县拓家硷村，进过盲人学校，15岁拜师学艺，18岁出师。青年时期，他通过某种特殊关系得到了延长县文教局的介绍信。他从此离开家乡，雇了一名带路人，沿村说书宣传，几乎走遍延长县所有的村落。改革开放后，他返回佳县，开始为私人说“家书”。

比拓开发小10岁的延长县盲说书人王殿亮，16岁拜师学艺，1975年通过考试，获得县文化馆的介绍信，开始下乡说书宣传。不过，他认为自己说书最红火的时候是20世纪80年代：

我25（岁）以上，说书就最红火了，一个月能说28天，有时白天也说，因为是个人说书，到个人头上就最红火了。“家书”利润大，开始是集体说书，在生产队公窑里说书，那时也没电视，满满夯一窑，有时外边还站的人。队里说完了，村干部给各家户通知，听书的都在场了，说谁家愿意说书，赶紧报名，明天就不送书匠了；要是没人说，明天就送

---

① 电视纪录片《张俊功说书》，甘泉县电视台，2007年1月。
② 拓开发口述，孙宏亮采访，佳县拓家硷村，2016年9月14日。

到另一个村去了。谁家报名了，（第二天）吃了早饭，就把我请走了。[①]

王殿亮对当年说书的情形记忆犹新，那时他坐在一个大筐里，毛驴驮着他爬上陡峭的山坡，一进村他就开场了。他每天演唱1—2场，每场约3小时，他可获得2.5元报酬。除了天阴下雨，他几乎每天都在表演，以致他打甩板的右腿受损，得了骨髓炎，几乎被截肢。他现在说书不戴甩板，只弹琵琶。

“家书”是这个时期最活跃的台口。盲说书人每至一村，村民通常挨家挨户请书敬神，可连续1—2个月，盲说书人的“腹藏”得到了充分展示。有时他们不得不有意识地增加即兴演唱的飘言，尽可能地拖延时间，以避免“打重本”的尴尬。

最后，20世纪80年代初开展的全国民间艺术普查和“抢救老艺人”运动使一些盲艺人受到鼓舞，促进了陕北说书的繁荣。1981年8月，陕西省曲艺搜集小组赴延安采录陕北说书，韩起祥、刘绪旺、白旭章、石维君、党福祥、王进考、李永发、张晨祥、王学师、田治枝等10多位在当时最具影响的著名盲说书人参加了这次采录活动，并留下了《观灯记》《雕翎扇》《聚仙炉》《白绫记》《万花记》《黄袍记》《代州还愿》《清官断》《王巧儿翻身》《双头马》《花柳记》《割肝孝母》《金镯记》《杨宗英下山》《九美图》《刀兵记》《双龙记》等一批珍贵的传统书目录音磁带。尤其是由著名盲说书人王学师演唱的18个陕北说书传统“书套”，对于陕北说书的传承具有十分重要的作用。

20世纪70—80年代是陕北盲人说书的黄金时期。除了与韩起祥同时代的老艺人外，一大批出生于20世纪40—50年代的中生代盲说书人，在这个时期加入盲人曲艺宣传队，和他们的前辈们一起下农村演唱，得到后者的真传。他们同样拥有充足的台口，比他们的前辈更为幸运的是，依靠不菲的收入，大部分中生代盲说书人娶到了身体健全的妻子，建立了美好的家庭。

盲人曲艺宣传队在陕北持续存在了20多年，直到80年代中后期才逐渐被解散或者名存实亡。英国学者Stephen Jones通过调查说：

---

① 王殿亮口述，黄靖、孙宏亮等采访，延长县杨家湾敬老院，2016年8月10日。

在米脂县，1973—1982 年，文化馆每年举办 1—2 次培训班，教盲人学习宣传党和国家政策的新书。1978 年，宣传队有高庆旺、李永发、杨军山等 17 位盲艺人。从 1984 年 9 月开始，曲艺馆开辟场所，供县盲艺人演唱，在两个月里共演出 50 多场，听众超过 5000 人。但是，这种售门票听书的方式，只是昙花一现的实验。到了 1986 年，随着物价上涨和现代娱乐形式的普及，书场不得不关门。文化馆很快遇到了现实的经济问题，不得不转向更有利可图的事情，比如开电子游戏厅或者举办电子琴学习班。

佳县文化馆馆长说：佳县属于贫困县。1982 年，文化馆举办了有 30 多位盲艺人参加的培训班，1983—1989 年，每年只有 20 位盲艺人参加了，每次培训 3 天，盲说书人自带铺盖卷，住在文化馆大厅里。文化馆教他们宣传计划生育、改革开放等紧跟时代步伐的新书，盲说书人记忆力很好，很快就学会了。文化馆颁发给他们演出证，向各乡镇发文件，要求做好盲说书人下乡演出的接待工作。每演唱一场书，盲说书人能得到 10 多块钱的收入，他们的食宿由生产队安排。但是，到了 20 世纪 90 年代，县财政给文化馆的预算大大减少，只有正式职工才能领到工资，所以我们不能再办说书培训班了。现在盲人归残联管，我们无能为力，他们的演唱一代不如一代了。①

今天，子洲、米脂、佳县、吴堡、清涧、延川等县的盲人曲艺宣传队依然存在，但已名存实亡。随着老年盲说书人相继离去和退出，盲人曲艺宣传队人数已大不如从前，他们很少有集体活动。尽管个别中生代盲说书人仍延续着曲艺宣传队的特权，他们向文化馆讨要演出证和介绍信，按照分配给他们的地盘下乡，但他们很少获得表演的机会。一番讨价还价之后，他们从村长手里接过 50—200 元不等的现金，便匆匆赶往下一个村子了。与此同时，随着时代的快速发展，盲说书人连续 1—2 个月挨家挨户说“家书”的盛况也一去不复返。视力健全的年轻说书人背着三弦，骑着摩托车驰骋在古老高原上，他们已成为庙会和新的表演场所的主角。

① 译自 Stephen Jones, *Ritual and Music of North China*, *Volume 2*: *Shaanbei*, Ashgate Publishing Limited, 2009, pp. 73 – 74。

四　张俊功：传统的变革

“韩起祥的帅，张俊功的怪。”在陕北民间，张俊功是唯一一个能与韩起祥并称的盲说书人的名字，传统的变革是从这位“怪才”开始的。

张俊功（1932—2008），祖籍横山县柴兴梁村。1940 年，随祖父逃荒到甘泉县桥镇安家坪村。25 岁，他跟随一位名不见经传的盲说书人张金福，开始学习陕北说书。关于学艺的缘起，张俊功在甘泉县电视台 2007 年拍摄的纪录片中回忆说：

> 我 25 岁那年，（村里）来了一个说书的，就是我第一个师傅，双眼瞎子。他雇了一个老汉拖（按：引路）他了，老汉的老婆有病了，不得来了……（他）就把我雇上了。那时他说一天书挣 5 升（小）米，（给）我分一升。跟了 4 个月，我就出师了。学了两本半书，一个《汗衫记》，一个《吴满子贩人》，还有半本《劈山救母》。
>
> 为什么（我）4 个月能学成书匠呢？那时候（只有）小豆推下的杂面，黑夜说罢夜场，还有一顿饭。事主家煮了一碗杂面端上来，我端起来，事主家婆姨说：“哎，娃娃你不要吃，叫你师傅吃。”我端起碗，又放下……那时，我 25 岁了，该（懂得）害臊了，肚子里头不晓得有多少难过……我师傅本来吃一碗，他端起碗，吃了两口说：“娃娃你吃了，我不吃了……”那天晚上，我就下决心一定学好这门艺术，也给自己挣碗饭吃。①

20 世纪 50 年代后期，张俊功开始独自行艺。他把说书作为副业，与村里的农业社签订合同，每天上缴 2 元钱，以便参与年终分红。为了赢得雇主，他白天帮助人家劈柴、担水、做农活，晚上一开场就连续演唱 5 个小时，有时甚至说到天亮。1960 年，张俊功在延安南桥参加韩起祥举办的说书训练班，

---

① 电视纪录片《张俊功说书》，甘泉县电视台，2007 年 1 月。

开始演唱新书，并在甘泉县文化馆的领导下，继续下农村表演。然而，他默默无闻，并未引起人们的关注。

1978年，张俊功为长春电影制片厂拍摄的影片《北斗》配音，随着影片的公映，他声名鹊起，并当选为县政协委员。然而，在此之后，张俊功迅速从人们的视野中消失。他成立了甘泉县曲艺队，自任队长，带领着徒弟深入农村演唱。在接下来的20多年里，他的足迹遍布陕北各县以及山西、甘肃、宁夏和内蒙古等地，培养明眼徒弟70多人，演唱传统长篇书目43本、新书9本、小段50多个，不仅彻底改变了陕北说书的格局，而且深远地影响了当代陕北说书的发展走向。

“怪”，是人们对张俊功表演艺术风格的概括，更是对他打破传统所带来的强烈新奇感和陌生感的深刻感悟。富有象征意味的是，张俊功出生不到一个月便左眼失明，右眼却完好无缺——命运似乎注定他要成为站在传统与现代的分界点上的那个人。

在张俊功之前，陕北已出现视力健全的说书人，例如，子洲县的高怀玉、拓克珍、郭红珍，清涧县的徐文功等，他们人数很少，几乎得不到人们的认可。在观念上，民间依然认为说书是盲人的专项，长眼人说书抢夺盲人的饭碗，是不道德的行为。1975年，延安曲艺馆成立，韩起祥招收了6名视力健全的徒弟，他们主要从事舞台和广场表演，也很少深入农村。然而，张俊功的弟子和再传弟子中不仅很少有盲人，他还广收女弟子，带着她们一同赶庙会表演。20世纪90年代，印着张俊功彩色照片的录音磁带和VCD光盘开始充斥陕北城乡农贸市场，这些录音磁带和VCD光盘，除了少量是音像出版社出版外，绝大多数是盗版，演唱者也并非张俊功本人。2007年，笔者在米脂县镇川繁华的集市上，一次就看到300多盒陕北说书磁带，据一家音像店的老板说，他们一个月能卖出1000多盒。这些磁带包括《五女兴唐传》《买婆姨》《杨公案》《回龙传》《金镯玉环记》《五牛分子》《劈山救母》《呼延庆打擂》《乌盆记》等30本传统书目。于是，更多的年轻人通过录音机成为“张派”弟子。随着时间的推移，年轻的演唱者开始请人录制属于自己的VCD光盘，在农贸市场销售。这一策略取得成功，他们的名字家喻户晓，联系方式被村民和庙会会长所熟知。最终，年轻的演唱者取代盲说书人，成为陕北说书新的演唱主体，延续了数百年的传统格局被打破。据陕北说书“非遗”保护单位延安市曲艺馆调查，截至2011年年底，陕北地区登记注册的说书人共计1013人，其中，盲说书人不及5%，而大批视力健全的说书人中，约90%属于“张派”弟子和再传弟子。①

对于张俊功来说，说书即表演，他对传统所进行的变革，全都指向这一点——增强表演性。他几乎舍弃了传统中与即兴表演无关的所有因素，包括死记硬背书词、整齐而极富夸饰性的唱段和固定的程序。他追求一种简化的原则，以便更自由地向观众展示自己语言交流的能力。张俊功从不在背诵书词上浪费功夫，也从不要求徒弟背诵书词。他把初学者带到表演现场，交给他一面铜锣，让他坐在旁边和自己同台表演。徒弟一开始便作为表演者，从熟悉最简单的节奏到熟练演奏各种乐器，从简单的对白到交替演唱，直至成为一名主演。这种多人组合演唱的新形式称作“走场书”，不仅取代了盲说书人自弹自唱的传统“坐场书”，其红火热闹的场面和丰富多彩的音乐形式，受到庙会听众的欢迎，已成为当今陕北说书的主要表演形式。借助这种新的表演形式，张俊功大量增加了动作、对白和模仿。例如：

〔徒〕妈，那个女子说不来？
〔张〕（模仿老婆声）哎，宝童，不顶事！脚把子绾麻绳——拉倒！
〔徒〕哎，说不来了，我则拾揽的再害我病吧！
〔张〕唱：牙床上躺倒一个梁宝童，
忽忽悠悠又害下病。
把老婆急得在地下拧，
我娃娃多候才能病离身？
光阴似箭催得一个紧，
哎，那娃娃睡下就不得精明。
眼看就过了两个多月整，
今天就门上又来了一个人。

① 据延安市曲艺馆2007—2011年对陕北各县区说书人的调查统计，但这个统计表中并未注明说书人视力状况和所属门派，笔者通过采访和电话联系做了补充。参见延安市曲艺馆编《陕北说书保护传承纪事》（内部资料），2015年，第68页。

〔张〕（模仿狗叫声）汪汪汪 汪汪汪……

〔徒〕噢——家里有人没人？

〔张〕是谁啦？

〔徒〕挡狗来！

——《汗巾记》张俊功等演唱，横山，1980

在这段表演中，张俊功作为主演，双手挥动四块竹片站立表演，不断做出身段和表情动作。他的身旁是弹奏三弦、腿绑甩板的徒弟，此外还有演奏二胡、板胡、笛子的 3 名徒弟。在师徒同台表演过程中，张俊功和旁边的徒弟展开对白，惟妙惟肖地模仿老婆说话和狗的叫声。传统说书的叙说方式被打破，取而代之的是戏剧式的代言体的叙述、动作和模仿。“听张俊功说书就像在看戏”，听书群众这句话，准确概括了“张派”说书的特点。

张俊功是“怪才”，更是百年一遇的“奇才”。他对于传统的变革是建立在其个人超常的语言和表演天赋之上的。形式的解放和简化，意味着对表演主体艺术素质更高的要求，否则，表演将不可避免地陷入粗俗的泥潭。然而，令人遗憾的是，时至今日，大部分“张派”弟子似乎并未真正意识到这一点。

五　新生代盲说书人及其门派谱系

为了研究的便利，笔者把 1960 年后出生的陕北盲说书人划分为新生代盲说书人。在田野工作统计表中，新生代盲说书人共有 21 位，除了 1 位女性外，其余均为男性。他们大多在 1978 年后进入说书人的行列，有的还曾加入盲人曲艺宣传队，经历了宣传队由盛转衰的变化。新生代盲说书人有的英年早逝，有的转向算命或者吹唢呐，只有一小部分依靠地缘人际关系，在和视力健全的同行的竞争中，艰难地维持着为数不多的台口。他们和邱满囤、吴锡忠、拓开发等未完全退出传统的中生代盲说书人一道顽强地延续着传统。他们是黄土高原上最后的“荷马”，也是本书重点采访对象和演唱文本的来源。下面分别介绍其门派师承谱系。

（一）鲁峰

鲁峰，男，1962 年出生，陕西省横山区鲁家河村人。念过小学，12 岁时因高烧导致眼睛残疾，半盲。少年时期，鲁峰拜本家叔父鲁福增为师，学习陕北说书。20 岁时，他改投横山著名盲说书人王学师门下，除了学习传统书目外，兼学算命。20 世纪 80 年代中期，鲁峰开始走村串户说书，兼为村民修理缝纫机。他修缝纫机的技能，得自于他在盲人学校的学习。在说书日渐不景气的 20 世纪 90 年代后期，他依靠此技谋生。

横山是陕北三弦书的中心，有“说书窝子”之称。当代著名的陕北盲说书人韩起祥、张俊功都祖籍横山，1940 年“走南路”逃荒延安，把横山说书传播到更广阔的区域。2011 年 5 月，横山成立说书协会，注册登记说书人 400 余人，几乎占了当代陕北说书的半壁江山。生长在这样一个环境中，鲁峰从小受到熏染，眼睛残疾后自然走上了说书的道路。

鲁峰的第一位师傅鲁福增（？—约 1990），是一位风格独特的陕北盲说书人，说书用“碗碗腔”，最擅长演唱《斩单通》。鲁峰从师傅那里学到了这个经典小段，并曾在 2007 年 4 月的采访中为我们演唱。可以肯定地说，在转投王学师之前，鲁峰已形成了自己的演唱风格。不过，在王学师那里，除了算命外，鲁峰得到了更多传统长篇书词，包括《金镯玉环记》《杨家将》《小八义》《珍珠汗衫记》《罗通扫北》等。因此，鲁峰主要继承了“王派”说书的衣钵。其师承谱系如下：

拓石贵（横山）— 王学师（横山）—
鲁福增（横山）—

吴锡忠（子洲）
张亮清（横山—延安）
刘子熙（横山）
李生俊（横山）
鲁　峰（横山）
侯万红（横山）
……

王学师（1935—2008），是一位以词功见长的盲说书人。他从小受到良好的训练，精通盲文，对传统《易》学和医学都有了解，是陕北盲说书人中的“文化人”，这一点是韩起祥、张俊功都无法望其项背的。王学师因此得到同行普遍认可，被称为真正的大师。更为重要的是，王学师始终坚守传统，既不追求新内容，也不追求表演形式的创新，一直坚持独自坐场表演。1993 年冬，在一次庙会表演中，王学师受寒中风，半身不遂，从此卧病在床，不能再弹三弦演唱了。

鲁峰继承了“王派”的传统，书词工整，唱句规范，较少使用即兴发挥的飘言。他演唱的《金镯玉环记》，经笔者比较，约有 70% 的唱词与清代鼓词相同。然而，在书面和口头即兴创作两极之间，“鲁峰似乎正处于某种恰如其分的中间地带……他运雅入俗，利用源自书面文本的程式性唱段进行即兴创作，从而使书面文本在口头传统表演中复活，焕发出强大的文学生命力；另一方面，他又不完全依赖和遵从书面文本，善于即兴和灵活调整，从而避免沦为书面文本的复制者”①。

作为一名优秀的盲说书人，鲁峰受到一些采访者的热捧，有人甚至打算为他拍摄专题片。然而，在民间鲁峰却大受冷落。一段时间，他甚至完全脱离说书，依靠修理缝纫机谋生。1990 年后，为了生存，他开始与明眼说书人搭伙表演“走场书”，为他们弹奏三弦或者拉二胡。

2011 年，在西安举行的第三届陕北说书大赛中，鲁峰凭借深厚的演唱功底获得一等奖，被授予“十佳艺人”称号。他受到鼓舞，开始组建自己的说书班社，雇人开着小型面包车下农村庙会表演。然而，2015 年的一场脑梗手术后，鲁峰几乎丧失了表演的能力。

与鲁峰同辈的几位“王派”说书人中，侯万红双目健全，张亮清 20 世纪 80 年代移居延安，靠摆摊算命为生，已不从事说书。李生俊和刘子熙曾加入横山县盲人曲艺宣传队，曲艺宣传队解散后，他们也脱离说书了。目前，只有吴锡忠仍传承着“王派”的衣钵，坚持在农村表演。

（二）高新荣

高新荣，1962 年生，米脂县人。7 岁时因出天花双目失明，16 岁拜师学艺，加入米脂县盲人曲艺宣传队。从艺 40 年，兼算命等外艺。

米脂地处陕北腹地，人口殷繁，文化根基深厚。从内部分布看，米脂说

① 孙宏亮：《弹起三弦定准音——陕北说书考察》，陕西师范大学出版总社有限公司 2017 年版，第 167—168 页。

书属于陕北说书的中路，其典型的特点是使用“老调”，形成了独特的门派。高新荣说：

我有几个师傅呢，第一个师傅是小桑坪的，叫李广云；第二个师傅是石沟的高宇治，现在活着的话，一百多岁了；第三个师傅是高庆旺，他是李广田的三徒弟。第四个师傅李有福，第五个师傅是高家沟高怀青。

我16岁跟第一个师傅，跟了3年。那时改革开放了，能说旧书了，说给他一天挣10块钱，他还不给教，我就没办法了。最后，我们老人（按：父母）给我请了石沟的老师傅高宇治，他是李广田的徒弟，为人憨直，不算经济账。我们一天给他挣一个匠工钱，只要你学，他白天黑夜给你教了，一个月我学了8本书。我那时还小了，记性好。光不是学说书，还学算命、咒语、法语都要学了。第三个师傅和第四个师傅也没多教，我主要是靠自己听了。他们说书，我坐下听。①

据高新荣讲述，米脂“老调”师承谱系如下：

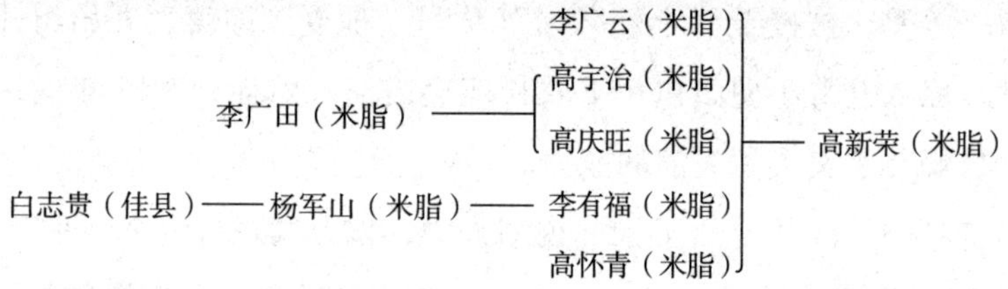

李广田是一位著名的陕北盲说书人，与韩起祥的师傅杜维新同时代，在榆林、米脂、绥德一带很有名气。他共收了8个徒弟，大徒弟王家来是子洲县著名盲说书人田治枝的师傅，三徒弟高庆旺（？—1990?），1972年加入米脂县盲人曲艺宣传队，并担任队长。在一次下农村宣传中，面对村民的强烈要求，高庆旺冒着风险开始演唱传统书。然而，粗心的村支书忘记断开连接扩音器和广播的闸刀，他的演唱传遍整个公社，驻队干部骑车赶到，当场没收了他的三弦。后来，高庆旺向县文化馆缴了80元罚款，并被撤销了队长的职务。高新荣的第四位师傅李有福，1956

① 高新荣口述，采访者：郜冬萍、孙宏亮采访，米脂县城，2018年4月19日。

年生，米脂县桃镇圪凹店村人，11 岁跟随米脂县盲说书人杨军山学艺，杨军山的师傅是佳县的白志贵。

20 世纪 90 年代末，盲人曲艺宣传队停止下乡演出后，高新荣和妻子在家里办起了小型服装加工作坊，依靠加工羊绒防寒服谋生。他的妻子身体健康，吃苦耐劳，带着几名女工忙碌着将羊绒装入裁剪好的布料里。除了个别“会书”台口外，高新荣很少外出说书。

2004 年，高新荣赴京为电影《日出日落》配音，并给演员巍子示范陕北说书表演。随后，导演滕文骥带领剧组跟随高新荣去农村庙会，拍摄了请神和参神仪式。2011 年，高新荣参与《吕布与貂蝉》《貂蝉》等电视剧的拍摄，演唱陕北说书。然而，这一切并没有给他的生活带来任何改变。

受师承关系的影响，高新荣一直用“老调”演唱。这种“老调”被称作“靠山调”，特点是“土”，唱腔少装饰音，唱段多用“哎噢”拖腔，演唱速度平缓，风格古拙、质朴。2008 年国庆假期，笔者第一次登门采访高新荣，在狭小的平房里，他坐在炕头上，弹起三弦为我们演唱：

三星高照吉庆堂，
古人有福禄命长。
月里天仙来送子，
从天降下状元郎。

他演唱得十分投入，尤其在演唱两段“哭调”时，他的眼里似乎含着泪水，声音十分低沉。

作为一名普通的盲说书人，高新荣对神灵充满敬畏。他担任米脂县城五龙庙会长，坚持每年在庙会说书。2016 年 6 月，笔者再次跟随高新荣在朱兴庄庙会采访，尽管面前只有 3 名听众，他仍坚持每场书演唱 3 个小时，每天演唱 3 场，一直演唱到晚上 9 点多。用他的话来说：“说书是为了敬神，不能哄骗庙里的神。”正是凭借这份内心的虔诚，高新荣至今仍默默地坚守着传统。

（三）曹生高

曹生高，男，1970 年出生于子洲县曹家河村，幼时患青光眼，双目失明。在全家 8 个孩子中，曹生高排行老二。他的大哥和他一样，眼睛也看不见，他是自己弟弟最忠实的“书跟”。每次采访，他都和笔者一起静坐在面前聆听。

曹生高从小不善言谈，沉默寡语，一天说不了几句话，这差点使他失去成为说书人的机会。15 岁那年，他后来的师傅来村里庙会说书，曹生高帮着打扫庙堂，他的勤快得到村民的称赞。第二天，师傅便主动上门，与他父亲商议，要求收曹生高做徒弟。父亲不答应，认为儿子不是“书匠”的料，师傅决定先教他 3 天，好坏将来混口饭吃。曹生高表现出超常的天赋，3 天竟学会了请神、参神和 10 多个小段。

曹生高的师傅王瑞珍（？—1985），子洲人，4 岁时眼疼，请本村一老婆扎针治疗，导致双目失明；13 岁拜师学艺，开始跟随两位被称作“先儿”的盲说书人，后来转投一位明眼说书人门下，学会了 100 多本传统书目。王瑞珍擅长弹琵琶，是陕北软弦琵琶书的代表。这种用羊麻肠做弦的琵琶古老而独特，现在几乎绝迹。据采访，该门派师承谱系如下：

老朱先儿（子洲）
老张先儿（子洲）——王瑞珍（子洲）——曹生高（子洲）
郭红珍（子洲）

韩　三（子洲）
曹树凯（子洲）

曹生高对师傅充满敬仰之情，他至今仍珍藏着师傅演唱的录音。这是他从当地一位老会长那里得到的，他请人制成了 CD，以便自己长期保存。尽管在地方曲艺志中找不到任何记载，王瑞珍确实是一位记忆力超群的优秀盲说书人，在当地农村享有很高声誉。采访中，一些在庙会听书的老“书跟”至今仍对王瑞珍的琵琶书念念不忘。

王瑞珍的另外两名徒弟已改行不再说书，只有曹生高坚持至今，他因此成为该门派唯一的传人。不过，正如曹生高所言，他不擅长即兴创作，所有演唱的书目都来自师傅的亲传。正因为如此，曹生高演唱的传统书目数量十分有限，只有《绣鞋记》《破孟州》《巧连珠》《黄鹰记》《五女兴唐传》《荆钗记》《金钟记》《聚仙炉》《抢刀记》等中长篇和一些小段。并且，与大多数盲说书人不同的是，曹生高在不借助三弦伴奏的情况下，随时可流畅地背诵整段书词。这种情况在陕北盲说书人中并不多见，即使一些词功深厚的老艺人也很难做到。①

可以说，曹生高确实代表了口头传统中机械记忆和一字不差的忠实性，但他并不是忠实于书面文本，而是忠实于师传。他的表演虽然缺乏新生性（emergent quality）的维度，但完整地继承了师傅的风格。正因为此，他得到了一些怀旧的老会长和老“书跟”的眷顾，至今仍保留着十分稳定的台口。

我到林兴庄这个老醮会上（说书），八年一转，八年一转，过去24年了。一年三开台，八月十五一台、四月初五一台、正月初八一台。②

24年的老台口依然在延续，每年曹生高都拄着木棍、背负着三弦如期而至。2017年农历四月，笔者跟随曹生高采访，他坐在庙堂侧殿的墙角里表演，三弦声响起，熟悉的旋律飘扬在寺庙上空。然而，与当年红火热闹的场面相比，蹲坐在他面前的老“书跟”越来越少了。

（四）刘忠元

刘忠元，男，硬弦琵琶书说书人。1971年农历五月初二，刘忠元出生于延长县贤村堬村，先天左眼失明，右眼弱视。他读过3年小学。17岁那年，祖父和父亲把当地著名盲说书人刘绪旺请到家中给他教书。8个月后，刘忠元出师，开始走村说书。

硬弦琵琶书是陕北说书特殊的门派，流行于延安市延长县境内，用当地方言演唱。盲说书人怀抱曲项琵琶，手戴蚂蚱蚱，腿绑甩板，独自坐场演唱，形式古朴。

延长县地处延安市东部，西接宝塔区，北靠延川，南依宜川县，东临黄河与山西省大宁、永和县隔河相望。秦汉时为高奴县地，北魏置广安县，隋更名延安县，唐广德二年（764），因延水由县境通过长流入黄河，始名延长县，沿用至今。悠久的历史文化和特殊的地理位置，形成了延长县过渡型方

---

① 2009年国庆节，曹伯植和笔者采访延长县盲说书人白旭章，白旭章因半身不遂已无法弹琵琶，但他仍坚持将琵琶抱在怀中，拨着琴弦演唱，否则他便无法唤醒自己脑海中的书词。

② 曹生高口述，孙宏亮采访，子洲县曹家河村，2015年8月21日。

言的显著特征。表现在语音层面，延长方言保留有陕北晋语的入声字，但绝大部分已经舒化，读音归于阳平，遵循了关中话的演变模式。此外，古全浊声母塞音、塞擦音读音，无论平仄一律都送气。因此，延长琵琶书的演唱听起来十分特别，与横山、绥德等地流行的陕北说书大不相同。

延长琵琶书的起源，县志和其他文献中均不见记载。不过，从明清文献中关于陶真、词话的记载看，琵琶说书要比三弦说书历史悠久。清人阮葵生《茶客余话》载："盲女琵琶，元时已有之，至今江淮尤甚，京师近年亦多。"① 可见，元明时期琵琶说书已十分盛行。韩起祥在口述中说："那个时候琵琶这一类的说书就是延安以下至甘泉，延安以上至清涧，东至延长，西至吴起，这一带是琵琶说书，以琵琶说书为主。……过去旧社会，延安老户不要三弦说书，不听三弦说书，就听琵琶说书。他们说三弦不敬神，琵琶才敬神呢。"②这说明在延安和清涧县一带，以前都是琵琶说书，后来才逐渐有了三弦说书。

延长硬弦琵琶书处在一个相对封闭的环境中，一直以盲艺人为演唱主体，坚持传统的师徒传授方式，至今未发生变化。依据对刘忠元的采访，延长琵琶书的师承谱系可追溯5代，如下所示：

"鞋底光"—— 杨生福 —— 刘绪旺 —— 白旭章 / 曹　四 / 刘忠元

白旭章 —— 白富荣 / 蔡福林 / 张文玉 / 王殿亮 / 李彩平

第一代"鞋底光"和第二代杨生福，本章开头已经介绍，他们并没有留下太多资料。刘忠元的师傅刘绪旺（1921—1993），延长县黑家堡镇岭头塬村人，3岁双目失明，19岁拜师学艺，1978年参加韩起祥在延长县举办的说书训练班，组织成立延长县曲艺队，担任队长。1981年，刘绪旺和弟子白旭章参加陕西省曲艺搜集小组的集中采录活动，演唱传统书目《双头马》《代州还愿》《洗衣记》《清官断》等。刘绪旺是一位德高望重的盲说书人，从艺50

① （清）阮葵生：《茶客余话》（下），上海古籍出版社2012年版，第532页。

② 韩起祥口述，孙宏亮编：《红色说书人——韩起祥陕北说书口述史》，中国致公出版社2018年版，第13—14页。

年，足迹踏遍延长县山山峁峁，能演唱40多本传统书目，很受群众欢迎。“琵琶牵动万人心，老刘说书咱爱听”，这是很多村民对他的赞誉。

刘绪旺始终恪守传统，不收视力健全者为徒。延长县有一位年轻人十分喜欢说书，多次要求拜刘绪旺为师，都遭到他的拒绝。后来，这位年轻人便跟着刘绪旺挨村挨户听书，刘绪旺得知后，竟让人把他赶了出去。此外，刘忠元还回忆说：

> 我最受影响的事是：我们在贺家沟说书，录音机里放磁带，我说爷爷你觉着这书说得咋样，我觉着说得可好哩——我叫师傅爷爷，因为他66岁教我的。师傅说：“娃娃，你解（hài，明白）不下，这书说得并不好。能说书的人是有才慧的人，要有文言文语，说书唱戏是留下劝人心，高台劝人，不能说儿（坏、不好的）话、脏话、瞎话，他的书里儿话、脏话太多……我的徒弟以后出去不要说这号话。”（自）这搭儿我就记下师傅说的话，我说书就没有一句儿话、脏话。①

白旭章（1933—2012）家住延长县交口镇新窑科村，盲人，14岁拜刘绪旺为师，学习琵琶说书，1957年曾参加陕西省民间艺术会演，获得三等奖，1978年加入延长县曲艺队。在继承硬弦琵琶书唱句规范、吐字清晰，声音浑厚圆润的基础上，白旭章吸收秦腔等戏曲唱腔和曲调，极大地增强了琵琶书的音乐表现力。20世纪80年代初，白旭章为陕西省曲艺搜集小组演唱的《九美图》《皇袍记》《风水传》等，都是延长琵琶书的代表书目。2009年，延长曲颈琵琶列入陕西省第二批非物质文化遗产名录，白旭章为代表性传承人。

从师承辈分来说，曹四和刘忠元属于第4代传人，但是，由于年龄悬殊，白旭章并不认可两位师弟，他们的关系十分疏远。曹四，1963年出生于子洲县曹碱村，幼年随母亲改嫁到延长县刘家河村，3岁双目失明，17岁拜刘绪旺为师，跟随曲艺队下农村表演。1991年，妻子离开后，曹四带着两个孩子来到县城，靠捡垃圾和乞讨为生，沦为“乞丐头”。2014年，曹四突然得病去世。白旭章的几位徒弟中，白富荣和蔡福林年事已高，张文玉回了河南，

---

① 刘忠元口述，孙宏亮采访，延安市曲艺馆，2011年12月30日。

王殿亮住进了杨家沟敬老院，年龄最小的李彩平比刘忠元年长近 10 岁，现在家务农。20 世纪 80 年代，他们曾手持县文化馆的介绍信下农村说书，经历过一段“红火”的日子。20 世纪 90 年代后期，他们突然从人们的视线中集体消失，连当地文化部门都认为琵琶书已经失传。直到 2010 年第三届陕北说书大赛，曹四和刘忠元同时出现在县文化馆馆长面前，这位馆长惊奇地发现琵琶书后继有人，立即同意他们报名参赛。在这次大赛决赛中，刘忠元获得三等奖，人们再次听到了古老的曲项琵琶的声音。

刘忠元的演唱风格与师傅刘绪旺非常接近。2011 年，笔者邀请他演唱《双头马》开场部分。1981 年，刘绪旺曾演唱这个传统书目，遗憾的是现存录音缺少开场部分。刘忠元的演唱保持了与师傅一致的风格，终于使这本《双头马》的录音成为“全璧”。在接下来的几次采访中，刘忠元为我们演唱了《金刀玉鞘》《马踏魏奎》《风水传》《红风传》等传统书目。

随着非物质文化遗产保护工作的开展，曲项琵琶书开始得到地方政府文化部门的重视。2016 年 5 月，延长县举办了“曲项琵琶民间艺人才艺展示座谈会”，文化部门还打算将琵琶书纳入中小学课程体系，组织 400 人的琵琶演唱队。然而，在政府部门努力打造“文化品牌”工程的背后，民间盲说书人的生存现状并未得到改善。1998 年刘忠元离开农村老家，一直租住在县城附近七里村简陋的土窑洞里，和妻子一起照料着两个上学的女儿。平日里，他在建筑工地搬砖头、扛水泥，靠打短工养家糊口。2016 年，他接受一家文化产业公司的邀请，在招揽游客的晚会节目中表演，每天重复着短小的书词和曲调。除了亲朋乔迁新居，请他说书助兴外，他几乎得不到表演传统书目的机会。作为硬弦琵琶书最后的传人，刘忠元的处境令人十分担忧。

第三章　拜师·学艺

拜师和学艺是盲说书人进入口头传统的起点，也是其身份再造和认同的过程。在陕北农村，小孩子一旦天生目盲或中途因病眼睛残疾，拜师学艺，成为一名“书匠”，便是家庭和他个人的不二选择。没有经过师傅传授的说书人，陕北民间称作“稆生书匠”，通常遭到同行的歧视和排挤。本章简述陕北盲说书人拜师、学艺的过程。

一　拜师

采访中，大多数盲说书人会提及自己的师傅，但他们很少讲述拜师的仪式和过程。在口述录音里，韩起祥给我们留下了简单地叙述：

> 说书的家里都敬三皇，敬三皇生意和合，出门人也平安，家家户户，所有说书的家里都敬着哩。像你收了个徒弟，徒弟今天一上学首先不拜老师。家里送来了，和老师一起，老师也跪下，徒弟也跪下，祷告说：“三皇老家，你保佑让我快点学会，早一点出门挣钱……”说那么一大套。①

在自传体陕北说书《翻身记》中，韩起祥还叙述了多余（按：韩起祥小名）在哥哥的带领下来到一座荒芜的寺庙，被吴先生收为徒弟的情形：

① 韩起祥口述，孙宏亮编：《红色说书人——韩起祥陕北说书口述史》，中国致公出版社 2018 年版，第 29 页。

当天晚上摆香案，
三跪九叩把祖师参。
徒弟们叩头三拜行礼毕，
老师上坐开了言：
三皇治世几万代，
天皇地皇人皇紧相连。
徒弟们听我讲根本，
说书的本是三皇传。
……①

从这两段叙述中，我们可以看出，民国时期陕北盲说书人拜师仪式最主要的环节是跪拜三皇。师傅除了和徒弟一起跪拜祖师，通常还会向徒弟讲述三皇发明说书的传说。这种拜师仪式中的祖师信仰及相关叙事，除了祈求祖师的护佑外，其意义主要是在精神层面使盲说书人对其职业身份的崇高性有所认同。

跪拜三皇后，徒弟还要给师傅磕头。甘泉县电视台于2007年拍摄的纪录片《张俊功说书》中，再现了张俊功当年拜师的情景：香案上横放一把三弦、一个酒瓶和酒杯，师傅端坐在香案前，徒弟满斟一杯酒双手递给师傅，然后跪下连磕三个头。师傅站起身，双手把三弦和甩板交到徒弟的手中。另据子洲县说书人李维俊说："过去徒弟拜师傅，桌上摆起酒，打三炷香，请一位有声望的同行主持，徒弟跪下给师傅磕三个头，拜师仪式就算完成了。"②

拜师后，徒弟通常住在师傅家中学艺，但他需要并自带口粮，并按照事先的商议，支付给师傅学费。例如，韩起祥学艺时，给师傅的学费是6块银圆和120吊钱。③ 1944年，子洲县盲说书人田治枝给师傅的学费则是"每年三石谷子"。④

---

① 韩起祥编，王宗元整理：《翻身记》，《延河》1976年第6期。

② 李维俊口述，郜冬萍、孙宏亮采访，子洲县南丰寨，2018年4月19日。

③ 韩起祥口述，孙宏亮编：《红色说书人——韩起祥陕北说书口述史》，中国致公出版社2018年版，第23页。

④ Stephen Jones, *Ritual and Music of North China*, *Volume* 2: *Shaanbei*, Ashgate Publishing Limited, 2009, p. 58.

徒弟出师，被允许独自行艺，陕北民间称为“放徒弟”。例如，王学师说：“我最好的徒弟叫吴锡忠，子洲县的，张亮清是我放的第二个徒弟。”①出师时，徒弟还要谢师，给师傅斟酒、磕头，感谢师傅。以后每逢年过节，徒弟都要带上礼物，到师傅家中拜谢师傅。师傅去世，家人一定要通知徒弟，徒弟赶赴灵前，披麻戴孝，为师傅送葬。

中华人民共和国成立后，陕北盲说书人拜师的仪式简化，父母通常将师傅请至家中，为自己目盲的儿子教书，以便安顿他日后的生活。延长县琵琶书盲说书人王殿亮说：

> 我老人（按：父母）一年比一年年纪大了，再的都有两只眼睛，你双眼看不见，你要是不学这个（说书）……以后，是他留下的一个念（按：牵挂），你以后咋办呀？这才请的师傅。②

师傅在徒弟家中居住一段时间，集中传授一两本传统书目及基本的弹奏技巧。在此期间，父母竭尽所能地为师傅提供一日三餐，并在师傅离开时按照事先的约定付给他报酬。除了支付现金外，徒弟依然可给师傅粮食或者其他物品。例如，因一人同时操持13件乐器、创造了陕北说书“十三响”演奏绝技的绥德县盲说书人张崇华，他给师傅的学费是“三石麦子”，而他的徒弟薛礼存给他的报酬则是一件衬衫。最有趣的是绥德盲说书人张手板，他拜师时给师傅抱了只半个月大的猪崽儿。③

有一些盲说书人的拜师和学艺过程比较特殊。例如，张俊功最初只是为师傅领路，后来才正式拜师。师傅不但不收取学费，反而要将自己挣到的小米分给他一部分。邱满囤少年弱视，能辨清道路，拜师后他经常给师傅领路，陪师傅去农村说书，原本商议好的300元学费，师傅分文未取。曹生高在庙会中被师傅看中，出于同情，师傅主动上门与他父亲商议，要求收他为徒弟。王殿亮在家中跟师傅学艺一段时间后，师傅由于担心他无法通过县曲艺馆的

---

① 王学师口述，孙宏亮等采访，横山县旗峰村，2007年2月24日。

② 王殿亮口述，黄靖、孙宏亮采访，延长县杨家沟敬老院，2017年8月10日。

③ 关意宁：《在表演中创造——陕北说书音乐构成模式研究》，博士学位论文，上海音乐学院，2011年，第152页。

考试，拿不到下乡宣传的介绍信，特意邀请了自己一位年长的弟子“代拉师弟”，继续为他教唱书词。张斌参加盲人曲艺宣传队后，在文化馆统一安排下，跟随师傅学艺。此外，一些盲说书人还经常改换师门，跟随不同的师傅学艺。总之，由于拜师仪式的淡化和缺失，当代陕北盲说书人的师承谱系较复杂，一些年轻盲说书人的师门观念也相对淡薄。

二 学艺：“过书”和“揣书”

陕北盲说书人学艺的内容主要包括：三弦（或琵琶）演奏，书词和传统故事的记忆，以及算命等外艺。其中，外艺取决于双方事先的约定，并非所有盲说书人都学习外艺。本节仅叙述三弦（或琵琶）演奏和书词记忆，不涉及算命等外艺。

三弦（或琵琶）演奏是盲说书人必须掌握的技艺，一般由师傅手把手传授，首先是练耳音和定弦，即按照一定的音高把弦柱调整到适当位置。韩起祥口述说：

> 一开始就要练耳音，练耳音就是你弦定得好好的，老师来了把弦给你随便一拧，或者高了或者低了，看你能听出来听不出来。那阵打哩，你听出来弦走了，哪一根弦走了，你定的一样，你耳音就好；你要说人家把二弦拧紧了，你还再把二弦往高拧哩，老师来了照手上就是一烟锅——你的耳朵长到哪里了？①

盲说书人大多数不识谱，只能靠经验传授。高新荣说：

> 乐器也教了，手把手教了。比如说师傅弹了，你把他的手捉住，跟着压（弦），慢慢就学会了。我们眼睛看不见，掌握不了三弦的品，师傅找人拿胶布贴上，一品、二品、三品……都贴上胶布，你就好找了，这

① 韩起祥口述，孙宏亮编：《红色说书人——韩起祥陕北说书口述史》，中国致公出版社2018年版，第47—48页。

都是师傅们想的办法。现在长眼的人能看见了，你抱着三弦弹，他也抱一把三弦，照着你压弦、弹弦，师傅指头压那儿，他也指头压那儿，照着弹了。①

师傅手把手地教徒弟练习弹奏，掌握三弦的节奏，并且教给他不同音品的位置。接着，师傅弹奏三弦（或琵琶）基本的曲调，徒弟摸索着模仿，感受不同品阶音高的变化，并逐渐弹奏出简单的曲调。这在我们看来似乎是难以想象的事情，对于大多数盲说书人并不十分费难，他们很快便掌握了其中的要领。正如关意宁调查发现，大多数以传统方式学艺的陕北盲说书人，没有过对曲调专门学习的过程。他们是在从孩童时代“分外留意聆听”和“较高程度的关注”中，逐渐掌握了陕北说书曲调中核心的音乐成分：

这种先于专门学习就已经植入艺人记忆，并可以被艺人熟练运用的音乐成分，可能比较简单，并相对比较粗糙，因为这种音乐成分完全通过比一般观众更高度的关注，就可以以耳濡目染的方式即自然习得，而且在正式拜师一对一学习的时候，也无须专门进一步纠正和打磨。②

初步掌握常用的基本曲调后，接下来徒弟仍需勤学苦练，直至成为一名熟练的演奏者。这个阶段通常比较辛苦，韩起祥说：

定音会了，就练压弦。那阵儿用的丝弦，没事了，平常就上下溜弦，溜得多会儿指头上有了纹，弦就不跑了。把指头上的肉有时磨烂，磨出了血也不让你停。磨出血以后再磨好，这就说你手上有功夫了，压弦有功夫了。压弦有功夫了，还要弹弦有功夫了。弹弦的拨子给你教的三个指头一捉，你既不能叫弦拨子成了个死的，也不能叫弦拨子掉了。你正弹着哩，那都是些眼看不见的，老师打发他的儿子猛猛地去了“砰”一夺，若把弦拨子夺来，你这捉弦拨子还没有功夫；多会夺不来，说你捉

① 高新荣讲述，孙宏亮、郜冬萍采访，米脂县城，2018年4月19日。

② 关意宁：《在表演中创造——陕北说书音乐构成模式研究》，博士学位论文，上海音乐学院，2011年，第42页。

弦拨子才有功夫了。这样的，真正是要经过一番勤学苦练。①

陕北盲说书人弹弦的拨子多用牛骨或杏核磨制而成，杏核的尾部缀以布条，并用红头绳缠绕，便于手指夹带。弹奏时拨子既不能捏得太紧，也不能太松。盲说书人表演时，三弦要稳，不能晃来晃去，这个功夫也需要苦练。靖边县盲说书人张斌回忆说：

> 那时我们用老三弦、小三弦，老师在山口上绑个沙袋，每天装入一把沙子。等把三弦弹得，沙子装到5斤多，一下子就举起来了，弹起来也不感到困了，三弦立得直直的、稳稳地，师傅就把沙袋取下来了，你这个功夫就练好了。②

占据盲说书人绝大部分学艺时间的是背书词，有两种方式：一是师傅“一句一句对口教，先教词，后教调”③；二是请识字者照底本一字一句读，学艺者仔细听，并努力背诵，这两种方式均称作“过书”。“过书”是盲说书人师徒口耳相传的主要方式，许多盲说书人都对此过程记忆犹新：

> 就像老师给学生教课文一样，比如“三皇五帝夏商周，归秦继汉三国牟……”该是4句了、8句了，师傅一句一句教，多会你背会了，接着再给你教。一天教60句或者100句，徒弟第二天早上必须背会，那时候师傅严格，有时也打了，不打你背不会么。④

在师傅的严格要求下，年轻的徒弟表现出非同寻常的记忆力，很快便背会了一些传统书词。然而，有些学艺者因为没有充足的时间，他不得不求助于识字的亲人，请他把师傅口授的书词记录下来，然后辅导自己：

> 那时候，我学不办（按：来不及），我的个叔伯哥哥识字着哩，

---

① 韩起祥口述，孙宏亮编：《红色说书人——韩起祥陕北说书口述史》，中国致公出版社2018年版，第48页。

② 张斌口述，郜冬萍、孙宏亮采访，靖边县城，2018年4月20日。

③ 王殿亮口述，黄靖、孙宏亮采访，延长县杨家沟敬老院，2017年8月10日。

④ 张斌口述，郜冬萍、孙宏亮采访，靖边县城，2018年4月20日。

（他）把（师傅）说下的话全部留在本本上。我早晨到我叔伯哥哥那里去了，他给我辅导一阵，到晚上辅导一阵，就这16开纸，写得密密的，我一天往会背10张，早上5张，晚上5张，他给我念，我后边跟上也念。引上两天，人家把本本往定一合，你念么，你念下跟本本合一下，说对了，则我就不培训你了，要你个人自己熟练了……我就这么价学的点东西。①

陕北盲说书人师徒间“过书”所使用的底本主要是清代、民国时期刊印的鼓词。直到现在，一些盲说书人家中还藏有晚清、民国时期上海锦章、江东茂记、章福记、广益、大成等书局石印袖珍本鼓词，他们称为“猴（按：小）本本”。这些鼓词的来历，盲说书人普遍认为是“翰林院”或下层文人编写的：

老以前有那么些“猴本本”，《五女兴唐传》《刘公案》《金镯玉环记》《小八义》都是剁句子，跟尔刻（按：现在）小说不一样。这东西实际上是翰林院编的，古代有书馆院、翰林院，文学家也出去采访了，农村的一些故事，这个村子出了什么事，收集回去，把它编写成故事。旧社会上考场考不起、落榜这号（人），盛（按：停留，居住）下没事也编了。旧以前有底本，照着底本学会的，有些底本没了、失传了，师傅记在肚子里，一代一代口传了。②

高新荣所述不仅说明鼓词刊本曾在陕北民间流传，而且认为这类鼓词出自文人之手，是统治者组织文人采访、编写的。这种说法尽管在历史文献中并未找到直接证据，但是，明清统治者组织、利用民间盲人“学古今劝民贤孝”，并“使其散布闾间，劝化愚俗”却是不争的事实。明代吕坤《实政录》卷六载：

某某虽系瞽目而年在五十以下十三以上，与夫养济院之十岁瞽童今

① 曹生高口述，孙宏亮采访，子洲县曹家河村，2015年8月21日。
② 高新荣口述，孙宏亮采访，米脂县朱兴庄，2016年6月19日。

已十三者，作为四等，愿学卜算，择善卜算者一人为师；愿学弦歌，则精于弦歌者一人为师。其师月给谷一石，其学者如煮粥法，每日令人给以粥豆，令学古今劝民贤孝段落说书小令，使其散布闾阎，劝化愚俗。有司委人每月考验，慢不学与传习淫邪词曲者，逐出记名，永不许收养。大率严督一年，在残疾者终身可自存活，可省国家岁岁米布之给，而朦［矇］歌瞽颂流布民间，使妇人女子野叟村童耳满道义之言，心浃古今之事，较之乡约所讲，不更亲切而周遍乎?[①]

统治阶级对民间盲说书人的利用，也客观上确立了盲说书人的主体地位。现存清代鼓词开篇经常可见“青云杳杳紫云现，×皇爷登金殿。十二台官造鉴书，选出一部×××”的唱词，因此，不能排除统治者组织朝廷官员和文人编写说唱文学作品的可能性。

清代中后期，一些民间书坊出于盈利目的，邀请下层文人在民间艺人“秘本”和小说的基础上进行改编，刻印了大量鼓词。这类坊刻本是上海各书局石印袖珍本鼓词的主要来源。例如，《绣像天门阵鼓词》结尾说：“吕洞宾再摆一座天门阵，穆桂英二打天门称英强。众明公若是待买下册看，高密县南关去找德盛堂。”[②] 可见石印本《绣像天门阵鼓词》源自“高密德盛堂”刻本，在改为石印时，仍保留了原来的广告词。《绣像杨金花争帅印鼓词》结尾说：“这就是金花夺印一部书，下接着文广征南大交锋。说到这里住下罢，若要听文盛堂里去化（花）铜。”[③] 同样可以看出该石印本是在文盛堂刻本基础上形成的。

除了搜集、翻印北方坊刻本外，聘请文人撰写或者直接在小说的基础上进行改编，也是上海石印本鼓词的来源。上海校经山房书局民国七年（1918）《绘图新编鼓词八剑七侠十六义》序云：

《八剑七侠十六义》一书，久已流传海内，然长篇白话演讲甚难。近时鼓词盛行，齐鲁而北每于稠人广众之中或棚豆桑麻之后，频敲皮鼓演

① （明）吕坤：《实政录》，《吕坤全集》（中），中华书局2017年版，第1126—1127页。
② 《绣像天门阵鼓词》卷4，上海江东茂记书庄宣统庚戌（1910）石印本，第12页。
③ 《绣像杨金花争帅印鼓词》卷4，上海江东茂记书局民国元年（1912）石印本，第9页。

唱古今通俗演义，场莫兹为盛。兹以改为鼓词，其裁剪处足令元神不散、条理分明。已刊行世，特畀数语以作弁言。①

该鼓词版权页署“膠州傅幼圃编撰”。据山西大学李豫教授考证，傅幼圃名蓝坡（一作“兰波”），山东胶州人，“曾被上海江东茂记书局、上海校经山房成记、上海大成书局、上海书局等聘请为鼓词的改编者和撰稿人”。② 上海校经山房书局民国五年（1916）石印本《前后说唐鼓词全传》序云：

现校经主人特将《前后说唐全传》，延请小说大家歙县唐在田老先生就其原文编成鼓词。③

唐在田，歙县人，生平事迹不详，他曾为上海校经山房书局改编出版《前后说唐鼓词全传》《水浒说唱鼓词全传》《宣统复辟梦鼓词》《绘图新编永庆升平说唱鼓词》等。总之，清末民国时期上海各书局出于商业目的大量刊印鼓词唱本，保留了传统民间说唱文学的珍贵资料，这些鼓词刊本曾经流入陕北民间，成为盲说书人师徒传授和背诵的底本。

陕北盲说书人师徒间“过书”所使用的底本，除了鼓词外，还包括宝卷和白话小说。2008 年 5 月，笔者在定边一位说书人家中见到两种宝卷抄本，分别是《世登三贤宝卷》和《烙碗记宝卷》，均为光绪抄本。据这位说书人介绍，他的祖父和父亲都是盲说书人，这些宝卷是祖父和父亲学艺的底本，并且他演唱的《烙碗记》出自《烙碗记宝卷》。至于盲说书人使用白话小说学书的例子，吴锡忠说：

现在记性不行了，以前人家给我念一遍，我倒能说了。我给你们录那《杨金花争印》，那就书本本上念的。那年我出门，晚上盛在人家家里，人家识字了，拿那么一本书给我过了一遍，实际是小说本，我把它又剁成句子，就照上说了。④

---

① 《绘图新编鼓词八剑七侠十六义》，上海校经山房书局民国七年（1918）石印本。

② 李豫等：《中国鼓词总目·代前言》，山西古籍出版社 2006 年版，第 33 页。

③ 《前后说唐鼓词全传》，上海校经山房书局民国五年（1916）石印本。

④ 吴锡忠口述，孙宏亮采访，子洲县葛兰畔村，2017 年 9 月 28 日。

延川县盲说书人白志亮的师傅曾照着白话小说给他教书，但他感到小说不押韵，唱起来不顺口：

> 《双头马》我说不完满，那阵我寻了个师傅，他说的散文，他给我说了两回，说了两回以后，我自个编着说，不得顺口，不押韵，没人家编下的顺口。①

“过书”是盲说书人学艺的第一个阶段，通常与练习弹奏三弦同步。经过一段时间学习，年轻的徒弟记住若干短篇和一两本传统长篇书目的书词，并掌握了三弦基本的弹奏技巧。他开始抱起三弦，绑上甩板演唱了。尽管大部分盲说书人从小听着说书长大，早已谙熟说书的调子，但他并不能立刻把自己背会的书词变成演唱，他仍需要师傅的点拨：

> 旧以前，师傅教徒弟，教一段时间给你开讲了。开讲就是把书词教会了，背熟了，则教你怎样用了，这就叫开讲。说书有门道，比如你嗓音高低，跟三弦融合不融合，跟乐器配上配不上，师傅不给你点拨，你就掌握不了这个技巧。现在很多眼看得见的说书人，没经过师傅点拨，说起书来咋喊死声地怪叫唤，把嗓子都挣坏了。②

根据高新荣的叙述，开讲是盲说书人学艺过程中一个关键环节。这个环节经常被忽略，连一些盲说书人也认为只要有了书词自己就能演唱了，调子不用学，与生俱来都会。其实，正所谓外行看热闹，内行听门道，说书表演并非如我们想象的那样简单，同一句书词即使使用相同的曲调，不同说书人演唱出来的声音效果有差异，表现出的内在韵味各不相同。这种微妙的演唱技巧，需要师傅经验性的点拨，否则，初学者很难领会和掌握。因此，开讲是陕北说书秘传性的体现，是否经历过这个环节或者师傅是否毫不保留地将自己的经验传授给徒弟，对于盲说书人日后的表演至关重要。

开讲的环节分散而漫长，徒弟每天勤学苦练，师傅会在一旁耐心指导和

① 白志亮口述，曹伯植、孙宏亮采访，延川县寺村，2006年5月10日。

② 高新荣口述，郜冬萍、孙宏亮采访，米脂县城，2018年4月19日。

示范，不时纠正徒弟的一些错误。通过这种反复练习，徒弟逐渐掌握了发声的技巧，演唱的调口、节奏开始与三弦融合、和谐，并准确把握书词情感内容喜怒哀乐的变化。到这时，徒弟才真正拥有了师傅的风格。我们也不难想象，一些徒弟会得到师傅的真传，他的演唱与师傅十分相似，令人难以分辨。

年轻的徒弟的学艺生涯还没有结束，他接着跟随师傅去农村庙会和村民家中演出，经常坐在一旁聆听师傅的演唱，并有机会代替师傅演唱开场书帽和小段，他很快便发现了其中的窍门。下面是关意宁博士对鲁峰的采访：

> 关：那时候怎么个学法，他一句一句教啊？
>
> 鲁：哎，我一开始跟头前那个师傅，他那时候就是念个一趟趟，那就是背嘛。跟后面这个师傅，我就已经开始开了窍了……你比如说，（他）坐下开始说上了，我就跟其他听众一样听着了，完了我就能一字一板都不撂，都能跟上了。
>
> 关：这个记忆方式能说出来吗？
>
> 鲁：可以。那时那个记忆方式啊，他说在一个环境里头，描述一个山山水水，基本上大同小异着了，这本书跟那本书都是一样着了，这个东西不用含含糊糊记了。吃饭、打扮……这个我们叫“套套”，叫“书套”，这本书可以了往那本书上套，那本书可以了往这本书上套……①

与前一阶段不同，年轻的徒弟不再死记硬背，他发现师傅的演唱中有许多似曾相识的唱段，这些唱段储藏在他的脑海中，跟他自己曾经背诵的内容“大同小异”，它们可以套用在新的故事的演唱中。

书套相当于口头诗学的“主题与典型场景”（theme or typical scene），是陕北说书传承的核心要素，它表现为描述特定人物、事件和场景的完整唱段。书套是一个精致而独特的叙事模式，为所有盲说书人所共享，并构成他们唱词的主体部分。一般而言，越是成熟的、经验丰富的盲说书人，在保留书套的完整性和运用书套的灵活性方面，越是表现得高人一筹。同时，书套也体现门派风格，不同门派的盲说书人从师傅那里获得的书套并不完全相同。

---

① 关意宁：《在表演中创造——陕北说书音乐构成模式研究》，博士学位论文，上海音乐学院，2011年，第83页。

通过持续的聆听，年轻的盲说书人进一步熟悉各种书套，感受它在类型化的故事模式中的运用。这时他的注意力开始转移，转向新的故事发生的朝代、主要人物的姓名和情节发展的线索等。他的学艺生涯开始迈向新的阶段。当被问及能演唱多少本书时，子洲县盲说书人封树生回答说：

> 那会儿一学上就不多，能说三五天。到了最后，就成了揣书了。走路吃饭，梳洗打扮，刮风下雨，走街过道，看男看女……这些都是17岁上学的。最后揣的书，人家把关口将名，就跟咱说古朝（按：陕北民间一种讲故事的方式）一样一学（按：hé，叙述），哎——白日我听罢这些古朝，到黑夜抱上琵琶我就上场了，就能说了，就这样学的。尔刻（按：现在）说本本，（我）就说不清楚。反正，那时候进村子还口愿，两个月打不了重本。①

“揣书”是盲说书人自学的主要方式，他可能聆听师傅的演唱，也可能从同行、“说古朝”的老人那里得到故事。通过这种方式，盲说书人把听到的故事与自己熟悉的书套相结合，转化为现场表演。子洲县盲说书人邱满囤说：

> 这都是硬揣的么，只要把关口将名记下，朝代、人名不要错了，你把朝代、人名错了，人家说这瞎说了。关口将名、朝代、人名这最关键，再剩下那过场，嘴巧些了，编那个些；嘴不巧了，则编少些。梳洗打扮、走路吃饭……这就是过场么，硬背了，一段一段学得背会。②

这里所说的“过场”，显然指书套。陕北说书的特点是说唱结合，在说和唱的关系上，说书人的说法并不相同，有“七分唱，三分说”的说法，也有“三分唱，七分说”之说，这种巨大的灵活性为盲说书人现场表演提供了自由。此外，民间还有“说是骨，唱是肉”的说法，可见散文叙述是讲故事的骨干，韵文唱词是铺叙渲染的手段，尤其是用“武调”演唱的唱段经常是盲说书人炫技和增强表演效果的方式，并不会影响故事的完整性。因此，一些

① 封树生口述，韩应莲、孙宏亮等采访，子洲县老君殿镇，2011年11月23日。
② 邱满囤口述，孙宏亮采访，子洲县城，2014年8月18日。

经验丰富的盲说书人会使用自己既有的书套作为唱词，而对于没有书套的内容和情节则选择用散文叙述，这样极大地缓解了现场创编的压力，保证了表演的流畅性。因此，榆阳区盲说书人李发旺说：

一个是故事情节，你就把人（物）、地名，故事情节一掌握，叫些什么名字，地名在哪儿，再说打了、战了、打扮了，一本书说通了，十本书都就这么说法，这个好说。①

与“过书”相比较，“揣书”更充分地体现了陕北说书的口头性（orality）特质。那些自称“两个月打不了重本”的盲说书人，脑海里储存的并非是全部书词，而是由“关口将名”构成的故事框架和书套。并且，一旦拥有一定数量的书套，盲说书人便不会再去死记硬背书词。不仅盲说书人如此，眼睛看得见的识字的说书人同样如此。作为一种实验，笔者曾将打印整齐的鼓词交给一位识字的年轻说书人请他演唱，尽管十分欣赏鼓词中整齐的唱段，但他并未照着鼓词演唱，而是使用了自己熟悉的书套。

以上，我们描述了盲说书人学艺的过程和一般模式。调查发现，陕北盲说书人跟随师傅学艺的时间悬殊，从20天到3年不等。有的盲说书人只拜过一位师傅，有的盲说书人则跟随几位师傅学艺。这与他们日后所取得的成就和知名度之间并无必然联系。著名陕北盲说书人韩起祥、张俊功跟随师傅学艺的时间都不长，天赋、机遇以及更多复杂因素都将影响盲说书人的行艺和生活道路。但是，那些依靠勤学苦练，从师傅口中或者书本上得到大量整齐而文雅的书词的盲说书人，更能得到同行普遍的认可和尊敬。

---

① 李发旺口述，孙宏亮采访，榆阳区“盲协”，2015年8月3日。

第四章　行艺（上）：台口与仪式

台口，是指盲说书人受到事主（请书的村民）或会社组织者的邀请而前往表演的场域。笔者使用这一概念源自两位盲说书人之间简单的问答：

（问）张师，你七月十五的台口写下了没？

（答）写在鸿门寺了。①

发问者要表达的意思是——你七月十五那天的活定下来没有？而接下来肯定性的回答进一步确定了表演的空间。因此，台口指向特定时空中的表演事件（event），它不仅与盲说书人的生存息息相关，而且构成了盲说书人表演的基本语境。

民间活态的陕北说书依附于宗教信仰仪式而存在，分为“家书”和“会书”。作为台口的表现形式，这两种形态的场景和仪式层面既有相同之处，又具有差异性。对于生活在传统中的每位盲说书人来说，台口的稳定性和变动性是共存的，在很大程度上取决于地缘人际关系和其他一些复杂的因素。通常情况下，盲说书人居住的村落和临近村落是他较稳定的地盘，也是他背负三弦（或琵琶）流动的主要空间。然而随着时间的流逝，这一切正在发生变化。

① 写：写戏，陕北农村庙会、还口愿、祝寿等活动时，提前预约说书、道情等民间艺人到场表演，称为写戏。

一　“家书”

“家书”，亦称“个人书”“私人说书”，是指个体村民家庭举行的信仰和民俗活动中的说书表演。按目的不同，陕北农村传统“家书”分为口愿书、平安书和暖窑书3类。

（一）口愿书

顾名思义，口愿书是指以还愿、报答神恩为目的的说书表演。口愿书的表演场所一般是在事主（还愿的村民）居住的窑洞院落中，也有在本村村庙中表演的，这取决于事主许愿的场所。陕北农村村民向神灵许愿的方式十分简单，既可在村庙神像前跪拜，也可在家中焚香默念，祈祷神灵的保佑，许愿的事由往往与村民日常生活息息相关。关意宁调查发现：

> 无论是过去还是现在，口愿书都是“家书”的主要形式，特别是在旧时代，交通不便、生活落后的陕北农民普遍过着艰难的生活，说书是他们解决生活困境的一种折中方式。艺人们说，过去农民许愿最多的原因就是为生病的牲畜祈福，……传说中死后称为牛头马面（按：误，牛王爷、马王爷）的“牛员外”和“马员外”在当地人心目中就是管理牲畜的仙官，因为说书的鼻祖与他们相识于微时，且有两位员外偏爱听书的叙述，因此为牲畜消除病患是说书艺人的主要责任。①

笔者调查的情况与此相似，村民许愿的动机确实出自自身关切的现实问题，除牲畜生病、求子或保佑生育平安、家中出现异常事物外，通常还包括庄稼遭灾、动土修建、子女升学等。村民向神灵许愿后，在接下来的农闲时节，便会邀请盲说书人说书还愿。

在事主家中表演的口愿书，通常包括以下环节和仪式程序：

---

① 关意宁：《在表演中创造——陕北说书音乐构成模式研究》，博士学位论文，上海音乐学院，2011年，第182页。

设坛 是仪式开始前的准备性环节，主要是制作牌位和神签。盲说书人用黄纸折叠两个上三角形、下长方形的牌位（宽约5厘米，长约20厘米），用白麻纸折一个同样形状大小的牌位，并请识字人写牌位，在黄纸上分别写“俸请××主神之神位”“俸请一切过往诸神之神位”，麻纸上写“俸请×门三代之灵位”（×即事主姓氏），“俸请”二字写在上边，分左右写，其余字置中间，竖写。接着，盲说书人剪制神签，将黄纸和白麻纸折叠，剪成长条状花纹。事主准备两个木斗（也可用碗代替）和一个水碗，斗内盛小米或玉米、高粱米等（忌用麻子、黑豆），即俗称“插香米”。将写好的牌位用秫秸夹住，分别插在木斗内，再将神签用秫秸挑起，插在牌位两侧（称作“黄签”和“长签”）。最后，事主将牌位、水碗和事先备好的献供（红枣、苹果、饼干、烟、酒等）等放入盘内，摆放在桌子或小板凳上，并点着香，插在牌位前。

神签的裁剪工序相对复杂，不同地域和门派的盲说书人制作的神签花样也不尽相同。著名陕北说书人韩起祥第一次出门行艺，因不会剪神签，曾被吝啬的事主扣工钱。然而，刘忠元的情况正好与之相反，他凭借剪长签打消了村民的怀疑，顺利得到台口：

> 我第一回出师说书走到一个村，叫高万家河。那个村有我一个姑姑，第一晚上说书还口愿，农村风俗剪长签敬神，我剪的时候，村里来了一群听书老汉。我那时长得也低，他们一看说：“唉，那能说了书?”剪长签我跟上师傅也就学通了，我把坛往起来一扎，他们一看说：“咦，这娃剪这（长签）还和老书匠剪下的一样，这娃还学得可以……”我在那个村一连说了16场，16个晚上。①

打醋坛 设坛后，有时还要“打醋坛”。事主将白醋浇在烧红的铁铲或炭块上，边走边浇，快速绕行窑洞和院落一周。民间传说姜子牙被封作“醋坛神”，“打醋坛”与此传说有关。同时，蒸发出的气体也可起到驱散瘟邪、清洁环境的作用。接下来，事主在盲说书人的指引下分别在院门口、屋檐、屋

① 刘忠元讲述，延安七里铺，2016年7月21日。

门、灶前、屋内点香并跪拜门神、土神、灶神和财神。

请神　即奉请诸神临坛。请神仪式一般在院落中举行，事主将牌位、神签等摆放整齐，盲说书人双膝下跪或站立在神坛前开始演唱请神段——这取决于盲说书人手持的是三弦还是琵琶。民间传说琵琶为三皇所创，被封为乐器之王，因此盲说书人怀抱琵琶请神不必下跪，弹三弦请神则必须下跪。

请神的唱段来自师傅的亲授，具有明显的门派差异。请神最显著的特点是用“闭口诀”，即说书人口中念念有词，声音急促而连续，可闻其声而不知其所云。在此过程中，三弦通常不弹曲调，只伴节奏。但在绥德、子洲、靖边等县的一些农村，请神有专用的曲调，称作“山东调”。关意宁认为：

> 从“山东调”的旋律形态可以看出，这个曲调属于典型的念诵调，音区偏低，音域较窄，旋律起伏很小，节奏也非常简单。在实际的演唱中，三弦伴奏的声音非常大，而唱诵的声音则非常小，几乎不可闻。①

请神延续5—10分钟，在此过程中，事主跪在神坛前，并依照盲说书人的指令不断焚纸、奠酒。在米脂、子洲等县农村，“家书”也可在事主居住的窑洞内请神，有的盲说书人还将写在红布上的神单供在灶前，依次参请诸神及其眷属。请神仪式结束，盲说书人磕头站起身，稍作歇息，便正式开场演唱书文。

参神　陕北说书基本的表演单位是“场”（绥德、子洲等地亦称作“弯”，相当于长篇小说的“回”），一场书约连续演唱1—3小时。参神是每场书开场前举行的仪式，事主将牌位、神签、献供等移入自家居住的窑洞，摆放在老式木柜或者灶台之上，盲说书人面对围坐在炕栏上的听众，拨动三弦开始演唱。参神的内容，通常由4部分构成：

> （1）开场套语。例如：“丝弦一响震天堂，参天参地参五方。香焚在炉中蜡点在台，满堂的诸神我们参起来。”

---

① 关意宁：《在表演中创造——陕北说书音乐构成模式研究》，博士学位论文，上海音乐学院，2011年，第192页。

(2) 缘起，通常唱“这也不是初一的香十五的灯，这是弟子×××（事主姓名）还愿心”，接着叙述事主许愿的事由。

(3) 主体部分，从“上参玉主凌霄殿，金童玉女两边分”开始，按照神灵高低大小或东西南北的顺序，依次演唱。之后，“家书”还要增加参灵的唱段，通常唱“先参神，后参灵，参起×（事主姓氏）门三代宗。请你请在酆都城，参你参在米粮川。虽然没有神灵位，随上诸神受香灯……”在此过程中，事主仍需焚烧香纸、奠酒。

(4) 嘱神，即“送吉庆”，赞颂事主敬神的功德。

参神仪式后，盲说书人并不急于转向长篇正本的演唱，而是接着演唱1—2个小段。这类小段通常表现为诗文（书帽）和短篇故事，由整齐的韵文构成，例如《二十点将》《珍珠倒卷帘》《十不亲》《酒色财气》《韩湘子拜寿》《包公夸桑》《小两口抬水》等。小段之后，说书人开始演唱长篇“正本”书。

安神　每场书结束前还须安神。安神唱词通常较简略。例如：

唤过事主诚心人，
焚香奠酒安神灵。
把大神小神都安定，
香烟起来把坛围紧。
歇歇缓缓几分钟，
弟子坛前再把神敬。

——鲁峰演唱，横山县鲁家河村，2008

参神和安神是隶属于每个表演单位“场”的仪式，因此，演唱几场就要有几次参神和安神仪式。口愿书演唱的场次取决于事主许愿时对神灵的许诺，即许几场就唱几场。

送神　送神与请神相对应，是“家书”最后举行的仪式，其方式与请神大致相同，盲说书人跪在神坛前用“闭口诀”演唱，恭送诸神。最后，撤去供品，焚烧神牌、神签，本次口愿书即告结束。

口愿书也可在村庙中举行，这取决于事主当初许愿的场所，即“在家里许的在家里还，许在庙里就在庙里还”①。除了不需设坛外，在庙里还口愿的仪式程序与在家里还口愿基本相同。下面通过一个实例，简要分析。

实例一：张妈家的口愿书

时间：2016年5月17日（农历四月十一）

地点：子洲县三川口镇驼巷村关圣帝君庙

事主：张妈

盲说书人：曹生高

采访者：孙宏亮

仪式和表演过程：

（1）13时许，张妈准备香、纸、酒、献供等仪式物品。

（2）13：40曹生高、张妈将香、纸、献供等端进位于村口的关圣帝君庙，把献供供在神像前，张妈点香，焚纸，说书人定准三弦，准备请神。

（3）13：52请神，曹生高、张妈分别跪在神殿门口和神像前，曹生高拨动三弦开始请神。在此过程中，张妈站起来，敲响挂在神殿门口的神钟。

（4）14：05曹生高坐在庙前铺着红布的桌子前，开始参神，演唱小段和正本。正本演唱书目为《巧连珠》。

（5）15：38安神，第一场书结束，休息。

（6）16：50参神，演唱第二场书。

（7）18：00安神，第二场书结束，曹生高回到张妈家中休息、吃晚饭。

（8）19：40说书人、张妈来到庙里，点香焚表，参神，接着演唱。

（9）21：10安神，第三场书结束。

---

① 李维俊口述，孙宏亮采访，子洲县李孝河村，2015年7月31日。

（10）21：15 送神。

本次口愿书的一些细节：

本次口愿书的事主张妈，65 岁，普通村民。20 年前，丈夫被塌陷的砖窑砸伤，不幸去世。张妈中年守寡，抚养一个儿子和一个女儿。儿女成家后都离开农村，在城里打工，平时家中只有张妈一人。这位空巢老人牵挂着儿孙。两年前，孙女考大学，张妈独自在村庙里“咕囔”，向神灵许愿，祈祷神灵保佑。这件事张妈并未向儿子和儿媳提起，随着时间推移，这成了她的一块心病。前些天，她托人给曹生高打电话，邀请他说书还愿。

用村民的话来说，张妈是村里的“爱好人”。她居住在一处三孔窑洞的院落里，窑洞内外收拾得十分整洁，一尘不染。仪式开始前，张妈不停地忙碌着，用新开袋的面粉和面，炸成小饼干状的献供，盛在两个白色碟子里，和酒瓶一起摆放在托盘上。从她又尖又高的语音中，笔者听得出来她老家应是绥德县，年轻时出嫁到了子洲。

驼巷村村头并排有两座村庙，一座关圣帝君庙，一座龙王庙，相隔不足 10 米。张妈家离村庙很近，约 50 米，并且张妈当初许愿是在关圣帝君庙中，因此，这次口愿书选择在关圣帝君庙中举行。但在请神仪式开始前，张妈仍到隔壁土地庙中焚香跪拜。

在庙里还口愿，可借用庙里的神位和香炉，因此不需设坛。曹生高只用白麻纸折叠了一个牌位，请笔者代笔，写上“奉请张门三代宗祖之位”，并将牌位插在装着小米的不锈钢盆中，和香纸、献供、酒等一同端进庙中，摆放在靠近庙门的左侧角落里。在制作牌位时，张妈将裁剪好的一叠白麻纸拿在院子里，用特制的模具和木棍在上面打出几排铜钱状印痕，这个制作纸钱的工序，陕北民间俗称“打纸洞”，笔者是第一次亲眼所见。

本次口愿书共演唱 3 场，正本《巧连珠》是应笔者之请演唱的。这个传统书目已被大多数当代说书人所遗忘，只有曹生高会说，他演唱了这个书目的前半部分。除了开始的请神和最后的送神外，每场都有参神和安神的唱段，演唱时间统计如下：

表 4－1　　张妈家的口愿书仪式演唱时间统计

	场一	场二	场三
参神	11′20″	2′08″	4′10″
安神	1′03″	0′27″	0′19″

从中可看出，除了场一外，其余场次仪式唱段演唱时长相对均衡，变化不大。并且每场书开场参神都从 4 句程式化唱词开始：

满把黄香炉中焚，
请过斟茶奠酒人。
丝弦响起神赴会，
参动满堂众诸神。

但接下来的缘起、主体部分和嘱神的详略各不相同。其中，场二因与场一间隔很短暂，省略了缘起、主体部分和嘱神的内容，在 4 句程式化唱词后，接着唱：

合堂诸神赴了会，
上香弟子酬报神恩。
各位听书明公都坐稳，
稳稳坐下慢慢听，
表上一首诗句供诸神。

但是，在该场结束前的安神唱段中，说书人再次简要叙述了事主许愿缘起，并“送吉庆”嘱咐神灵保佑敬神之人。

最后，本次口愿书虽然在村庙中举行，前来听书的村民却很少，大部分时间里，只有事主张妈和笔者两人。第二场表演临近结束时（约 17：30），陆续来了 5 名村民，其中一位妇女抱着小孩。他们坐在两侧，安静地听书。据了解，驼巷村常住人口约 60 人，因为是春耕时节，村民们都在山地里忙农活，这恐怕是听书人数少的原因。笔者亲眼目睹一位老年村民扛着犁和镢头从庙旁经过，微笑着朝里边张望了一阵，便匆匆离开了。然而，晚饭后，除了会长赶来锁庙门外，仍没有村民前来听书。与20世纪80—90年代相比，村民听书的热情已不可同日而语了。

（二）平安书

平安书的仪式场所是在村民家中，与口愿书的区别仅在于事主（请书的村民）事先是否向神灵许愿。平安书的事主尽管未向神灵许愿，然而，在娱乐形式极度困乏的僻远农村，邻居家说口愿书时，热心的村民闻风而至，围坐在炕头上听书，他们很容易被表演的场面所感染。表演结束，他们便主动邀请盲说书人接着去自己家中表演。然而，村民请书的动机也并非是为了纯粹的娱乐，因为在传统观念中，说书是敬神的方式，请书的村民同样得到神灵的保佑，并获得心理的满足。这种出于敬神、祈保平安目的的“家书”即平安书，它是陕北盲说书人“家书”台口的主要构成。20世纪70年代末至80年代，盲说书人每至一村，村民挨家挨户请说平安书，可连续演唱1—2个月。正因为如此，个别研究者倾向于把广义的平安书视为“仪式性质的陕北说书”的总称。

在表演环节和仪式程序上，平安书与口愿书并无明显区别。唯一不同的是，在请神、参神的缘起部分，盲说书人需要做出适当调整，将“这是弟子×××（事主姓名）还愿心”改为“这是×××敬神一片心”一类的书词，并且省去“收愿灵童收得清，报愿灵童报分明”的程式化唱句。

关意宁认为口愿书和平安书两种仪式的事主群体有着明显的不同：

> 口愿书的事主由于遇到生活上的困难，许愿说书是出于无奈；而平安书的事主更多的是出于自愿。因此，据艺人们介绍，过去请平安书的主家都是村里的富户，一请书就是连请三天，虽然是祈求平安的仪式，也透着显示家境富足的自满夸耀心理。①

① 关意宁：《在表演中创造——陕北说书音乐构成模式研究》，博士学位论文，上海音乐学院，2011年，第183页。

其实，陕北人对神灵心存敬畏，许愿而不还愿被认为是失信于神灵的行为，是要遭到神灵惩罚的。因此许愿者都会尽力请书还愿。个别村民确因家庭经济原因无力还愿时，全村村民亦乐于助其还愿。子洲县说书人李维俊说：

庄里有庄规，比方说我给庙里许下三天书，我还不起了，把庄里的人请来，在家里吃一顿饭。这三天书就撂在庄里了，则就一道庄里说了。①

替还口愿并不表现为简单的资助，而是由村民集体出资邀请盲说书人表演，替许愿者还愿。这条习俗以庄规的形式出现，说明它具有一定约束力。

平安书在绥德、子洲、横山等地农村十分盛行，2000 年以后，平安书已十分罕见了。笔者在采访中，并未见到盲说书人演唱平安书。至于关意宁在论文中描述的 2009 年绥德县西雁沟村“玲妈家”的平安书，其实是口愿书。因为此次请书的事由是“儿子要娶妻”，并且玲妈的丈夫事先拈香默念，向神灵许愿说：“今年家中要办喜事，房屋需要修建，希望神灵保佑一切顺利，等书匠来村里的时候在庙上请说书还神（按：当为愿）。”② 因此，不能把祈求平安和顺为目的的说书都看作是平安书。作为“家书”的两种主要类别，口愿书和平安书还是有区别的。

（三）暖窑书

暖窑是陕北民间庆贺乔迁之喜的传统风俗。“新窑挖成，迁居时，亲朋至友及合村之人都要携礼前来祝贺，故称。”③ 暖窑书，即指事主暖窑时请说书人前来表演的说书，目的主要是助兴，红火热闹。但是，民间观念认为暖窑要敬奉土神、灶神，因此，暖窑书也需设坛请神，从而有了仪式性表演的特点。

暖窑书多在晚上进行，通常连续演唱 1—2 场。除了请神外，每场须参

① 李维俊口述，孙宏亮采访，子洲县李孝河村，2015 年 7 月 31 日。

② 关意宁：《在表演中创造——陕北说书音乐构成模式研究》，博士学位论文，上海音乐学院，2011 年，第 184 页。

③ 袁明仁等编：《三秦历史文化辞典》，陕西人民教育出版社 1992 年版，第 758 页。

神、安神，但较为简略。陕北农村喜欢坐炕，家里来了贵客便请炕上坐。暖窑书多在事主家新窑土炕上演唱，说书人面前摆放炕桌，两旁围坐着前来祝贺的亲朋，边听书边嗑着瓜子，场面显得轻松愉悦。

综上，“家书”是陕北民间说书的主体形态之一，也是盲说书人表演的主要台口。中华人民共和国成立前，盲说书人表演“家书”的酬劳就是插牌位和神签的“插香米”，而且盲说书人有不成文的规矩：“敬神后的一升米、一斗米都要书匠带走。”① 所以，仪式结束后，事主便把方斗内的谷物装入盲说书人的口袋由其带走。今天，这种方式已被现金所取代，盲说书人表演一次“家书”大约可得到50—300元，这主要取决于事主家庭经济状况和意愿，并没有稳定的行情。

二 “会书”

“会书”，是指在会社组织的集体性信仰仪式活动中举行的说书表演。会社的组织者称为“会长”“纠首”等，除了以村为单位外，会社活动亦可联合多村举办。民国《横山县志》载：

> 会社，为民间自由结合，以祈祷农岁丰稔为目的。每岁届期，恒斋戒清洁，集僧拜忏，社必联合多村，轮流铺坛，歌舞喧天，备极繁盛。如牛王会期为上元日，清醮会则二月二日，邑中类此团体者，正非少数也。②

会社作为自由结合的信仰共同体，在陕北农村仪式活动中扮演着重要的角色。据调查，中华人民共和国成立前陕北绥德、子洲、横山等地农村都有会社一类组织存在。在当代村民的意识中，会社的观念已变得十分淡薄，但每个村仍有由男性担任的庙会会长，除了日常打扫寺庙、点灯上香外，会长主要负责募捐修建寺庙、举办会事等事务。

---

① 冯丽娜：《盲人说书的调查与研究》，中国文史出版社2013年版，第175页。

② 民国《横山县志》，台湾成文出版社有限公司1969年影印本，第281—282页。

依据仪式场所不同，陕北农村“会书”可分为庙会书、醮会书和社书三类。

（一）庙会书

庙会书是“会书”最主要的形式，仪式场所是城乡庙会。

陕北现存最早的石窟寺可追溯到北朝时期。隋唐时期，受佛教传播的影响，陕北地区开始建寺修庙。民国《安塞县志》载：“香林寺在洛河川，距县一百二十里，唐开元二年建。”① 民国《横山县志》载：“古雷音寺，在波罗堡东五龙山，殿阁峥嵘，高接云霄，建于唐代。”② 宋代政治中心南移，延安、榆林沦为边防重镇，这时期成为陕北佛教发展的第一个高峰。据统计，陕北现存石窟有一半开凿于宋代，且分布极广，著名的有子长钟山石窟、延安清凉山万佛洞等。③ 明清时期，陕北战乱频发，自然灾害严重，兵燹与饥馑加剧了民众的苦难，严重威胁着陕北人的生命，造成百姓巨大的心理恐惧，广大民众只能寄希望于神灵的保佑，从宗教信仰中获得生活的勇气。这一时期陕北民间宗教活动炽盛，城乡大兴修庙建寺之风。《延绥镇志》卷二载：

> 城隍庙，在榆林卫街，镇城各营、堡俱有。岁清明、中元、下元迎祭于历坛；八腊庙，在榆林桥南，岁以秋祀之；上帝庙，在镇城大街正中，后有玉皇阁；大马神庙，在镇城东南山岭；小马神庙，在察院西北，各营、堡俱祀。④

民国初年，仅榆林城东山就有庵观寺庙 51 处，以关帝庙为中心的寺院群南连香云寺、圆觉寺，北接戴兴寺、共济寺，俗称“四寺夹一庙，云天出红霞”，为著名的榆林八景之一。广大农村地区观音庙、娘娘庙、关帝庙、龙王庙等小型寺庙更是星罗棋布，多不胜数。20 世纪 60 年代，陕北农村寺庙被毁。改革开放后，随着物质生活富裕，农村寺庙又得以恢复和重建。据李贵

① 民国《安塞县志》，《中国地方志集成·陕西府县志辑》，第 42 册，凤凰出版社 2007 年影印本，第 195 页。

② 民国《横山县志》，台湾成文出版社有限公司 1969 年影印本，第 122 页。

③ 常凯华：《陕北佛教石窟研究》，硕士学位论文，陕西师范大学，2013 年，第 7 页。

④ 刘汉腾、纪玉莲：《延绥镇志校注》，三秦出版社 2006 年版，第 68 页。

龙统计，“绥德县境内有1200多座庙宇，平均每个村就有两座庙”[①]。这一数据与笔者调查佳县、米脂、子洲、横山等县基本一致。

出于宗教目的修建的寺庙，除了接受民众的膜拜外，每年都举办庙会。庙会不仅是宗教仪式活动场所，也为村民文化娱乐提供了空间。与香火鼎盛的大型庙会相比，一些农村小型庙会因人口少、财力有限，无力邀请剧团唱戏，只能邀请盲说书人说书，这类庙会是盲说书人表演的台口。

受气候因素的影响，陕北农村庙会大多集中在农历二月至八月间举行，有“死日子”（固定日期）和“活日子”之分。会期一般为3天，起会当日称作“挂灯”，第二天为“正日子”，各种仪式和娱乐表演主要集中在这一天，第三天仪式和娱乐表演完成后，庙会结束。

实例二：王家山佛祖庙的“会书”

时间：2015年8月31日—9月1日（农历七月十八至十九）

地点：子洲县怀宁湾镇王家山佛祖庙

盲说书人：邱满囤

采访者：孙宏亮

仪式和表演过程：

8月31日

（1）10：15请神，邱满囤背着琵琶，在两位会长的带领下步行到村庙一侧的山顶上请神。10：30会长抱着牌位，3人返回村庙。

（2）10：40参神，开始演唱，正本是《丝绒记》。演唱至38分钟，突然断了一根琵琶弦，说书人即兴演唱：“李世龙把白顺青拉出门，书说这儿住一住。一根弦中间有圪塍，三根弦弹上不跟音，弦挽定给咱们再倒腾。”中断约2分钟，弦挽好后重新定弦，接着演唱。

（3）13：04结束套语：“书有关口将有名，书说到此要搁本。唤过会长上长香，年年月月保安康。上午神事完了工，书说这儿结完定。一

① 李贵龙：《圣洁与凡俗同在的文化空间——绥德庙会文化述略》，绥德黄土文化研究会编《文化绥德》（内部刊物）2013年第1期。

切闲言撂在空，到了下午再理论。”第一场表演结束，中午休息，午饭。

（4）15：10 参神，开场演唱。

（5）16：35 结束套语：“书说此处要搁本，对不起各位众乡亲。乡亲们回家把饭用，回家什么便易吃什么，点鸡蛋，拌疙瘩，吃了你们再来听。书说这儿算完成，收了丝弦音住定。”该场表演结束。

（6）18：03 参神，开始演唱第三场。

（7）20：10《丝绒记》全本演唱完。接着唱：“乱七八糟说不成，歪歪好好给大家团圆定。抖不了诗论不了文，这个书文难说得很。歪歪好好不要议论，今夜晚神事完了工。祝你们大家回家中，回家带上个活财神。顺顺利利回家转，今夜晚神事则结完。”

9 月 1 日

（1）10：30 参神，开正本，演唱《呼延庆打擂》。

（2）12：40 结束套语：“书说此处停一停，书说此处住住本。人换精神弦换音，歇一会起来再倒腾。”第四场表演结束，午休。

（3）15：10 参神，接着演唱《呼延庆打擂》。

（4）17：15 结束。演唱“吉庆话”：“书说这儿住住音，两天神事完了工。唤过会长上长香，年年月月保安康。保佑你们腰不疼腿不困，耳不聋眼又尖，一辈子不要你们受可怜，年年月月长顺利，挣钱好像长流水，荣华富贵万万年。今年神事算完成，收了丝弦住了音。”

（5）17：20 送神。本次“会书”结束。

本次庙会书的一些细节：

（1）村和村庙

王家山村位于子洲县南部，距离县城约 20 千米，属怀宁湾镇。王家山是邱满囤妻子的娘家，他妻子的哥哥住在离村庙不远处的一个窑洞院落里，凭着这层人际关系，邱满囤一直保持着这个“会书”台口，并且在庙会表演期间，邱满囤吃住都在他妻哥的家中。据笔者了解，王家山约有 70 户村民，分散地居住在村路两旁的山坡上。然而，前来庙会听书的村民却始终保持在 10 人左右，并且大部分是老人和妇女。一位张姓会长的话耐人寻味：“都进城打工去了，前村盛（按：居住）个憨憨，中间盛个队干（部），后头盛两个老汉，没人听书了，庙会迟早办不下去。”

佛祖庙位于王家山村口几棵大树下，庙门前两棵大树中间悬挂着一条横幅，上写“保佑平安”4个大字。庙内残存《佛祖庙重建碑记》一通，上部字迹清晰，底部风化，模糊不清。据碑记可知，该庙始建于元末明初，20世纪60年代庙宇神像被毁。现存神殿重建于1986年春，有三孔砖窑，正殿供奉佛祖、菩萨、神像三尊，侧殿分别供奉黄龙大王、黑龙大王和关帝圣君。据会长说：“庙原来在山顶上，砖瓦拉不上去，请下来重建的。”这也是庙会开始前会长和说书人上山请神的原因。

佛祖庙庙会的“正日子”是农历七月十八，起会“挂灯”本应在前一天下午举行。邱满囤家住红旗梁村，离王家山约25千米，每天清晨6点左右有一趟村村通班车经过，他前一天未能赶上班车，只好一个人背着琵琶，拄着木棍步行前来，走到王家山天色已晚，所以将仪式推到第二天举行，会期也由三天缩短至两天。

（2）仪式和演唱

本次“会书”演唱5场，正本是《丝绒记》和《呼延庆打擂》。盲说书人坐在庙院侧面石碑前演唱，听书的村民围坐在两边。每场开场先参神，接着表4句诗文，开始演唱正本。在正本结束后，并没有明显的安神唱段，而是直接结束或者唱几句“吉庆话”。这种情况较为特殊，在笔者的采访中并不多见。这说明不同门派的盲说书人仪式性唱段的书词和演唱长度并不完全相同，仪式程序也存在一定差异。据关意宁调查，绥德县的部分盲说书人“家书”仪式程序为“请神—安神—参神—正本书—吉祥话—送神”，在一些“会书”表演中，盲说书人甚至“仅表演了正本书，而省略了请神、安神、送神的程序”①。邱满囤所居住的怀宁湾镇靠近绥德，1944年前属绥德所辖，据此推断，本次“会书”的仪式程序正反映了绥德一带民间说书的特点。

（二）醮会书

醮会，亦称“打醮”“办道场”，是陕北民间对于水陆法会的俗称。它是

① 关意宁：《在表演中创造——陕北说书音乐构成模式研究》，博士学位论文，上海音乐学院，2011年，第208页。

民间教派利用佛教忏法举行的一种醮仪仪式，以追亡荐福、礼佛娱人为主要目的，大约兴起于明清时期。民国《横山县志》卷三载：

> 邑人信仰是教者有二，即道门、浑元也。道门似多神教，凡神皆礼敬，戒荤腥酒薤，戒女色财气，施放生，乐救济。入是教者咸以“善人”呼之，至有终身割爱，不与妻妾共室者。其总堂设于甘泉，教主命为真人；浑元教专奉如来，教旨与道门相同，唯民愿忏祷者则水陆设醮，持钵诵经祈福耳。①

“浑元教”，当作“混源教”，是明清时期陕北兴起的民间教派。“该教的教义整合了儒释道诸教的经文，突出了人生轮回、善恶相报以及儒家孝道仁爱等主题，在明清时期社会黑暗，民不聊生的社会背景下得以迅速发展，得到广大群众的认可和支持，流传甚广，渗透到陕北民间最边远的乡村社会，形成一个巨大的信众群体。”② 混源教属于白莲教支派，由红阳教演变而来，信奉混源老祖，十分注重举办法会道场。该教至今仍活跃在子洲、横山等县农村，其信徒称作“忌口人”，在一些醮会道场中，我们仍能见到他们持钵诵经的身影。

陕北境内现存的醮会主要分布在榆林市横山区、佳县、子洲、绥德以及延安市子长一带，有以下几种类型：第一类是设斋于村野的祀神法会，这类醮会通常由多村联合举办，规模宏大。例如，横山马坊正月十三牛王会，该会以党岔镇马坊村为中心，共设八大分会。“活动区域包括党岔镇、响水镇、南塔乡、白界乡等 4 个乡镇的 41 个自然村。”③ 第二类是在村庙中举行的醮会，规模有大有小。规模较大的如定仙墕娘娘庙花会，“由绥德、清涧两县六个乡镇近百个村庄组成会社，共同办理会事，其规模可想而知了”④。第三类是设斋于家宅的祭祀法会，即所谓“招僧设醮，诵经追荐忏悔，名作佛

① 民国《横山县志》，台湾成文出版社有限公司 1969 年影印本，第 281 页。

② 呼延胜：《陕北土地上的水陆画研究》，博士学位论文，西安美术学院，2012 年，第 194 页。

③ 郭冰庐：《乡土陕北》，人民出版社 2016 年版，第 156 页。

④ 李贵龙：《圣洁与凡俗同在的文化空间——绥德庙会文化述略》，绥德黄土文化研究会编《文化绥德》（内部刊物），2013 年第 1 期。

事”①。这类醮会今天已不多见，只遗存于横山的一些偏远农村。规模较大的醮会道场，占据仪式和娱乐中心的是民间教派僧侣的诵经仪式及大型秧歌表演，反倒是一些较小规模的醮会，组织者也经常邀请盲说书人前来表演，并付给他们报酬，这类醮会因此成为盲说书人表演的台口。

实例三：王家墕村的醮会书

时间：2018 年 5 月 16—18 日（农历四月初二至初四）

地点：子洲县三川口镇王家墕村保安寺

盲说书人：曹生高

采访者：孙宏亮

仪式和表演过程：

16 日

（1）14：07 请神，曹生高跪在佛殿门口，拨动三弦默唱。

（2）14：12 参神，开正本，正本演唱《五女兴唐传》。

（3）15：09 唱吉庆话，安神，第一场书结束。

17 日

（1）10：39 参神，演唱第二场书，正本仍为《五女兴唐传》。

（2）11：51 第二场书结束。

（3）12：28 “捎书”，演唱 3 个小段。

（4）15：29 参神，演唱第三场。

（5）16：07 第三场书结束。

（6）20：33 参神，演唱第四场。

（7）21：35 安神，回会窑休息。

18 日

（1）10：23 参神，演唱第五场。

（2）11：17 安神，第五场书结束。

---

① 民国《横山县志》，台湾成文出版社有限公司 1969 年影印本，第 280—281 页。

（3）11：30 参神，演唱第六场。

（4）12：27 第六场书结束。

（5）15：30 参神，演唱第七场。

（6）16：20 第七场书结束。

（7）16：30 送神，说书结束。

本次醮会书的相关问题：

（1）王家墕村和醮会传统

王家墕村位于子洲县三川口镇西北，与临近的武家坪、庄果湾为一个行政村，人口约150户，500余人，全村皆武姓。据庙旁广场新立的《王家墕武氏立谱碑记》载："约三百年前，我村武氏始祖武成虎（字在林）与长兄武成龙（字在海），随父母（名不详）来到米邑西八十里地王家墕村，其后，成龙随父移居西保安（今志丹县）一带……故此，我村立武成虎为始祖，至今已历十三代矣。"本次醮会的举办场地保安寺有佛殿、关圣庙各一座，二者仅隔一墙，庙内存碑记4通，其中，清嘉庆十二年（1807）《重修关圣帝君庙碑记》略云："米邑西八十里有村名王家墕，有弟子王建功者□□□□□□年创修关圣庙一座。后又有弟子武成虎者，于乾隆三十□□□□修葺，邑人□香奉火，熙熙攘攘，岂媚神哉，抑奉神以报其功德也。"可知乾隆年间武氏已居王家墕，至今确有300余年了。

王家墕村醮会起始于何时，并无文字记载。据村民说，民国时期王家墕全村信教，都是"忌口人"，醮会一代一代传下来，至少有5代了，并且王家墕醮会道场是"最全的"。本次醮会仪式的八位"忌口人"均为本村人，年龄最长的老师傅武修文，今年82岁。他们不仅在本村醮会持钵诵经，也经常应邀参加其他村的醮会。

（2）关于醮会仪式和所诵经卷

本次醮会由开经、上供、出幡、诵经、扬幡、收幡、诵忏等仪式环节构成，目的是消灾祈福，追亡荐祖，仪式场地分别为佛堂、幡场和供奉地藏王菩萨的神龛前。幡场位于寺庙下方一处空地，幡杆下方插3个黄表纸折叠的牌位。幡场四周栽4根木杆，用细绳围绕，并按方位悬挂写有"东胜神洲"

“西牛贺洲”“南赡部洲”“北俱卢洲”等文字的彩色纸条，代表四大部洲十类孤魂之所在。在出幡、扬幡和收幡环节，村民跟随“忌口人”转幡，据说可消灾免难。供奉地藏王菩萨的神龛位于佛堂右侧，上写“幽冥教主”4字，左右两侧对联为“统司幽府十八层”“释放冤鬼数百万”。据几位“忌口人”师傅说，这里是为本村孤魂忏悔、超度的地方。因此，每次诵经后都要到这里念诵经咒，焚烧纸钱。

开经分小开经、大开经，先讽诵《心经》，接着请佛，唱开经偈，宣唱《悟道双林宝卷》一品，这种仪式过程与明清教派宝卷相似。车锡伦先生举明清教派宝卷“开经”仪式说：“多数民间教派倚称佛教，在宣扬宝卷的法会开始时，要仿照佛教徒唱诵‘功课’，所诵的‘经咒’即《心经》《楞严咒》《十小咒》等。”① 此外，此次醮会仪式中的发愿、回向和忏悔等环节也与明清教派宝卷相似，仍保留了这种仪式。

王家墕醮会中的上供仪式很有讲究，分为办供、迎供、禀供、上供等环节。办供必须由“忌口人”亲自制作，外人不许进入。供品制作好后，整齐地摆放在托盘里，每供24碟。第二天清晨，在唢呐、鼓乐队的引导下，“忌口人”、会长和端供盘的村民进入佛殿，一位年长的“忌口人”跪拜禀供，持钵诵经赞，另外两位“忌口人”虔诚地接过供品，按顺序摆放在供桌上。

本次醮会讽诵的主要经卷是《悟道双林宝卷》和《四册宝忏》。

《悟道双林宝卷》

《中国宝卷总目》未见著录。折装抄本，封面题“万善同归”4字。该宝卷又名《混源悟道心经》，是混源教的主要经典，开篇保留有“民国七年四月吉日晋忻鲁福章沐浴叙”一篇：

> 夫此经是混源老祖道成之后，为度后学众生，留传一部心经，《悟道》《上严》《下严》《破邪》《扫心》《叹世》计数六卷，费尽心苦，非同小可。其中所云者，天地之根原（源），佛祖之命脉，众生之性源，包罗万象，能教人改过向善，能解人一切的苦难忧愁，能使人出苦还源，能救人之生死性命，能度人成仙成佛。余观之宝卷，如暗室明灯，真进

① 车锡伦：《中国宝卷研究》，广西师范大学出版社2009年版，第149页。

道之路径，学道之灵丹，成佛成仙之宝法。余虔心诚意肃抄一部，微表老祖之慈悯，已启后学之善真心，令学者大发精进之功，命闻者大启向善之意，是余不揣鄙陋，学而为序。①

该宝卷保留了明清宝卷的形式：开卷举香赞“焚香进香，灌满十方，诸佛聚会，普现全身”；和佛“南无本师混源当来佛，众和三声”；敬礼三宝“南无尽虚空满世界，化显三宝，过去、现在、未来”。接着，开经偈唱：“洞明十方一切佛法僧，霞光万道度众生，无上真正微妙法，愚痴小人不承当，承当妙法皈家去，同入混源太虚空，悟道心经才展开。”② 正文分八品，有散说、五言和七言、“三三四”十言句以及〔风如松〕〔耍孩儿〕〔兔儿丝〕等小曲。最后，结经唱报恩偈，发愿、随意回向。

《四册宝忏》

折装抄本，《中国宝卷总目》未见著录。据武修文说，该抄本是他的爷爷所抄，距今有100多年了。《四册宝忏》是在收幡后八位“忌口人”围坐念唱的经文，连续念唱约2小时，目的是忏悔，超度孤魂，是整个醮会仪式的高潮。在此过程中，村民跪在供桌前，虔诚地为孤魂祈福，并参与到传花等仪式中。

（3）盲说书人仪式和演唱

从以上描述可看出，在醮会道场中，占据中心的是“忌口人”的仪式行为，除了请神和送神外，盲说书人一直被安排在侧殿关帝庙中演唱，面前蹲坐着几位听书的村民，有时甚至空无一人。与僻远农村的小型庙会相比，醮会只能算盲说书人不充分的台口。尽管如此，曹生高依然弹起三弦，按照固有的仪式程序演唱正本书。

本次醮会书共演唱7场，每场均参神、安神，除了第三场，其余每场均演唱1小时左右。值得注意的是，在17日中午的演唱中出现了“捎书”的现象，这是陕北说书一种特殊的形态，即在庙会或醮会期间，许愿的村民向应邀而来的说书人说明许愿缘起，并支付少量费用（通常为10元），说书人在

① 《悟道双林宝卷》抄本，子洲县王家墕村武修文存。

② 同上书。

参神后加唱 1—2 个小段，就算向神灵还愿，许愿者便不必再请书还愿了。“捎书”在当前陕北农村庙会中很常见，一些大型庙会和醮会的组织者之所以请盲说书人前来，这也是一个重要的原因。

总之，在醮会道场中，盲说书人和民间教派“忌口人”共享仪式和表演的空间，调查所获得的真实场景，不仅为陕北民间“活宝卷”的存在提供了证据，也为盲说书人口头传统和宗教口头传统的关系研究提供了材料。笔者认为，在仪式层面，陕北盲人说书明显受到民间教派宝卷的影响，而陕北民间教派宣唱的多为宗教宝卷，至今并未见到宣唱俗文学宝卷，其原因正在于在宗教信仰仪式场所，盲说书人承担了俗文学故事的演唱。

（三）社书

社书在陕北民间较为罕见，地方曲艺志和研究者也从未提及。关意宁通过对绥德县吴家沟“公鸡会”的实地调查，认为：

> 社书的事主实际上就是全村的村民，一年一度的社书会都要在某个村民家中完成，承办的家庭不固定，采用轮流制，但也并不是每一户都需要负责承办……吴家沟村的大户也就是李、吴、田、马四户，一般社书仪式便是由这几户轮流承办的，但这种任务分派并非绝对，如果某户人家自认为有能力承担仪式活动，都可以申请承办。虽然社书仪式是以一村为单位内所有村民的集体仪式，但也需有固定的组织者，据村民们说这个组织者一般由会长或酒长（按：误，当作“纠长”）担任，所谓的“会”是以村为单位由全体村民组成的非官方组织，会的领导者即是会长或称酒（纠）长。①

社书是在会社举办的集体信仰仪式活动中的说书表演，会社的组织者称为“会长”或“纠长”，因此，社书即会书，二者并无太大的区别。关于“公鸡会”，叶大兵、乌丙安主编的《中国风俗辞典》说：

---

① 关意宁：《在表演中创造——陕北说书音乐构成模式研究》，博士学位论文，上海音乐学院，2011 年，第 196 页。

公鸡会，旧时汉族祭祀风俗。流行于陕西横山县，夏历二月初一下午，各户把所有公鸡提到龙王庙，派人看守。初二日，将黄表纸预先铺在磨扇上，五更天，伴随第一声鸡叫，将铜钱模型印打在纸上，称“龙眼纸”，认为下冰雹时，烧化此纸，冰雹即停。①

可见，“公鸡会”是陕北民间一种神秘的祭祀仪式。其中，打“龙眼纸”的时间十分严格，必须等公鸡扇动翅膀，发出“咯”的一声时，仪式主持者手持模子，迅速打在磨眼上的黄表纸上。“龙眼纸”除了消除冰雹外，还有消灾作用。据米脂盲说书人高新荣说，一是打“龙眼纸”时将红布铺在下面，用打过“龙眼纸”的红布给小孩做肚兜，可以消灾解难；二是小孩夜哭时，把“龙眼纸”钉在门上，并拿“龙眼纸”给小孩擦拭身体，然后将“龙眼纸”焚烧，用碗扣在灶台上，小孩就不哭了。②

绥德县吴家沟的“公鸡会”在农历二月初一、初二隔夜举行，举办者邀请了一位盲说书人前来表演。据关意宁调查，仪式过程如下：

（1）初一下午设坛：制作神位、神签，准备供品，神位上分别写“奉请一切过往诸神之神位”“供奉合会宗亲三代之灵位”；抓公鸡。

（2）18 时，村民到来，承办者为部分村民发香；将公鸡挪到室外。

（3）19 时，放鞭炮，请神。

（4）19：20 上山，四位事主代表演奏锣鼓、镲，领香的村民随行。到达山顶后，放鞭炮，点燃火堆，烟熏烧纸，用熏过的黄纸擦拭公鸡鸡冠，两人顺时针绕火堆撒高粱米，众人跪拜。接着下山。

（5）20 时，回到承办者家中，放鞭炮。

（6）20：53 安神，事主代表烧纸。

（7）21 时，参神，演唱正本书。期间事主代表 6 次上香、烧纸、剪烛花。村民联欢，至深夜。

（8）初二凌晨 3：30 公鸡叫，事主代表用锤子击打磨推子上的孔洞，放鞭炮，送神。

---

① 叶大兵、乌丙安主编：《中国风俗辞典》，上海辞书出版社 1990 年版，第 697 页。

② 高新荣口述，郜冬萍、孙宏亮采访，米脂县城，2018 年 4 月 19 日。

(9) 3：50仪式结束。[1]

本次社书在承办者李姓会长家中举行，除了请神、安神、参神、送神仪式外，盲说书人连续演唱了两弯书。与“家书”不同的是：第一，社书的仪式功能和目的是为全社成员而非单个家庭祈福消灾，参与者为合会成员，即信仰共同体；第二，社书与祭祀仪式相关联，具有固定的表演时间，说书人并非所有仪式的主持者和参与者；第三，说书人仪式和演唱不连贯，被其他仪式环节（如“上山”）打断。

吴家山“公鸡会”仪式和禁忌较神秘。作为仪式用品，公鸡必须由承办者事主家庭提供，不得向他人借用，这是一个家庭能否承办“公鸡会”的必要条件。公鸡在仪式中的作用，一是跟村民一起上山，村民用火堆上熏烤的黄纸擦拭公鸡冠，将黄纸带回家，纸灰和水给小孩子喝，可消灾解难、治愈百病；二是鸡叫之前，村民和说书人都不许睡觉，公鸡第一次鸣叫，承办仪式的事主代表用锤子敲打磨盘孔洞。后者似乎与打“龙眼纸”有关，但是，在关意宁的描述中，事主代表在敲打磨洞前并未预先铺黄表纸。“上山”所进行的仪式，俗称“打五方”，参与者必须是本村男性，女性和外村人不得参加。除了围绕火堆抛撒高粱米外，村民还将画有五雷符的鸡蛋抛向五方。郭冰庐说：“谷豆为辟邪吉祥物，认为撒谷豆能辟邪，可免除三煞，即青羊、乌鸡、青牛等邪物的侵害。”[2] 可见，“打五方”的仪式功能仍是辟邪消灾，并非关意宁所推测的“求雨”或“与春耕有直接的关联”[3]。

本节小结：

本节结合相关实例，描述了“会书”的三种不同类别。表4－2比较其异同。

---

① 关意宁：《在表演中创造——陕北说书音乐构成模式研究》，博士学位论文，上海音乐学院，2011年，第196页。

② 郭冰庐：《乡土陕北》，人民出版社2016年版，第180页。

③ 关意宁：《在表演中创造——陕北说书音乐构成模式研究》，博士学位论文，上海音乐学院，2011年，第199页。

表 4－2　　三种类型“会书”比较

	庙会书	醮会书	社书
举行时间	“死日子”或“活日子”	“死日子”	“死日子”
仪式场所	村庙	村庙及幡场	承办者家中、山顶
仪式参与者	会长、盲说书人、村民	会长、“忌口人”、盲说书人、合社村民	承办者、盲说书人、部分村民
说书仪式程序	请神、（安神）、参神、送神	请神、参神、安神、送神	请神、安神、参神、送神
会期	2—3 天	3 天	2 天
演唱书目	小段、正本	小段、正本	正本
其他仪式和表演形式	无	开经、上供、唱诵经卷、出幡等唢呐、鼓乐队	上山“打五方”“打龙眼纸”鼓乐队

通过比较可以看出，庙会书是盲说书人表演最充分的台口，尤其是在农村小型庙会中，说书作为唯一的表演形式，始终占据仪式和娱乐的中心。醮会书和社书仪式中，盲说书人经常处于边缘位置，其仪式功能往往得不到充分体现。

随着“会书”被视力健全的说书人所抢占，盲说书人的台口逐渐减少，生存空间进一步缩小。到 20 世纪 90 年代末，曹生高每年仍然保留着 30 多个“会书”的台口，但现在他每年只能得到 10 多个会长的邀请了。并且与明眼同行动辄几千元的书场价格相比，盲说书人的收入显得十分微薄，每个台口只有 600—900 元。

第五章　行艺（中）：故事、文本和表演

陕北盲说书人的表演包括仪式和说唱故事两部分，并且在活态民俗和信仰仪式语境中，二者经常是融为一体的。然而，说唱故事亦可独立呈现，例如“打闲书”、20 世纪 60—70 年代盲人曲艺宣传队下乡演出、盲说书人在家中接受采访并演唱传统书目等。无论在何种场域中，说唱故事都构成了盲说书人行艺和口头传统的主体部分，并体现其职业身份。本章以故事类型和演唱过程中产生的文本为分析对象，考察盲说书人说唱故事的表演。

一　故事类型

在中国文化传统中，口头说唱故事的表演称作说书。尽管表演语言和形式千差万别，说书总隐含着“书”的存在，是“书”的口头艺术的呈现，是“书”的“文本化”过程。作为表演的对象和内容，“书”不仅规定着与表演模式性相关的体裁和文类特征，而且作为既有的可预知的故事结构模式，从始至终支撑着每一位盲说书人的表演。因此，把故事和“书”作为出发点来探讨盲说书人的表演就显得很有必要了。

问：吴老师，您从事陕北说书几十年了，您一共会说多少本传统书？

答：一共……大套书就是个五六本。

问：大的小的都算起来，一共能说多少？

答：哎呀，止 20 天还够说……①

面对我们先入之见的提问，盲说书人的回答显得十分迟疑。他对自己所能演唱的书目并没有清晰的概念，于是他选择“止 20 天还够说”——用他自己能够连续不重复演唱的时间长度来作答。

由此可见，与书面小说的创作者不同，“书”在盲说书人的脑海中是一个宽泛的认识，是他所能够连续演唱的故事的总和，并不表现为具体的单一叙事文本。换言之，对于盲说书人而言，“书”是一个开放的概念，只有通过表演，它才能构成一个具体鲜活的文本。在《故事的歌手》一书中，洛德区分了“歌”的不同含义：

我们一定要区别口头诗歌中关于歌的两个概念。其一便是故事的一般观念，我们常常是在更大意义上提到它，例如，《斯梅拉季奇·梅霍的婚礼》这支歌，实际上包含了对这部歌的无数次演唱。另一个歌的概念指的是特定的一次表演或文本，诸如阿夫多·梅杰多维奇的歌《斯梅拉季奇·梅霍的婚礼》，它是 1935 年 7 月间演唱的。②

“故事的一般观念”指“一般的歌”，“特定的一次表演或文本”指“具体的歌”。“每一次表演都是具体的歌，与此同时它又是一般的歌（generic song）。”③ 同样，在陕北农村庙会或村民家中，我们无法听到一般意义上的《五女兴唐传》，而只能听到诸如 2015 年 8 月 22 日曹生高在复兴寺演唱的《五女兴唐传》，或者 2008 年农历三月十七鲁峰演唱的《五女兴唐传》。后者是在特定语境中产生的演唱文本，具有唯一性，它同时与盲说书人之前全部的演唱，甚至与他的师傅和众多同行的演唱有着千丝万缕的联系。

我们可以确切地说，陕北盲说书人是在更广泛的传统题材意义上看待他们所演唱的“书”的。在开场书帽中，他们唱道：

① 吴锡忠口述，韩应莲、孙宏亮等采访，子洲县葛兰畔，2011 年 11 月 24 日。
② ［美］阿尔伯特·贝茨·洛德：《故事的歌手》，尹虎彬译，中华书局 2004 年版，第 144 页。
③ 同上书，第 145 页。

百家姓，千字文，
书馆编出书两本。
一本是奸贼害忠良，
一本是相公招姑娘。
谁要是离了这两本，
再能行的行家都说不成，说不成。

——王玉亮演唱，延安杨家岭，2006

“奸贼害忠良，相公招姑娘”是传统说唱文学和戏曲共同的题材，围绕这两本“书”既已形成的结构模式是支撑盲说书人表演的基础。对于绝大多数盲说书人来说，在他们进入口头艺术表演前，这个结构模式就已经存在，并构成他们的“大脑文本”① 或者故事类型。正如弗里所说：

> 最大尺度的“词”被口头理论定义为“故事型式”（story - pattern），或故事类型（tale - type）。这是个依照既存的可预知的一系列动作的顺序，从始至终支撑着全部叙事的结构形式。正如其较小规模的同族程式和话题，故事型式提供的是一个普泛化的基础，它对于诗人在演唱时的创作十分有用。②

征战是北方民间说唱文学常见的故事类型，除了战争过程和场面的叙述外，通常蕴含忠奸斗争和“相公招姑娘”的情爱主题。陕北说书的征战故事几乎涵盖传统书目中所有“传书”，最具代表性的有《薛仁贵征东》《秦英征西》《罗通扫北》《大破洪州》《杨文广征南》《十二寡妇征西》等。该故事类型的单元序列通常包括：（1）出征；（2）被困；（3）搬兵；（4）再次出征；（5）解围。在以上所列举书目的演唱中，这个模式都得到了充分的体现。

---

① 马克·本德尔认为口头文本（oral text）主要来源于民间艺人和歌手，他们的脑子里有个“模式”可称为“大脑文本”（mental texts）。当他们表演、讲述或演唱时，这些“大脑文本”便成为他们组构故事的基础。“自然，歌手们与其所生存的社会环境有密切的联系，而这种联系或纽带又使他们把要表现的内容更淋漓尽致、更丰富多彩地表达出来。”参见［美］马克·本德尔《怎样看彝族〈梅葛〉：“以传统为取向”的楚雄彝族文学文本》，付卫译，《民俗研究》2002 年第 4 期。

② ［美］约翰·迈尔斯·弗里：《口头程式理论：口头传统研究概述》，朝戈金译，《民族文学研究》1997 年第 1 期。

例如《罗通扫北》，该书故事梗概如下：

> 贞观年间，唐太宗与群臣朝会，忽然收到了北番赤壁宝康王的连环战表。太宗盛怒，遂封秦琼为元帅，尉迟恭为先锋，徐茂公为军师，率20万大军，御驾亲征。白狼关尉迟恭认子，尉迟宝林降唐。唐军一路畅通无阻，直逼黄龙岭。敌将屠卢公主弃关设计，唐军被困牧羊城。
>
> 程咬金奉旨回朝搬兵，他机智地激怒了敌军主帅，并在已升天成仙的兄弟谢应登的帮助下，冲出番营，迅速回到京城。
>
> 太子李治诏令各府小国公校场比武选帅，领兵救驾。最后，罗成之子罗通战败了所有竞争者，被封为新的扫北元帅，带领30万大军浩浩荡荡地出发了。在白狼关，罗通得到已故父亲的帮助，用月儿弓射死敌将铁雷银牙，并枪挑金灵川守将铁雷金牙。唐军连取三关，进军黄龙岭。战场上，屠卢公主诈败求婚，罗通假意应允。
>
> 罗通独闯番营，杀至牧羊城下。苏定方不开城门，罗通连杀四门，精疲力竭。太宗闻苏定方欺君通敌，急命秦琼、尉迟恭开城迎战。屠卢公主刀砍左车轮，生擒苏定方，与罗通里应外合，大破番兵。赤壁宝康王见大势已去，献降表称臣。
>
> 罗通与屠卢公主洞房花烛，因忌恨公主杀弟之仇，竟百般羞辱。屠卢公主不堪受辱，拔剑自刎。太宗大怒，要斩罗通。程咬金等求情，太宗赦罗通死罪，传令班师回朝。

上举例证代表了征战故事稳定的模式。然而，变异经常出现在搬兵者角色及其突围方式上。在更多传统故事中，搬兵者经常是一位武艺超群的年轻武将，他奋勇杀出重围，走上充满艰险的旅途。在另一个传统故事中，搬兵者借助法术变形，成功地逃出敌营，回到了京城。

征战故事模式中，经常添加的主题是“比武”和“招亲”。比武经常出现在（1）出征或者（4）再次出征之前，一名武将打败了其他竞争者，被任命为军队的统帅，率领军队出征。除了（4）再次出征和（5）解围之间外，“招亲”还可能出现在（3）搬兵途中。英俊的武将遇到敌国公主的阻拦，被迫答应与她成亲；或者身负重伤的搬兵者被他的战马带到一位隐居者的住所，后者搭救了他，并将自己的女儿许配与他。

与征战故事相比，陕北说书传统“记书”题材较为复杂，包括情爱、侠义、公案、神话和传说等。它们大多通过人物流浪展开情节，属于流浪故事类型，这类流浪者角色包括：

> (a) 家道中落的书生；
>
> (b) 被奸贼陷害的忠臣的儿子；
>
> (c) 遭后娘迫害的孩子；
>
> (d) 微服私访的清官；
>
> 以及 (e) 其他不典型的类型，诸如女扮男装的寻夫者、千里寻父的少年、进京告御状的孩子等。[①]

尽管流浪者角色呈现出不同类型，但流浪故事的结构模式十分稳定，通常由（1）遇难（2）遇救（3）重逢团圆3个单元序列构成，并最终指向苦尽甘来的“大团圆”结局。

在陕北盲说书人的演唱中，书生赶考和投亲的流浪故事占据了很大的比例。这类故事的代表性书目有《珍珠汗衫记》《安公子投亲》《金镯玉环记》《巧连珠》《李子英过山》《温凉盏》《五女兴唐传》等。书生在旅途中可能遇到的磨难，包括：被粗鲁的家奴暗害，成为山大王的阶下囚，被无耻的恶徒或者贪财的店掌柜抢劫，遭遇嫌贫爱富的岳父羞辱和陷害，等等。然而，听众不必为书生的命运担忧，他的“救星”很快便出场了。在这个为大多数农村听众喜闻乐见的故事模式中，书生的“救星”通常表现为女性角色，诸如山大王、店掌柜等反面角色的女儿或者妹妹，书生的未婚妻，和哥哥一起流浪的侠女，暂时收留了书生的某位长者的女儿，狐仙的女儿。她们是传统故事中光彩夺目的形象群体，集美貌、痴情和高超的武艺于一身，对爱情的追求大胆而执着，绽放着一种原始生命激情。她们中的一位最先搭救了书生，并和他私定终身。然而，她对于爱情的大胆追求很可能激怒她的父亲或哥哥，因此给书生带来新的灾难，书生被迫继续逃亡。不过，在张俊功一派的演唱

① 孙鸿亮：《陕北说书研究》，天津人民出版社2011年版，第151页。

中，经常出现的情形是：书生的未婚妻与她的父亲或哥哥发生争执，残忍地杀死自己的亲人，保全了书生的性命。书生将再次登上旅途，他还将遭受新的磨难并再次遇救。为了增加故事和演唱的长度，突出苦尽甘来和劝善惩恶的主题，大多数表演者会重复“遇难—遇救”的情节单元。但是书生最终抵达京城，得中状元，与他的几位未婚妻重逢。

书生是陕北说书传统故事中最常见的流浪者角色，几乎囊括（a）（b）（c）3 个类型，即使出现女性流浪者，也经常会通过女扮男装转化为美貌俊俏的书生，遭遇相同的经历。在表现情爱主题的故事中，流浪有时呈现出多线索发展的结构模式，情节更加丰富多彩。这类故事深受群众喜爱，因此成为大多数盲说书人必须掌握的代表性书目。例如《五女兴唐传》，这个传统书目尽管用了“传书”的题目，从人物和情节来看，它确实是一个典型的“相公招姑娘”的故事。并且据一位民间老艺人讲述，该书旧题为《金镯记》，与《玉环记》（《金镯玉环记》）共同构成了陕北说书传统“记书”的双璧。① 之所以被称作“传”，除了书中出现唐高祖、程咬金等历史人物外，更主要的原因则在于其相对复杂的情节线索：

> 故事发生在隋末唐初河南洛阳城北李家寨，家道中落的书生李怀玉和他的哥哥李怀珠打算进京赶考，李怀玉奉母命前往城南吴家庄投亲转借路费。书生被嫌贫爱富的准岳父吴成功所欺骗，身陷绝境，他和他哥哥的未婚妻吴凤英、吴月英救了他。在灯光幽暗的书馆中，书生和他的未婚妻短暂相会，后者送给他一只金镯。
>
> 惊魂未定的李怀玉离开吴家庄，他丢失了未婚妻送给他的银两，并且迷失了方向。李怀珠焦急地等待弟弟回家，并决定前去寻找弟弟。他与两位女子相遇，后者正赶往李家寨为兄弟二人送马，但他们并未认出对方。
>
> 在吴家庄，李怀珠鲁莽地摔死了岳父年幼的儿子，然后独自逃走了。书生李怀玉得知官兵包围了李家寨，正在捉拿他和他的哥哥，他不敢回

① 据吴锡忠说：“《五女兴唐传》以前叫《金镯记》。吴凤英送给李怀玉一只金镯，后来征讨五凤岭，常秀兰大战吴凤英，李怀玉观阵，拿出金镯，夫妻相认。子洲县有位老艺人，就会说两本书，一本《金镯记》，一本《玉环记》（《金镯玉环记》），这两本书说书的都会。”吴锡忠口述，孙宏亮采访，子洲县葛兰畔村，2008 年 4 月 26 日。

家，决心继续流浪。与此同时，吴月英、吴凤英杀退官兵，并护送二位婆母前往河北卫辉府投亲。之后，她们女扮男装踏上千里寻夫之路。

李怀珠逃往梅龙镇，但他的师傅不久前去世了。他和他的师弟搭救了一位卖唱女子，并为此与镇上的恶霸展开厮杀，被迫继续逃亡。最后，他们占领了一座山寨，改名二龙山，占山为王。

女扮男装的吴凤英降服了黄花镇的水妖，姐妹搭救了被妖魔缠身的黄员外的女儿，黄员外决定把女儿嫁给她，吴凤英欣然应允。洞房花烛后，她们辞别员外父女，继续寻找李家兄弟。

书生李怀玉逃往徐州，他被收留他的前朝总兵的女儿逼迫成亲，险遭总兵杀害，但家人父女救了他。李怀玉带着总兵和家人的女儿来到太平镇，他们遭到店家的抢劫。店家的女儿救出李怀玉，他同意收她做自己第四位妻子。受到惊吓的李怀玉被狐仙用法术带到大杨庄，与狐仙的女儿拜堂成亲，他的三位未婚妻赶往京城，在客栈中与寻找书生兄弟的吴凤英、吴月英相逢。吴凤英武场夺魁，但新科武状元被主考官的儿子获得，五位女子离开京城，在五凤岭占山为王。她们杀死了奉命平叛的新科武状元，唐高祖不得不重新开科，招选文武状元。

李怀玉和他的狐仙妻子（化身常秀兰）分别得中文、武状元，奉旨平叛。路过五凤岭，常秀兰大战吴凤英，李怀玉取出金镯，与吴凤英相认。来到二龙山，李怀珠归降，兄弟重逢。他们很快平定了江南宇文化及的叛乱，班师回朝，李家兄弟和五女受到唐高祖封赏。

这个传统故事中，处于中心位置的是书生李怀玉投亲、赶考，围绕这一主线，同时展开李怀珠大闹吴家庄、投亲梅龙镇、落草二龙山以及吴月英和吴凤英女扮男装，千里寻夫两条辅线。除了增强故事情节的丰富性外，多线索叙事结构极大地增强了叙事的内在张力，具有独特的美学效果。演唱过程中，说书人通过对关口的把握和“花开两朵，各表一枝”的转场套语，在保持三条线索平行发展的同时，使它们之间形成强烈的对比，不仅突出了女性形象英勇果敢的性格，更表现出她们对爱情的忠贞和艰苦卓绝的追求。

情爱题材“记书”的另一个代表性书目《金镯玉环记》（一名《雷公子投亲》），流浪主人公是一位遭后娘迫害的书生：

明嘉靖年间，镇京总兵雷勇与户部贾顺卿在朝堂前指腹为婚，为公子订下亲事。雷宝童十六岁，遭到后娘于氏陷害，被绑缚刑场。老家人雷青用自己的儿子将雷公子换出，嘱咐他往永乐投亲。

雷公子途中遭贼人抢劫，被一位老者搭救。贾户部接到退婚文书，将女儿桂莲、桂梅许配崔太师的两个儿子。雷宝童流落永乐街头，卖字为生，被贾户部收为茶童。八月中秋，雷公子与桂莲、桂梅花亭相会，二小姐赠以金镯、玉环。贾户部诬陷雷公子为响马，将其送往县衙。县令梁子明公堂认侄，暗遣衙役护送雷公子回京。

桂莲、桂梅与丫鬟春红投江，被奉旨征南的林大人搭救，认作义女。雷宝童途中再遇贼人，被水神搭救，与王成结拜。梁子明奉旨进京，在清江口与公子重逢。雷公子与桂莲、桂梅相认。雷宝童随梁大人进京，得中状元。

黄丞相、林大人遭崔太师父子陷害、抢劫，雷宝童、桂莲、桂梅和春红落入崔府，被太师之女崔凤英搭救，逃至紫云庵。

雷宝童和武状元孙子明奉旨查抄太师府，定计斩二国舅。雷总兵父子团圆，于氏畏罪悬梁自尽。

该书按照流浪主人公“遇难——遇救——团圆”展开的故事架构及其相关场景更具普遍性。它与陕北盲说书人演唱的另一个传统书目《双钗记》故事情节基本相同，仅人名相异。表5－1简略比较二书情节单元：

表5－1　《金镯玉环记》与《双钗记》情节单元比较

情节单元	金镯玉环记	双钗记
指腹为婚	雷、贾两位大人朝堂叙话，言及妻子均身怀有孕，徐彦召千岁保媒，两家指腹为婚	胡琏苏州上任，请结拜兄弟林员外赴宴，言及妻子均怀身孕，遂指腹为婚
投亲缘起	雷宝童被后娘诬陷，险遭杀害，老家人从法场救出公子，叮嘱他前往永乐投亲	林员外病逝，遭火焚，家道中落，林香保和母亲沿街乞讨，前往胡府投亲

续　表

情节单元	金镯玉环记	双钗记
投亲遇难	公子途中被劫。贾户部将二女另许崔太师二子。公子遇救后,流落永乐街头,被贾户部收为茶童	林母在胡府受辱,胡琏谎称二女得病身亡,林公子插草卖身,被胡琏收为茶童
花亭相认	中秋节,公子花亭作诗,与二小姐相认	中秋节,公子花亭作诗,与二小姐相认
再次遇难	崔太师二子迎亲,遭春红等众丫鬟棒打。二小姐说出公子身份,公子被贾户部诬为响马,押送县衙	胡琏将二女许配周阁老二子为妻,二小姐不从,说出公子身份。胡琏夫妇定计,诬告公子藏刀杀人,将公子押送县衙
公子遇救	县令梁子明与公子叔侄相认,用死囚顶替公子,派人护送公子回京	县令刘凤鸣得知公子乃年兄之子,收公子为义子,用死囚顶替公子,派人送公子回扬州攻书
二小姐投江	二小姐和丫鬟春红坟场吊孝,被二国舅追赶,投江自尽。林大人征南回朝,救二小姐,收为义女	周府下聘,遭蜡梅率众丫鬟棒打。二小姐和蜡梅逃到江边,走投无路,投江自尽。云南王杨洪回京复旨,救二小姐,收为义女
公子途中遇难	雷公子误上贼船,被投入江中	林公子误上贼船,被投入江中
公子再遇救	雷公子被水神搭救,与王成结拜。梁县令奉旨进京,途中与公子重逢	林公子被龙王搭救,借宿破庙,遇抢劫,被王三母子收留。刘县令告老还乡,途中与公子重逢
公子与小姐重逢	二小姐隔江祭奠公子,雷公子见金镯玉环,携王成前去观看。林大人修书,公子与二小姐重逢	二小姐隔江祭奠公子,林公子与刘府家人刘安打探消息,与二小姐相见。林公子再遭抢劫,得菩提庵女僧相助,终与二小姐重逢
公子中状元	雷宝童得中状元,奉旨查抄太师府。公子私访,紫云庵遇二小姐	林公子得中状元,奉旨完婚
结局	雷宝童父子团聚,于氏悬梁自尽	周、胡两家告状,二小姐替父求情,林香保送胡琏回家,夫妻回扬州,一家团聚

从表5－1可以看出，二书所演述的人物形象、故事情节高度相似，尤其是在“花亭相会”这一情节单元上，连男女主人公所对诗句也完全相同。一位著名的陕北盲说书人留下的录音中，甚至多次出现口误，将《双钗记》中的丫鬟蜡梅说成春红。民间盲说书人也普遍认为：“这两个书是一个模子里出来的，没什么变化。”① 这说明两本书是按照相同的结构模式创编出来的。

除了情爱题材外，流浪故事很容易向公案的方向演变。例如，书生在客栈中遇害，他的未婚妻赠送给他的宝物被店掌柜据为己有，后者将宝物献给皇帝，窃取了原本属于书生的官职和荣誉。书生乘坐的白马挣脱缰绳，奔向包拯的衙门替主人鸣冤。包拯使假冒者受到惩罚，并使书生还魂。此外，在一个源自明代词话的书目中，进京赶考的书生被恶贼杀害，焚尸烧制成乌盆，书生的冤魂恳请一位长者替自己申冤，包拯最终铡了恶贼兄弟。

第四类流浪者角色是微服私访的清官，这类角色一般出现在公案题材故事中。清官所遭遇的磨难源自他的身份被多疑的对手识破。他遭受皮肉之苦，被关押在黑暗的地牢中，但他的属下闻讯赶来，把他救了出去。这个故事经常出现的变异表现为：清官机智地骗取了对手的信任或者得到一位武艺高强的侠士的帮助，最终使自己脱险。

以上，结合相关实例分析陕北说书中常见的两个故事类型，它们是盲说书人脑海中建立在稳定的叙事框架上的“书”。回顾这些实例，我们应该为口头传统的保守性所震撼。然而，口头艺术的表演又具有变异性，在由“大脑文本”向演唱文本的生成过程中，每次表演都是一次新的创作，稳定和变异是口头传统中永恒的两个要素。

二　演唱文本的构成

林继富把民间故事文本分为演述文本、采录文本、整理文本和重构文本4种类型，并且认为演述文本是唯一的非文字文本，它主要指民间故事传承人讲述故事过程中表现出来的文本。它不仅包括故事讲述时的用词、讲述的语

① 鲁峰口述，孙宏亮、秦国庆采访，横山县城，2007年4月12日。

气、语调和语韵等，而且包括讲述动作、各种情绪变化以及讲述环境的各种因素。演述文本具有现场性、即时性、动态性等特点，是全面展示民间故事传承人表现传统、理解传统最真实、最全面、最深刻的文本。

> 民间故事演述时，民间叙事传统的在场保持了民间故事演述即时的鲜活场景，能够促成故事讲述人气韵生动的表演和充满细节的叙事；听众在场，能够持续地与故事讲述人互动，构成演述场域里最为活跃的因素，它能够促使故事细节更为丰富，人物形象更为丰满；故事讲述人在场，是故事讲述文本的关键，没有讲述人在场，民间故事的演述文本就不可能诞生，也不可能存在。这三者的紧密联合构成一个完整的民间故事演述文本。①

演述文本要求三个“在场”，是一种理想状态。就本书的研究对象陕北盲说书人这一特殊群体而言，场景和听众变化对表演所带来的影响并不如人们想象的那样明显。李维俊回忆当年盲人宣传队下乡说书的情景：一直演唱到晚上 11 点多，兴致正浓的村民们仍不肯离去。在几位同行的怂恿下，一位说书人登场了。他不合时宜地新开了一个大本书，冗长而乏味的演唱打消了听众的念头，村民们纷纷离去，院落里的人已寥寥无几，年轻的表演者却越发唱得起劲，沉浸在自己的表演中。这只是一个极端的例子，李维俊接着说：“要是换成王学师，早就停下不说了。有一次我和王学师一块说书，我先说，他后说，听书的就走得不多了。他下场后问我，我说没有走都听着哩。他笑了一下说你不要哄大叔了，大叔眼瞎着哩，心该不瞎着么。”② 尽管如此，上述例证表明，盲说书人对现场和听众变化缺乏敏锐判断的现象是存在的。

除了生理因素，在庙会表演的盲说书人较少受到听众因素影响的原因还出于信念，他们把自己的演唱视作敬奉神灵的献礼，即使面前空无一人，他们依然会坚持演唱。田野材料表明，影响盲说书人表演质量的因素并非听众

---

① 林继富：《民间叙事传统与故事传承：以湖北长阳都镇湾土家族故事传承人为例》，中国社会科学出版社 2007 年版，第 133 页。

② 李维俊口述，孙宏亮采访，子洲县杜家沟岔村庙，2015 年 7 月 30 日。

数量。“天怕浮云地怕荒，书匠最怕人吵嚷。”① 在个别庙会的“正日子”，村民们围坐在书场周围，妇女们尽情地拉着家常，一群男性玩着一种赌博性质的民间游戏，骰子发出噼噼啪啪的声响。在这种情况下，盲说书人的演唱受到影响，开始变得不流畅，他可能省略一些“武调”演唱的唱段。

“民间叙事传统在场”是本书面临的巨大挑战，在台口被明眼说书人抢占的今天，大部分盲说书人已退出传统，只能在家中接受采访，并在自家窑洞或附近的村庙中演唱，除了家人和采访者外，现场很少有听众。我们虽然无法估量这种特殊场景中产生的文本与庙会等仪式场所演唱文本的区别，但是，传统在盲说书人身上已根深蒂固，他们依然会按照固定的模式十分投入地演唱。此外，农村窑洞院落不仅与“家书”场景相似，熟悉的环境也使盲说书人处于相对放松的状态。当然，笔者有时会要求盲说书人开场演唱参神唱段，或者将录像现场移到村庙中。这时，盲说书人面前也不乏忠实的“书跟”（例如：吴锡忠的老母亲、曹生高的大哥）。至于笔者作为研究者在场和介入，不可避免地会对盲说书人选择演唱书目造成影响，他们通常会选择自己拿手的“熟书”，除了迎合我们的趣味外，大部分盲说书人也希望通过我们的摄像机将自己的表演保存下来。他们一开始会紧张，有所不适，但很快便进入正常的表演状态了。

总之，正如林继富所说：“获得永久性的演述文本是一个理想，是一个学人追求的美丽的梦。”② 对本书研究而言，除了演述文本自身的特点外，更包含着现实的种种无奈。鉴于此，笔者将盲说书人在仪式现场和录音录像场所演唱过程中产生的文本都称作演唱文本。③ 本节和下节分别分析其构成，比较不同文本的异同。

（一）文言和飘言

文言和飘言是陕北盲说书人演唱文本中两种基本的话语形式，它们使陕

① 《说怕》，王永文演唱，孙宏亮录音，绥德县塔上村，2017 年 2 月 18 日。

② 林继富：《民间叙事传统与故事传承：以湖北长阳都镇湾土家族故事传承人为例》，中国社会科学出版社 2007 年版，第 136 页。

③ 除笔者采录外，1981 年陕西省曲艺搜集小组召集韩起祥、王学师等老艺人采录了一批传统书目录音，在质量和保留传统的完整性方面，这些珍贵的录音资料具有不可替代的价值，本书也将其作为举例和分析对象。

北说书的语言既区别于日常口语，又不同于书面文本，因此，二者可作为标定（keyed）陕北说书表演的手段。

文言说书要有“文言文语”，是许多盲说书人共同的认识。这里的“文”是与“俗”相对的概念，文言不仅指区别于日常口语的书面语和古语，更蕴含着“有文化的话”的意思，它与盲说书人被民间称作“先生”或者“有文化的人”密切相关，是其职业特征的体现。正如鲍曼所说：“古语（archaism）常常被认为是口头艺术的特殊用语，是许多表演的传统性（traditionality）和密传性（esotericism）的自然产物。”①

从广义上说，盲说书人依靠记忆从书面文本中背诵的书词都具有文言的特点，包括特定的韵文和文言词汇。在盲说书人的演唱文本中，文言首先表现为开场诗词、特定场景中的诗句、对联、书信、祭文等。例如：

> 光阴递擅似轻云，不朽还须建大勋。
> 壮略欲扶天日坠，雄心岂入驽骀群。
> 却缘否运姑埋迹，会过昌期早致君。
> 为是史书收不尽，故将彩笔谱奇文。
>
> ——《粉妆楼》，高买卖演唱，横山，2008

再例如：

> 自古英雄遭困，从来才子争名。许多心事在胸中，为问苍空若梦。无奈漂流四海，广交天下宾朋。每天起来谈废兴，才把逸情断送。
>
> ——《斩单通》，鲁峰演唱，横山，2007

这类开场诗词称作提纲，是诗赞系说唱文学的传统，在鼓词刊本中，经常作为“书归正传”前的“闲言”。

在盲说书人的演唱文本中，一些特定场景的描写需要借助传统诗词、对联。例如：

① ［美］理查德·鲍曼：《作为表演的口头艺术》，杨利慧、安德明译，广西师范大学出版社2008年版，第18页。

再说二公子李怀玉正坐书馆，仰起头看了一下，东墙壁有一首字句，待我看那首字句写得如何，写的是：

十载寒窗苦难熬，满腹经纶透九霄。

足下若得三汲浪，哪怕龙门万丈宽。

公子看罢这首字句，回想了一下，这首字句跟我二公子李怀玉好有一比呀，若读十载寒窗，才能满腹经纶透九霄。哎，不知道我李怀玉才能出名呀？转身看了一下，看见西墙壁还有一首字句，待我看写得如何：

小小鲤鱼来成龙，困在浅水淤泥坑。

老天连降三场雨，跳出龙门万万层。

李怀玉又看罢这首字句，跟我公子好有一比呀，不知我李怀玉何时才能跳出龙门？公子看罢字句，回首一看，正居中有一副对联，每一联十七个字，左一联写的说：读书须下苦功夫试看寒梅傲骨方能扑鼻；右一联写的说：立品始称真君子进观治国大学先要修身。李怀玉看罢这副对联，又盘算了一下，这副对联又跟我二公子好有一比，试看寒梅傲骨，这尽是香墨之味呀……正南墙上还有斗大的一首字句。众明公非知，你们要知道这是什么字句，正是三国桃园三结义一段故事：

三圣结义在桃园，同胞弟兄亦差然。

千载义气人都见，万古英名天下传。

——《五女兴唐传》，曹生高演唱，子洲县姬家界，2015

在农村庙会中，这类诗词、对联受到老年“书跟”的特别期待，并且成为他们品评盲说书人表演的重要维度。至于个别传统书目的演唱中出现的祭文、书信，它们更具文言色彩。例如：

维永乐四年，岁次丙戌，提笔王十朋也。今有猪也羊也，置祭我妻曰：呜呼！王门钱氏我妻之逝矣，已经数月矣。想尔在世，善事婆母，冬温夏凉，又勤又俭，女中之良。一时用人不当，偷换家书，误害贤良，至于短见，投江身亡。阴阳阻隔，号啕其怆，略表斯礼。呜呼哀哉，伏惟尚飨。

——《荆钗记》，曹生高演唱，子洲曹家河复原寺，2015

上述例证表明，在陕北盲说书的表演中，源自书面文本的固定书词扮演着重要的角色。对于固定的传统文本的记忆以及坚持一字不差的忠实性，既是许多盲说书人向他们的前辈看齐的自觉追求，也是展示他们优于其他同行“词功”的恰当方式。在文字和书写相对困乏的僻远农村，盲说书人文绉绉的说话，很容易得到人们普遍的崇拜。

文言的第二个层面表现为特定名词、称谓语和成语的使用。这类语言现象在盲说书人的演唱文本中司空见惯，举不胜举。例如：

探花出在河北省，
传胪出到四川省。

——《丝鸾记》，韩起祥口述，延安，1987

八月十五登了龙位，封她昭阳，选了正宫，你看这不好吗？

——《观灯记》，韩起祥演唱，延安，1981

话说李怀玉来在徐州城，给前朝总兵张献为了螟蛉之子。

——《五女兴唐传》，张俊功演唱，延安，1984

万岁龙心大喜，好，梓潼下去，叫二皇姑更换衣衫，梳洗打扮，彩楼飘绣球招驸马千岁。

——《花柳记》，田治枝演唱，子洲，1993

称谓语表现出对人物身份和关系的正确理解和把握，因此被一些说书人自觉认识：

比如说：兵部孙秀乘大轿一乘，来到南衙封府，落下朱红大轿，有门公报知包公：“禀大人，府门外来了兵部孙秀。”包公一听，哈哈，孙秀来了必定是说情，传令打开中门迎接。包公来到大门外边，二人彼此见礼，拱手相迎，来至官厅坐下。急忙摆上茶酒，酒过三巡，菜过五味，包公说：“不知孙大人今天光临我寒衙有何贵干？”“噢，包大人，下官有小小的一件事情，所以亲造贵府，多多冒昧，望大人恕罪。”包公说：

“哪里哪里……”这才叫官腔么，二人见面互称大人，自称下官……王年兄，你叫我年兄，我也叫你年兄，互相抬举都叫兄，没个年弟么。皇帝有几种叫法，皇帝自称朕，本来寡人，咱说书的一直用寡人，这个寡人，秦始皇以前都叫寡人了，没“朕”这个词，从秦始皇开始采用“朕”，朕、孤、寡人都能用了。见了皇上，“陛下”“万岁”“我主”“皇上”，都能叫了，这是见了皇上。咱们书匠说太监，书里面一般人称呼“公公”，是抬举他，皇帝叫太监就不是“公公”么……康熙叫太监就叫三德子；秀才见了县官，称“父母官”，受苦人见县官告状才称“大老爷”。①

这些称谓语大多属于文言，与日常方言大相径庭。在演唱过程中，一些文言也很容易引起听众的误解。韩起祥曾举过一个生动的例子：

古书上叫狗是犬，婆姨叫男人叫丈夫，有官的叫官人，男人叫婆姨是夫人或者是贤妻，都是文言。像《黄鹰记》里王老婆上楼见李秀英，狗咬了一顿，说“你把你们的犬看定”。但是我说到这里，完了以后有些婆姨们就问了：“你刚才书上说王老婆叫瘸咬了……”陕北不是把拐子叫瘸子。“瘸子该是人么，瘸子还会咬人了？”我给他们解释说：“不是，犬就是狗。”“哎，那你该就说是狗么，你为什么要说那个犬了？你还说文话了？”②

与民间歇后语、谚语相比，使用成语通常被看作是“有文化的”言语方式。成语在陕北说书人的演唱文本中随处可见，但是，演唱者有时不得不承担犯错的风险。例如：

（员外）：“家人，给老爷上茶。”

（家人）：“岂有此理，老爷，茶马上就好了。”

——《抢刀记》，刘沁林演唱，榆阳区，2007

① 李维俊口述，孙宏亮采访，子洲李孝河村，2012年5月1日。

② 韩起祥口述，孙宏亮编：《红色说书人——韩起祥陕北说书口述史》，中国致公出版社2018年版，第75页。

二国舅一听，满心欢喜说："相爷，你和我父是一视同仁。我父崔太师，听说大人回府路过永乐，我们特意准备了酒席，请大人饮酒叙话。"

——《金镯玉环记》，韩起祥演唱，延安，1981

陈秀英说："妹妹，只要我夫妻相逢，你和我是一殿之臣。"

——《珍珠汗衫记》，韩起祥演唱，延安，1981

杨六郎说："把宗保画地为牢，明天定斩不饶。"

——《金刀记》，韩起祥演唱，延安，1983

在陕北盲说书人的演唱文本中，文言的第三个层面方言古语词较为特殊。这类词语存活在陕北方言中，至今仍被广泛使用，但它们确实来自古代。对于本地听众来说，这类词语令人倍感亲切，但对于外来采访者而言，他们开始感到云里雾里，不知所云，仔细聆听或者经人解释之后，便恍然大悟。因此，在一定范围内，方言古语词可作为标定陕北说书表演的交流手段。

陕北说书中保留的方言古语词十分丰富，经常听到的是表达动作行为的动词。例如：

你慌的忙的，断上狼的，你准备哪去呀？

——《快嘴》，张俊功演唱，延安，1988

我要是以后忘了你夏琼英，那么沟底把我踢在山上踢死。

——《雕翎扇》，韩起祥演唱，延安，1981

白蛇精得病沉重，扎挣地回到紫金洞里安身。

——《雕翎扇》，韩起祥演唱，延安，1981

上举例证均出自盲说书人的演唱文本。断，驱赶，追赶。《醒世姻缘传》："给了俺四五十个钱，立断了出来。"[①] 踢，摔落，跌倒。《聊斋志异》："生大

① （清）西周生：《醒世姻缘传》，齐鲁书社 1993 年版，第 523 页。

醉邋地，但觉有人以冷水洒面，恍然若寤。”① 扎挣，挣扎。《红楼梦》四十七回：“薛蟠先还要扎挣起来，又被湘莲用脚尖点了一点，仍旧跌倒。”②此外，“趏”（跑，快走）、“擩”（伸入，插入）、“死声”（大喊大叫）、“谡谎”（说谎）、“言传”（说话）、“觑”（cú，偷看）、“掼”（摔，掷）等方言古语词也经常被盲说书人使用。

陕北说书中的四字格方言古语词大多出自元明戏曲小说。例如：

你二姨那家穷亲戚你该知道了么，你看那些穷形鬼气，梅山七怪。

——《戏引记》，韩起祥演唱，延安，1981

刚才过去那个后生，生得铺眉苫眼，实在很好看哩！

——《红风传》，刘忠元演唱，延安，2016

梅山七怪，原指《封神榜》小说中七个修炼成精的怪兽，这里形容衣衫破烂，面貌丑陋；铺眉苫眼，形容男子面容英俊有气概。马致远杂剧《黄粱梦》：“想元帅顶天立地，铺眉苫眼，做着个兵马大元帅，你却做这等勾当，是何道理？”③

分音词是陕北说书中特殊的一类方言古语词。例如：

小伙计们，准备好给咱扎兀起来。

——《飞爪记》，张俊功演唱，横山，1990

门槛高，不拦倒。

——《懒大嫂》，张俊功演唱，延安，1988

书说团圆戏场散，
这本古书说交零。

——《白水记》，高新荣演唱，米脂，2016

① （清）蒲松龄：《聊斋志异》，三秦出版社2016年版，第244页。
② （清）曹雪芹、高鹗：《红楼梦》，中华书局2009年版，第703页。
③ 王季思主编：《全元戏曲》（第2卷），人民文学出版社1999年版，第198页。

以上，“扎兀”“不拦”“交零”分别是“做”“绊”“竟”的分音词。这类特殊的语言现象极大地增强了陕北说书的地域特色。

与文言相比，陕北盲说书人演述文本中飘言的含义和范围不够明确。综合方言词典中的解释，飘言有“开头的话”“开场白”或者“轻佻的话”等含义。① 但实际上，飘言的概念十分模糊。首先，飘言与源自书本或者师傅亲口传授的“死词”相对，是盲说书人现场即兴编唱的书词，使用飘言演唱是说书人缺乏或者记不住书词时不得已的选择，是说书人“肚才”不足的体现。因此，飘言经常带有贬义，不被老“书跟”欢迎。其次，飘言还指各种重复的、多余的话，包括盲说书人在固定情节的基础上借题发挥自由演唱的书词、即兴的插科打诨和插入的民歌小调、快板等。飘言相当于乐亭大鼓中的“淌水”，与体现盲说书人现场即兴编唱能力的“急才”相关，也是听众品评说书人表演的维度。适当而巧妙地使用飘言，不仅可使表演在固定的模式之外获得灵动的变化，也有助于拉近表演者和听众的距离，使表演在更加轻松的氛围中进行。此外，飘言的使用也有门派和个体差异。例如张俊功使用飘言的密度明显超过同时代的盲说书人，当代“张派”弟子的演唱整体上都是飘言。相比较而言，王学师和“王派”弟子的演唱文本中则较少使用飘言。

在陕北盲说书人的表演中，飘言首先表现为开场的散说以及书帽和小段之前的唱词。例如：

好了，时间也不早了，听书的倒也来的不少了。闲话不谈，咱们就正式开台。你们大家吵得高了，都还说老张给你们说不了啦。咱们张家畔是第二次见面，给大家说书要说个仔细，一说粗了，就大家听着气。有的人给我提出说我的过场有点太大，则你说我说上个什么？就说那人回来吃了饭了，睡了觉了，你说那到究吃些什么？再说那人打仗呀，就说那人打仗起身了，这该不能光说个打仗起身么？你该要穿个什么盔，顶个什么甲，拿的什么武器，骑的什么马，你们就像眼窝看见的一样。比如说今天你割上二斤猪肉，拿回去你就把那猪肉往烂一切，酱也不要

① 王兆仪：《陕北区域方言选释》，三秦出版社 2014 年版，第 292 页。杨明芳、杨进：《陕北语大词典》，陕西师范大学出版社 2011 年版，第 579 页。

放，盐也不要放，就光倒上点水煮出来，你吃不过三口，不但是不香，还恶心得吐了。你把那放一点酱，加一点调和，再放点粉条，切的再放点韭菜，又好看还又香又好吃。说书跟你炒肉这意思一样。据说咱们张家畔有几个火塘，干部怕的瓦房，书匠怕的火塘，这敲锣买糖，各干一行，麻子油，黑豆酱，谁的口味都不一样么！缭皮串畔，那该因为混嘴吃饭么，难道说你的文章高了，你就把我的桌子给我踢得漾了？咱们都是同行，人讲过一棵梨树九条根，败子看见败子亲，这天下败子是一娘生，一个扶十个扶不起，十个扶你一个就扶得高高高……高得上那楼浮头。这都是几句陪（衬）话，有的老乡们问说，今天你打算给我们说本甚呀？说个《小八义》。你们听过别人说的《小八义》，可就没听过老张说的《小八义》，则你们就稳稳价坐稳，婆姨女子家不要乱吵，我不但要给你们说得多多的，还要给你们说得好好的，保险叫你们听个美气。

——张俊功演唱，靖边县张家畔村，20 世纪 80 年代

书帽和小段前的唱词通常称为“请客”，即欢迎听书者稳坐静听，有时也包括述说演唱缘起，感谢会长、事主或者书场组织者盛情款待等内容。例如：

弹起三弦定准音，
各位师傅一声请。
众位师傅今天来到我家乡，
师傅们到了我们曹家河村。
众位师傅辛苦得很，
曹生高给师傅们好加工。
各位师傅们请的你们都坐稳，
表上首诗句再开本。

——曹生高演唱，子洲县曹家河村，2015

再例如：

说了两个笑话等了一阵人，
听书的到齐我开正本，

请你们慢慢价坐下哑哑价听。
扭转嗓子变转音，
同志坐下一声请。
水电局领导对我们真关心，
这是第三天晚上在外头说，
踩烂人家席子拆烂人家砖，
人家这领导三番四次不嫌麻烦。
对我们艺人真热情，
我们今天晚上赠送一场给大家听。
听得领导高高兴，
一天对我们的夸奖实在可心。
说得我们大家就没点麻达，
六毛钱的纸烟放一盒，
壶壶里就泼下些毛尖茶，
美酒炒菜好招待，
长刷刷的挂面给我们煮上来，
老张吃得饱熏熏。

——张俊功演唱，安塞县水电局，20 世纪 80 年代

这类飘言烦琐而冗长，经常被书词的记录者省略，但它们是说书人现场表演不可或缺的部分。

长篇正本书演唱文本中借题发挥的飘言经常出现在人物对白部分。例如张俊功演唱的《回龙传》：

这个人姓王，把肉圪蛋往上一舀，往肩膀上一挠，东面一转，西面一看，来来往往就是个圪蛋。“亲朋们，你们看，我今天打渔捞的这是个啥东西？”

（众一）：“咦，咋这么个圆圪蛋？”

（渔翁）：“你们看鳖蛋还是鱼蛋？”

（众一）：“不是鳖蛋就是鱼蛋，不是鱼蛋敢是个蛤蟆蛋了？”

（众二）："蛤蟆还下蛋了？"

（渔翁）："哎呀，那则鼻子淌葱了——我擤（省）不清楚。钓了半辈子鱼了，见过鳖下蛋、蛇下蛋，还没见过个蛤蟆下蛋。"

（众二）："我该是冒猜想的说了。"

（渔翁）："老婆子，人家邻家说这是个鳖蛋、蛇蛋、鱼蛋……还是个蛤蟆蛋，你看这是个什么蛋？"

（渔翁妻）："哟，像个鸡蛋嘛。"

（渔翁）："鸡还有这么大的屁眼，能下这么大的蛋了？"

（渔翁妻）："谁晓得了，那咋圆楞楞价？"

（渔翁）："拿过来叫我看。"

（渔翁妻）："噢，则你看。"

看看是个肉兜兜，左右看没口口，三看两看，"扑哧"一下挤烂。哎，听书的你们都看，那里头有个老命圪蛋。

（婴儿哭声）……①

这段借题发挥的飘言，借助通俗易懂的方言词语和惟妙惟肖的声音模拟，把"张派"表演风格表现得淋漓尽致。台下听众也深受感染，不时发出哄笑声。再例如韩起祥演唱的《丝鸾记》：

龙官保说："啊呀，好睡好睡……"睡着梦见来了一凤，睁眼一看是个女人。"呀！你是谁家这么个大女子，我是个年轻男人，你是个年轻女人，你叫我为了何事？"

美英说："我叫的是问你，看今年你多少岁数了？"

龙官保往起一坐说："哎呀呀呀呀……我今年九九了。"

侯美英说："你再短一岁就成一百了？"

龙官保说："哎，这位小姐你不要巧言骂人嘛。"

美英说："那你是九九八十一岁了？"

龙官保说："太老了，你往小猜。"

① 曹伯植等编：《陕北说书传统曲目选编》（中篇集），陕西人民出版社2010年版，第32页。

美英说："哟，九九是九个加上九，你是二九一十八岁了？"

龙官保说："这这这……这才说到刀刃子上了。"

美英说："你家住哪里？"

龙官保说："这位小姐，你不要啰哩啰唆，你和我攀亲戚了？"

美英说："哟，人总该有个地方了么？牲口该有个圈落了，飞鸟该有个窝巢了么……"

龙官保说："就是南街巷口，爹爹龙大元，母亲刘氏女，我名叫龙官保，大号龙梦景。"

美英说："哟，龙梦景，你这个好名字。"

龙官保说："谁的名字都不赖。"

美英说："就问你家中娶过了没有？"

龙官保说："取过什么？取过文章我不会写，取了一件衣服我身上穿着了。"

美英说："我不是问你这个了。"

龙官保说："那你是问我哪一个了？"

美英说："我是问你家中娶过贤妻没有？"

龙官保说："啊呀，这位小姐，你才问了个仔细，我因为功名不成，婚姻未定，你啰哩啰唆问了半天，我问你家住哪里？"

美英说："我不和你一样，我说话就利利索索，我家住东街巷口，爹爹姓侯，官居参将，母亲姓康，我叫美英。"

龙官保说："我问你今年多少岁数了？"

侯美英说："我今年三个六岁了。"

龙官保说："三六九，你才九岁了？"

美英说："哟，太小了。"

龙官保说："噢，那你是三十六了？"

美英说："哟，太大了。"

龙官保说："噢，那你是三六十八岁了。"

美英说："正是。"

龙官保说："那我问你有了没有……"

美英说："哟，我有了还问你了？"

龙官保说："小姐快走，叫人家听见笑话呀。大女子问大小子，大小子问大女子，人家听见，一定说咱两个不对了。"

美英说："哟，不对咱就往上对他么。哟，相公你和我……"

龙官保说："我和你怎么样，我和你都死了？哎，不行，你死起我还死不起，我还没活人来了么。"

美英说："哟，动不动你就说死了，人还不想死着了。"

龙官保说："哎，那你说我和你怎么样？"

美英说："你和我一拜花堂。"

龙官保说："那拜花堂那是做什么？"

美英说："成亲了。"①

这段对白全部是飘言，与出自书面文本的"死词"大相径庭，风格接近日常口语，是说书人的即兴发挥。

使用飘言的第三种情况是插入民歌、快板等艺术形式的演唱。吸收民歌小调、丰富陕北说书唱腔是韩起祥改造陕北说书的主要方向。在其代表作《刘巧团圆》中，韩起祥使用了《货郎调》《五哥放羊》《割燕麦》等民歌小调以及信天游曲调，但韩起祥只是借用民歌曲调而非歌词。在说书表演中大量插入民歌演唱的开先河者是张俊功，通常的做法是借故事人物行路、观景、夫妻对话和心理描写制造各种由头，直接插入民歌演唱。例如《回龙传》：

(马兰英)："哎哟，不晓咋价人可喜气了，比浪还喜。"

(王华)："那你给咱唱上两声嘛。"

(马兰英)："哎哟……人（家）不会唱嘛。"

(王华)："穷乐欢，富忧愁，咱们的这个光景，你不唱怕什么了，尽管唱。"

(马兰英)："哎哟，那我唱得不好，你该不要笑话嘛。"

(王华)："谁笑话你了？赤腚坐在冷地下——你自小就不要怕人笑

① 韩起祥编唱，孙宏亮编：《韩起祥陕北说书曲目选编》（第2卷），中国致公出版社2018年版，第654—656页。

话，你唱我听。”

(马兰英)：“哎，金梁他大，那你坐下我就唱吧。”

(王华)：“玉柱他妈，你唱吧——”

(绣荷包) 初一到十五，十五月儿高，

那春风（呀）摆动杨（呀么）杨柳梢。

年年走口外，月月不得回来，

捎书书写信（呀）要一个荷包带。

有心绣荷包，绸绸往回捎，

捎回来（那个）绸绸（呀）绣（呀）绣荷包。①

这类民歌小调为听众喜闻乐见，既可活跃表演现场气氛，增强听众的参与度，又可丰富表演形式，展示说书人多才多艺的表演才华，因此受到农村听众普遍欢迎。

“不说飘言不好听，说起来飘言没有根”，盲说书人用自己的演唱道出了飘言的作用和特点。飘言作为盲说书人现场即兴编唱的部分，彰显了陕北说书口头性特质，既便于演唱者灵活掌握表演的长度，又有助于良好现场效果的达成。但是，无节制且不具备语言艺术才华的飘言，只能使表演陷入冗长和平淡乏味，并且很容易走向庸俗化的路子。这也是当今一些老“书跟”普遍不满“张派”说书的原因所在。

（二）韵辙和程式

韵辙在陕北盲说书人的表演中起着十分特殊的作用，它不仅是陕北说书程式生成的前提，而且在很大程度上决定着陕北说书演唱独特的韵味。按口头诗学创始人帕里的定义，程式是“在相同的格律条件下为表达一种特定的基本观念而经常使用的一组词”②。程式是为了便于押韵而产生和被表演者使用的，因此，在某种意义上，正是作用于修辞之上的格律制造了程式，包括韵辙在内的格律是隐藏在程式背后的因素。

① 曹伯植等编：《陕北说书传统曲目选编》（中篇集），陕西人民出版社2010年版，第49页。

② ［美］阿尔伯特·贝茨·洛德：《故事的歌手》，尹虎彬译，中华书局2004年版，第40页。

受元明词话、清代北方鼓词影响，陕北说书演唱形成了稳定的韵辙系统。如下所示：

- 韵辙系统
  - 中东辙
    - ong
    - iong
    - ing
    - eng
  - 人辰辙
    - in
    - en
    - un
  - 江阳辙
    - ang
    - iang
    - uang

在盲说书人的演唱文本中，除个别特殊唱段外，几乎全部唱词都使用了这个韵辙系统。同时，“中东辙和人辰辙发音浑厚、深沉，也与陕北说书整体音乐风格相吻合，不易产生音调的不和谐”①。

“诗赞系”说唱文学基本的唱词格式是“二二三”结构的七字句，偶数句押韵。此外，汉语诗歌的韵律还表现为平仄关系，陕北盲说书人笼统地称之为“阴阳句”。由于受方言读音及演唱中复杂的变化因素的影响，所谓“阴阳句”很难做出准确的概念界定，但至少有一点可以肯定，“阴阳句”是指上下句构成的基本唱词单元要表现出韵律声调的变化与和谐。

上述格律形式构成了陕北说书唱词的“语法”，程式便是这种特殊的句法结构中的语言单元。它所体现的是特定意义与节奏、韵辙的统一。

在盲说书人的演唱文本中，程式无处不在。最稳定的意义程式涉及传统故事中经常出现的事物、人物、时间、地点等。例如：

> 家人秦玉没消停，
> 槽头拉过马走龙。
>
> ——《玉簪记》，谢明义演唱，延安，1981

> 把娘子拉出水洞门，

① 孙宏亮：《弹起三弦定准音——陕北说书考察》，陕西师范大学出版总社有限公司 2017 年版，第 96 页。

甩进八抬轿朱红。

——《代州还愿》，刘绪旺演唱，延安，1981

忽听空中一声响，
掉下一支箭雕翎。

——《金刀玉鞘》，刘忠元演唱，延长，2012

好个少爷呼圣僧，
手举一口剑钢锋。

——《呼延庆打擂》，邱满囤演唱，子洲，2015

太太吩咐用晚饭，
桌上摆下酒刘伶。

——《巧因缘》，王殿亮演唱，延长，2016

上举马、轿、箭、剑、酒都是传统故事中经常出现的事物。这类名词性程式有相同的格律价值，可称作“名词—借代（喻）程式”①。类似的还有“计牢笼”“地埃尘/流平”等，它们正好占据偶数句最后三个字的位置，不仅补足汉语单音词造成的诗行残缺，并且保持唱词韵辙的一致性。

表达货币的程式有“雪花银”“一（半）文铜”“马蹄金”等。例如：

家人一听没怠慢，
接过二十两雪花银。

——《清官断》，刘绪旺演唱，延安，1981

堆金积玉如山厚，
临完不拿半文铜。

——《洗衣记》，刘世旺演唱，绥德，2017

① 孙宏亮：《弹起三弦定准音——陕北说书考察》，陕西师范大学出版总社有限公司2017年版，第97页。

翻箱倒柜多一阵，
取出一对马蹄金。

——《还魂记》，张成祥演唱，延川，2007

表达年轻美貌的女性的程式，陕北说书中较为常见。例如：

孙彦龙开言把金哥问，
这是哪里个女花童？

——《花柳记》，田治枝演唱，子洲，1993

他慢慢挑起花叶往外观，
从上到下观看二位女娇容。

——《金镯玉环记》，鲁峰演唱，横山，2007

忽听门板响一声，
进来个二八佳人女钗裙。

——《汗巾记》，佚名演唱，延安，2011

按口头诗学的术语，这种呈现出可替换律的一组程式构成一个“程式系统”（formula systems），这在盲说书人的演唱中普遍存在。例如：

哭坏了宝童 { 小娇生 / 俊后生 / 小相公 }

此外，在特定情境中，表达男性书生的程式还可能是“东斗星”“状元郎”等。不仅如此，有经验的听众很容易发现，陕北说书中女性人物的名字经常是“×凤英”“×桂英”“×月英”“×秀英”“×秀珍（贞）”“×美容”“×美云”，男性主人公的名字出现最多的是“×宝（保）童”。当这些名字出现在唱句最后三个字位置时，它们同样具有程式的价值。

表示时间的程式有“霎时”“眨眼之间”“一眨眼”等，它们不仅出现在唱词中，也出现在散文叙述中。当需要表达黎明悄悄到来或者夜幕降临时，盲说书人使用下面的唱句：

架上金鸡报天明，
东方闪上太阳星。

——《汗巾记》，高新荣演唱，米脂，2016

老君扳倒猪血瓮，
染了阳间通罡红。

——《玉簪记》，谢明义演唱，延安，1981

西海日落小桃红，
东海闪上月光明。

——《刘公案》，谢明义演唱，延安，1981

正如洛德所补充的那样，程式不仅仅表现为词，也表现为“特殊的诗的句法结构中的短语、从句和句子”①。上举唱句是陕北说书人常用的时间程式。

最常见的地名是“××村”“××城”“××镇”，但诸如“绣楼棚”“高楼十三层”“帅府厅”“校场坪”“九龙庭”“高山岭”等也是重复出现在盲说书人演唱中的词语，它们是较稳定的程式。下面一组程式，经常用来表达“到达某地”：

××不远 { 面前存 / 眼面中 / 面前迎 }

表达“停留在某地或某处”，盲说书人经常使用“名词+盛”的程式。例如：

张桂英，喜在心，
我今就在客店盛。

——《丝鸾记》，韩起祥口述，延安，1987

① ［美］阿尔伯特·贝茨·洛德：《故事的歌手》，尹虎彬译，中华书局2004年版，第49页。

描鸾绣花务针工，
小姐就在绣楼盛。

——《巧连珠》，曹生高演唱，子洲，2016

盛，方言，居住，停留。演唱中，盲说书人通过置换前面的名词，充分发挥该程式结构的作用，保证唱句合辙押韵。

表示动作和行为发生的程式有“不消停”“没慢行”“忙起身”等，它们有时可互换。例如：

三班人役 { 没消停 / 没慢行 / 忙起身 }

在非韵脚的位置，盲说书人还经常使用“不（没）怠慢”。例如：

焦赞孟良没怠慢，
快步来到白虎厅。

——《金刀玉鞘》，刘忠元演唱，延长，2012

二位小姐一听，不敢怠慢，急忙下了绣楼。

——《金镯玉环记》，康海务演唱，吴堡，2014

表达走路的程式在盲说书人的演唱中十分稳定，最常听到的是“穿宅过院”，它通常占据诗行前半部分，后跟“快如风”“走得紧”“来得快”“一阵阵”等词语，构成完整的诗行。例如：

穿宅过院快如风，
一霎时跑在法场中。

——《金镯玉环记》，康海务演唱，吴堡，2014

穿宅过院走得紧，

一直出了府大门。

——《代州还愿》，刘绪旺演唱，延安，1981

穿宅过院一阵阵，
顺着大街往过行。

——《荆钗记》，曹生高演唱，子洲，2015

当然，演唱者也可灵活使用“穿街过巷”“穿营过寨”“走州过县”等词语。此外，“××前边把路引，××随后紧相跟”这一稳定的程式经常出现在穿宅过院之前。例如：

丫鬟前边把路引，
小姐随后紧相跟。
穿宅过院来得快，
堂楼不远面前存。

——《巧因缘》，王殿亮演唱，延长，2016

表达“仔细观看”和书生离家前长辈反复叮嘱时，盲说书人分别用“细盯凝”和“细叮咛”两个程式。例如：

李武举来到大衙门，
抬起头来细盯凝。

——《绣鞋记》，韩起祥演唱，延安，1981

老夫人开言细叮咛，
又把我儿叫一声。

——《小八义》，拓开发演唱，佳县，2016

在一些追求文言的盲说书人的演唱中，我们还可能听到如“赵兰英闪秋波仔细留神，展开了文约纸细看分明”一类的唱词。其中，“细看分明”仍然是稳定的程式。

“动词+脱笼”和“动词+不定”是两个具有陕北方言特色的动作程式，

前者表示动作行为即将开始或发生，后者用来形容动作状态令人不堪忍受或难以实现。前者例如：

姐妹俩一见乱墓堆，
往下一跪嚎脱笼。
——《金镯玉环记》，韩起祥演唱，延安，1981

把钢鞭夺在他手中，
手拿哨棒打脱笼。
——《武二郎打会》，韩起祥演唱，延安，1981

黄成家人看见了不成，
迈开大步奔脱笼。
——《金镯玉环记》，鲁峰演唱，横山，2007

“脱笼”这个方言词汇几乎可以和所有单音节行为动词搭配，因此成为盲说书人表演中出现频率最高的程式。后者例如：

一阵更比一阵重，
疼得夫人撑不定。
——《清官断》，刘绪旺演唱，延安，1981

黑夜间睡觉没有灯，
翻来覆去睡不定。
——《玉簪记》，谢明义演唱，延安，1981

二人走在大路中，
这婆姨高兴得嘴也抿不定。
——《伍迎春进宝》，贾志才演唱，定边，2012

若要放不出曹大本，
你的黑性命今天保不定。
——《观灯记》，韩起祥演唱，延安，1981

方言的使用，不仅丰富了盲说书人程式的数量，也增强了陕北说书的地域特征。

常见的程式用于喜怒哀乐和恐惧情绪的表达。例如：

王三开口笑盈盈，
连把二哥叫几声。

——《王三卖马》，韩起祥演唱，延安，1981

宝童拉在二堂上，
雷爷一见怒气生。

——《金镯玉环记》，康海务演唱，吴堡，2014

来在法场泪珠滚，
抱住单通的人头放悲声。

——《斩单通》，鲁峰演唱，横山，2007

“龙颜大喜”和“龙颜大怒”是用来表达皇帝喜悦和愤怒的固定程式，而对于故事中的其他角色，盲说书人则使用“冲冲大怒”表现他们的愤怒，当使用的位置处于唱句末尾时，这一程式很容易变化为“怒冲冲”“怒气冲”。盲说书人经常用哭来表现人物悲伤的情感，但在动词“哭得”的后面，演唱者必须添加“如酒醉”“肝肠断”“血崩心”“泪纷纷（淋淋）”等形容词程式。例如：

公子哭得如酒醉，
二家贤妹听仔细。

桂兰直哭得肝肠断，
爹爹你老有所不知情。

——《金镯玉环记》，康海务演唱，吴堡，2014

众人走出妓院门，

狄美云哭得血崩心。

——《九美图》，白旭章演唱，延安，1981

表达内心恐惧的程式，最典型的是“嗖嗖打颤”，显然它不能够放置在诗行押韵的位置。借助民俗事项的观察和方言，盲说书人使用“羊领生”或“如羊领”，恰到好处地补足诗行后半部分。例如：

胡进一听着了惊，
嗖嗖打颤羊领生。

——《九美图》，白旭章演唱，延安，1981

马赛英急得放悲声，
嗖嗖打颤如羊领。

——《杨宗英下山》，谢明义演唱，延安，1981

领牲是陕北农村一种祭祀仪式，等待祭祀的羊被牵到神像前，祭祀者不停地往羊身上浇水，羊浑身发抖，则表明神灵领受牲品。这一程式生动而形象，经常出现在盲说书人的演唱中。

以上，我们列举了陕北盲说书人演述文本中一些经常听到的程式类别。得益于孩童时代所受的熏染和聆听，对于大部分盲说书人来说，程式似乎与生俱来，无论在最初的学艺阶段，还是漫长的行艺过程中，他们从未在具体的词和短语上下过功夫。正如洛德所说：“那些被记住的词语，可能是别的歌手的歌的程式，但并不是我们的歌手的程式，只有到了我们的歌手在自己的演唱中，已经形成了对这种程式的惯常使用时，那些记住的程式才成为他自己的程式。”① 因此，离开具体的演唱文本，我们很难准确统计出任何一位盲说书人所使用的程式的数量。优秀的说书人善于从日常生活和同行的演唱中获得新程式，程式的丰富积累也会表现出创造和再创造在更高程度上的变异。因此，他们不仅不会受到程式的限制和束缚，程式技巧反而会使他们成为巧匠。

① ［美］阿尔伯特·贝茨·洛德：《故事的歌手》，尹虎彬译，中华书局2004年版，第58页。

（三）套语和书套

套语和书套都是陕北盲说书人演唱文本的构成部分，由套语构建的现成的结构模式和大量稳定的书套，二者共同标志着陕北说书的成熟形态。

套语是讲故事常用的方式，比如讲故事开始时用“从前”“很久以前”“话说”，这类套语早已为人们所熟悉。套语相当于程式（formula），与程式不同的是，套语是结构和叙述模式层面的，程式通常是意义层面的。就陕北盲说书人的演唱而言，套语主要用于开场、散场以及仪式与小段和正本、场与场、说与唱、不同情节与场景之间的转换、过渡和衔接。例如，传统讲故事开篇“话说……”除了表明讲述开始外，并没有其他意义，它与“细叮咛”“安顿”等表达说话意义的程式明显不同。因此，“就其作用而言，这些套语是特殊文类（genres）的标志，只要这些文类在某一社区中属于惯常被表演的范畴，上述套语就可能成为标定表演的手段”①。然而，大部分的套语，例如“弹起三弦定准音，各位乡亲一声请”“丝弦一响震天堂，参天参地参五方”，并非不表达意义，它们也可被视为程式。

在陕北盲说书人的演唱文本中，套语有以下几种类型。首先是开场和散场套语，最常听到的开场套语是“弹起三弦（琵琶）定准音”，这个套语也经常用于非仪式性舞台或者广场表演，并表现出与时俱进的特征。20 世纪 40 年代“新书改造运动”赋予盲说书人对自己职业新的理解，韩起祥开场唱道：

手弹三弦口来讲，
春夏秋冬走四乡。
说书不为别的事，
文化娱乐我承当。②

随着盲说书人训练班的推广，这个开场套语得以普及，成为一个时代陕

---

① ［美］理查德·鲍曼：《作为表演的口头艺术》，杨利慧、安德明译，广西师范大学出版社 2008 年版，第 24 页。

② 韩起祥编，高敏夫记：《刘巧团圆》，东北书店 1947 年版，第 1 页。按：套语是说书人共用的模式，存在于多个演唱文本中，下文所举例证，除特定文本外，均不注释。

北说书的标志，响彻古老的黄土高原。21 世纪初，进入“非遗”时代，在各类说书大赛舞台上，说书人经常使用的开场套语是：

手弹三弦腿打板，
各位领导评委们一声请。
民间艺术人人爱，
陕北说书上舞台。

民间仪式性说书表演，进入“正本”之前先要参神、演唱书帽和小段，参神即意味着表演正式开始。参神开始的套语除了前面所举“丝弦一响震天堂，参天参地参五方”外，经常听到的还有：

香烟起来雾腾腾，
弹起三弦参诸神。

满把黄香炉中焚，
请过斟茶奠酒人。
丝弦响起神赴会，
参动满堂众诸神。

香在炉中蜡点在台，
花在园中四季开。
不管花开花不开，
我把合会诸神参起来。

散场套语分为三种情况，一是用于单场表演的结束，称作关口套语；二是用于整本书或整个台口表演完成。前者例如：

书有关口将有名，
抖乱头绪整不清。
书说此处缓一缓，

歇缓起来再理论。

书到关口路拦定，
落了书弦住了音。

书说此处住了罢，
下回书里再表明。

后者例如：

书说团圆戏场散，
这本古书算完成。
落了三弦住了音，
明年咱们再相逢。

今是古，古是今，
一本古书劝世人。
劝了耳朵劝不了心，
×××一本我说完成。

第二类套语用于表演内容、场景的转换、过渡和衔接，涉及参神与书帽、小段之间的转换、书帽和小段向正本的过渡、由说转唱和由唱转说、故事情节和场景的转换、场与场之间的衔接等诸多方面。这类套语所形成的模式，对于盲说书人现场表演至关重要。采访中，笔者也发现个别以词功著称的盲说书人，因为缺乏此类套语，表演有时显得生硬和不连贯。

参神与书帽、小段之间的转换性套语相对稳定。例如：

四六八句把神参动，
说一个小段（古诗/诗句）先敬神。

书帽和小段结束，接着进入“正本”书演唱，这时盲说书人面临多个可选择的套语。例如：

书有帽子戏打咚，
小段完了开正本。

闲言几句搁在空，
三弦一响开正本。

扭转三弦变转音，
说一段故事大家听。

这类套语之后，说书人接着表朝纲，通常从“自从盘古开天地”或者“周有三十六王子”开始，一直演唱到故事所发生的朝代，然后用“××朝里表古人”引出“正本”书。再例如：

把闲话按在三弦上，
说一段古诗开正场。

打了一个小段先敬神，
小段完了接正本。
要知道故事该怎讲？
三弦落住表分明。

接着，盲说书人念唱开场诗词，并用“×句诗叙过，言归正传”或者“《西江月》道罢，书归正传”的套语引出书名和故事的开端。在散文叙述故事发生的朝代、地点、人物姓名后，通常用“要知后事咋讲，听书的人不要吵嚷，听我打板道来”或者“众明公哑言静坐，不嫌书匠的破喉咙哑嗓，细听我捣打一场”叫板，然后起板演唱。

长篇正本书的演唱包括若干个说（散文）和唱（韵文）段落，需要多次转换。由说向唱的转换，盲说书人一般借助叫板来实现，书词内容各不相同，但在叫板书词的结束部分，诸如“……（起）来了”“……道来”“……走了”的标志性词语经常出现。例如：

啊呀，白天祖忙坏没有消停，恼怒心中，连忙扳鞍上了他的四不像，宝刀一提，啊呀，加马三鞭就往山下来了。

——《杨宗英下山》，谢明义演唱，延安，1981

唉，当时把公子怕得小房内就哭起来了。

——《五女兴唐传》，张俊功演唱，延安，1989

唉，兄弟呀，听我给你道来。

——《五女兴唐传》，张俊功演唱，延安，1989

妹妹，你好好把你嫂嫂伺候上，我就走了。

——《杨公案》，张俊功演唱，延安，1987

这类书词通常使用念唱的方式，似说似唱，语气和节奏都与之前的叙述不同，具有明显的标识。

由说向唱的转换，一般在唱段结束后，说书人落住三弦，直接用“话说”“且说”引出散文叙述。例如：

（唱）汤元帅走出帅府厅，
穿街过巷午朝门。
上了万岁九龙庭，
一见万岁跪倒身。
（白）话说汤元帅双膝跪倒，“我王万岁在上……”

——《金钟记》，韩起祥演唱，延安，1981

一些转换性套语也经常出现在唱段末尾。例如：

要知太师是怎样的人，
把书弦落住讲分明。

贾老爷有语开言道，
又把花子是一声叫。

——《金镯玉环记》，吴锡忠演唱，子洲，2011

可见，“要知……书（三）弦落住讲分明”“××有语开言道，又（便）把××叫一声”是典型的由唱向说转换的套语。接着，表演者用“话说……”或者“×××说……”开始散文叙述。

故事情节和场景间的转换，最具有标志性的套语是“××记住且不表（论），花开两朵另表明”“按下××暂不论，再把××说（讲）分明”“××记在……（回书）再说……”“不说……（回书）再说……”例如：

把金哥记住且不表，
花开两朵另表明。

——《花柳记》，高新荣演唱，米脂，2008

一口难说两家话，
单手难抽人耳光。
按下公子暂不论，
再把小姐说分明。

——《金镯记》，邱满囤演唱，子洲，2015

李公子记在路途中，
回书再说张美容。

——《五女兴唐传》，张俊功演唱，延安，1989

不说公子哭伤心，
再说于氏狗贱人。

——《金镯玉环记》，吴锡忠演唱，子洲，2011

场与场之间的衔接套语出现在参神和小段演唱之后，盲说书人经常使用比喻性语言。例如：

朝纲里奔脱一匹龙驹马，
卢沟桥前我等等它。
等住了头尾接后跟，
等不住头尾该丢人。
上回说过谁家话，
再把谁家接住拉。

——《汗巾记》，高新荣演唱，米脂，2016

快刀斩断红绒线一根，
哪里斩断哪里寻。
上一回说了谁家话，
再接上回书半本。

——《金镯记》，邱满囤演唱，子洲，2015

而第三种套语对人物出场和特定演唱内容具有引导性作用。例如，在张俊功一派说书人的表演中，书生被山大王下令绑进剥皮厅，他的“救星”是时候出场了。这时，演唱者用“惊动惊动多惊动”将山大王的女儿带到了书生的面前。因此，在“张派”说书人的演唱中，“惊动惊动多惊动”是引出故事角色的套语。接下来，书生开始向他的“救星”讲述自己的身世：

高山点灯明头大，
大海栽花根又深。
提起苗苗就有根，
我不是无名少姓人。

——《五女兴唐传》，张俊功演唱，延安，1989

这四句唱词是典型的引导性套语，在它之后，是书生关于自己身世和遭遇的详尽叙述。

最后，套语还与表演者和听众之间的交流关系相关涉，这在陕北盲说书人的表演中表现得比较简略，常见的比如“明公有所不知……”“老乡们，你们没看见……”例如：

> 老乡们，你们是没见，书匠我可是看见了。那妖怪咴的叫了一声，一下子从水里跳出来，就像一根丈二长的蟒蛇，摇头摆尾冲出来了。
>
> ——《五女兴唐传》，鲁峰，横山，2008

上面所举例证出自众多盲说书人的演唱文本，说明套语在陕北说书表演中普遍存在。与程式一样，套语是长期传承的结果，并允许表演者自由选择和灵活使用。对于在现场表演的盲说书人来说，套语所形成的模式一旦确定下来，便不会被轻易打破。

书套用于描写和渲染不同人物、事件和场景的完整唱段，陕北盲说书人称为“书套”，大致相当于口头诗学的“主题或典型场景”（theme or typical scene）。书套是陕北说书传承的核心要素，从拜师学艺的最初阶段开始，年轻的徒弟便意识到书套对于表演的重要性，他全神贯注地聆听师傅的演唱，努力从师傅教唱的书词中记住一些特殊唱段。为了便于记忆，盲说书人给它们起了不同的名称，诸如“梳妆段”“点兵段”“打杀段”“升堂段”“观男看女”“城池街景”“过山段”等。1981 年著名盲说书人王学师为陕西省曲艺采集小组演唱了 18 个传统书套，这些录音资料被完整地保存了下来。

书套是盲说书人唱段的主体部分。陕北说书表演对于说和唱两部分的内容并没有明确限制和规定，这为表演者提供了自由。不同盲说书人在使用书套的密度和灵活性方面存在差异，越是成熟的、富有经验的表演者越是善于借助既有的书套构建唱段，而不是现场即兴编唱。

首先是涉及传统故事中各种类型化角色的书套，一般包括服饰、容貌和动作描写。例如描写书生：

> 头上青发拿梳拢，
> 青丝大辫墨生生。
> 朱线帘子乱刮风，
> 汗巾沾了脸上尘。

头戴儒巾双飘带，
身穿蓝衫绣彩襟。
腰系丝绦带一根，
茧绸裤子两腿蹬。
白缎靴上盘乌云，
广东袜子脚上蹬。
公子打扮多齐整，
前行来在待客厅。

——王学师演唱，延安，1981

描写武将，多突出其英雄气概：

头戴狼牙凤翅盔，
身穿锁子甲玲珑。
摇一摇，甩一甩，
嘶里哇啦响连声。
前心月儿明朗朗，
后心月儿朗朗明。
腰束玉带紧三紧，
带穗上边两盘龙。
左膀上边龙戏虎，
右膀上边虎戏龙。
左挎弯弓赛秋月，
右挂狼牙箭雕翎。
丈八银枪拿手中，
卧虎靴子两脚蹬。
蘑菇钉，钉三层，
踏一脚，喊一声，
十殿阎君害头疼。

——王学师演唱，延安，1981

传统故事中一些次要角色，诸如丫鬟、媒婆、卖杂货的小贩、讨吃的花子、罪恶的老鸨、流氓恶霸、昏庸的县令，陕北盲说书人的演唱中也有相对应的描述性书套。例如唱丫鬟打扮：

有心梳一个盘龙髻，
两根卷毛不争气。
有心梳一个卧龙关，
几根黄毛长得短。
将就着梳了对毛卜鬏，
看上去好像是粪爬牛（按：方言，蜣螂），
活脱脱河里的癞蛤蟆。

——张俊功演唱，横山，1987

唱乞丐行路：

头戴个帽帽没有顶顶，
身穿个烂袄还短领领。
驴笼头裤子四根筋，
穿的两只烂鞋倒短些后跟。
浑身衣衫开窟窿，
腰间挣的一根烂草绳。
肩膀上背了一个烂顺顺（按：方言，褡裢），
手里头拄了一个焦头子棍。

——邱满囤演唱，子洲县王家山佛祖庙，2015

重复出现的事件和场景是构成故事整体的基础，大故事通常包含若干小故事，单一事件的小故事称作“主题”（theme）[①]，书套是表达特定主题的唱

---

① 指叙事单元。洛德说：“在以传统的、歌的程式化文体来讲述故事时，有一些经常使用的意义群，对此，我们可以按照帕里的定义，把它们称为诗的‘主题’（theme）。”他接着举例说，《博格达之歌》中的第一个主题是集会，这是所有史诗中最典型、最有实用意义的主题。“这类事件在许多歌中不断出现。经过无数次聆听，年轻的歌手在开始演唱之前，便已熟悉了这种主题的模式。”［美］阿尔伯特·贝茨·洛德：《故事的歌手》，尹虎彬译，中华书局2004年版，第96—97页。

段。例如，“集会”主题经常出现在传统故事的开始部分：

哎嗨——
东边打起朝王鼓，
西边撞了景阳钟。
鼓响一百单三下，
钟响二百零六声。
朝王鼓，景阳钟，
文官武将上龙廷。
文官头戴乌纱帽，
武将盔甲耀眼明。
文官不走武先走，
武官不行文先行。
东华门开开文官走，
西华门开开武将行。
上了万岁头处门，
玉石栏杆十八根。
来到万岁二处门，
天花板上钉银钉。
进了万岁三处门，
二龙戏珠两盘龙。
上八拜，下八拜，
左八拜，右八拜，
倒退八步又八拜。
三十六拜朝王驾，
二十四拜拜明君。
朝罢王来拜罢君，
文武八百列西东。

——《金镯玉环记》，鲁峰演唱，横山县城，2007

演唱者通过对朝王见驾事件的渲染，加之“武调”独特的音乐氛围，为即将展开的故事营造了一个异乎寻常的开端。

描述事件和场景的书套是一个复杂而精致的系统。尽管存在门派和个体差异，不同盲说书人演唱相同主题的书套的书词不会完全相同，在保留书套的数量和完整性方面，王学师及其弟子明显高出“张派”说书人一筹。但从整体上来说，书套是共享的资源。每一位盲说书人都熟悉军队的主帅如何点兵，行军途中主帅颁布的军令，安营扎寨，武将穿的盔甲，骑的战马以及他和敌将交战的情景；他也熟悉书生的母亲叮嘱儿子的话语、家仆为书生备马、书生急切的行程、山林的恐怖、书生和未婚妻拜堂成亲的情节，京城城池和街道精致、书生高中状元后夸官的场面。盲说书人在最开始的时候，便吸收了这些主题的结构，并把它们作为自己演唱的基础。

书套是为了演唱故事而存在的，是构成完整故事链条中的环节。在王学师 1981 年演唱的《双龙记》中，这位优秀的盲说书人为我们呈现了一系列完整的书套。[①] 年轻的书生回到家中，将进京赶考的消息告知父母，父母十分高兴。书生梳洗已毕，吩咐家仆备马：

槽头顺过能行马，
刨子刨来刷子刷。
刨子刨过毛眼顺，
刷子刷过不起尘。
金银鞍，金银镫，
金银辔头缀红缨。
三叉捆肚牢牢扣，
二指盘胸虎腾云。
还怕此马转了鞍，
前后三条套煞绳。
栽绒褥子栽绒毯，

① 《双龙记》，王学师演唱，延安文化局招待所，1981 年 8 月。该书是王学师留下的唯一一本完整的传统书目演唱录音，保留了大量书套。限于篇幅，这里仅举该书第一场演唱为例，书词不一一注释。

搭了鞍笼罡天红。

书生催马欲行，他的母亲拦住马头，开始仔细叮嘱：

你自幼在学看书文，
出门的礼行你全不懂。
出门之人三分小，
凡事都要依礼行。
年长十岁你称干父，
同年等岁论长兄。
二八佳人称尊嫂，
幼女又把姑娘称。
见了和尚称长老，
见了道士称仙翁。
路上若有人相跟，
你把人家让在前边行。
关津渡口要小心，
生来人不知道水浅深。
坐船不要在船头上坐，
小心艄公变良心。
休息不要歇土墙根，
小心丢砖撂瓦人。
石头打死人要偿命，
谁是你证词告状人？
饿了你不要把冷饭用，
冷饭吃上肚子疼。
三口两口吃下病，
谁是你端汤递水人？
渴了你不要喝泉井水，
井泉水里冷虫多。

三口两口喝下病，
谁是你端汤递水人？
走路你不要走捷径路，
山径崎岖路难行。
日头不落你就进店，
太阳冒花再登程。
歇店你不要歇偏稍店，
偏稍店里有贼人。
娘说这话你牢牢记，
且莫当成耳旁风。

书生出发了，他的旅程一帆风顺：

公子奔上阳关道，
一心赶考务功名。
一里二里风送云，
三里四里盼路程。
五里路上桃花店，
十里路上杏花村。
杏花村里饮好酒，
桃花店里遇贤人。
饮上好酒醉倒身，
遇上贤人表贤名。
路上景致无心观，
心急意忙赶路程。

然而，书生的磨难即将来临。他被一座高山阻挡，书生走进树林，林中的景致令他恐惧：

山上松柏茂又高，
深涧又断独木桥。

山径崎岖路难行，
弯弯曲曲水流洞。
松柏遮天梢搭梢，
鵵怪子叫唤恨乎（按：猫头鹰）嚎。
麻野雀，喳喳喳，
黑老鸹叫唤嘎嘎嘎。
后山岭听见豹子嚎，
前山的羊鹿像狗咬。
猕猴玩耍在树梢上爬，
人熊背的熊娃娃。
那娃娃说妈呀我饿了，
熊说你饿娘也不饱了。
等得过来一个行路人，
咱母子饱饱用上一顿。
早是一个惊，给了一个怕，
人熊说话呜啦啦；
早是一个惊，给了一个怕，
猛虎噙条人腿巴。
前无庄村后无店，
不见庵观与寺院。
四十里深山实惊人，
公子马上胆战惊。
看看太阳落西山，
越走越怕越胆寒。
狼奔山，虎奔林，
鸦儿老鸹钻窟窿。
公子这里往前行，
忽听一梆铜锣声。

书生被带到山大王面前，后者丝毫不怜惜书生的哀求，下令把他推进剥皮厅。与大多数同类型故事不同，书生的哭声惊动了一位神灵，他刮起一阵神风，把书生送到了山大王的妹妹居住的花园：

太白金星吹一口气，
西天地里起狂风。
刮的儿马风、叫驴风，
东南风，西北风，
刮得大山揭了顶，
小山过去一扫平。
大树过去剜了根，
小树过去影无踪。
刮的碾轱辘耍流星，
刮的碾盘翻烧饼。
拦羊娃娃怕得钻串洞，
一脚踏出来一窝地黄蜂。
黄蜂叮，黑蜂叮，
叮的拦羊娃娃直死声。
只管叮，尽你叮，
拦羊爷爷在这里避大风。
把个老汉刮得倒栽葱，
刮得老婆回家中。
门缝回来一股风，
乡里大嫂好看风。
刚刚开开一点门，
门缝回去一股风。
刮得盆打盆瓮打瓮，
刮得的小孩攒窑顶。
这个大嫂一看事不成，
哗啦一声把门关定，
你给老娘再刮风。

大风刮了多一阵，
把公子刮在山后的花园中。

这个用“武调”演唱的“刮大风”书套，借助夸张的手法，表现出极强的艺术感染力，已成为当代许多陕北说书人的参赛曲目。最终，山大王的妹妹搭救了书生，二人拜堂成亲。

以上，我们通过一个实例梳理并检验了部分传统书套在表演中的应用。正如洛德所说：“口头传统史诗的质量在很大程度上依赖于歌手对英雄、马、武器、城堡等入时得体的描绘。向前推移的故事因为这些描绘而为之驻足，听众也开始坐下来被描绘的场景吸引。”① 在众多盲说书人的演唱文本中，用“武调”演唱的厮杀场面的出现，往往预示着故事高潮的到来，这类书套具有多个变体。例如：

呼延庆一听冲冲怒，
手指狗官骂一声。
不在你海口夸得大，
你看呼家爷爷怕不怕？
你就不访一访问一问，
呼爷爷可不是个省油灯。
杀法武艺盖世好，
杀败天下有威名。
韩延龙，便开言，
呼家小子骂几声。
你在别人面前要好汉，
韩爷面前你顶稀松。
这一个圪嘟嘟把火生，
那一个眼里冒火星。
一个打马往前走，

① ［美］阿尔伯特·贝茨·洛德：《故事的歌手》，尹虎彬译，中华书局2004年版，第123页。

一个打马往前冲。
呼延庆马上钢鞭打，
韩延龙就拿单刀抡。
刀来了，鞭拨开，
鞭来了，刀挡定。
刀剁头首差五厘，
鞭打天灵盖错半分。
打一鞭不见了，镫里藏身；
使一刀不见了，鹞子翻身。
刀来鞭去来回转，
鞭来刀去上下翻。
你杀营门铁锈锅，
我打老君倒顶门。
你杀佛家莲台坐，
我杀童子拜观音。
一个脑后摘瓜来得快，
一个腋内偷桃学得真。
一家凤凰展翅来得快，
一个妖出鬼没影无踪。
鹰踏兔子来得快，
拨草寻蛇没放松。
一个玉女穿裙来得快，
一个仙人指路甚分明。
好杀呀——
呼延庆鞭法盖世好，
韩延龙刀法盖世能。
你有好手拿了我，
我有好手不让人。
杀一回，又一回，

战一阵，又一阵。
他两家杀得——
人赛南山斑斓虎，
马赛北海出水龙。
两家兵器四只手，
八只马蹄乱蓬蓬。
你马咬住他的马鬃，
二马哼哼不住声。
直杀得雾气腾腾往起升，
杀气耀得眼难睁。
天上云，地下坑，
对面人认不得对面人。
马蹄嘭嘭赛雷声，
黄尘真像驾上云。
他两个大战一百合，
呼延庆杀得如欢虎，
韩延龙杀得跌精神。

——《代州还愿》，刘绪旺演唱，延安，1981

再例如：

啊嗨——
二人话不投机动无明，
各执兵刃起战争。
一家打上往东走，
一家打上往西行。
这家打上往南走，
那家杀上往北行。
那家大刀不离天灵盖，
这家宝剑不离脖项颈。
这家举剑迎面刺，

那家大刀忙挡定。
大刀下来刚过身，
宝剑离身刚二分。
剑碰大刀叮当响，
刀碰宝剑冒火星。
咦——
这一个泰山压顶往下打，
那一个霸王举鼎往上迎。
这一个仙人指路来得快，
那一个金鸡独立往上赶。
这才是上山虎遇下山虎，
出水龙又遇入水龙。
强中又遇强中手，
丧门星碰上吊克星。
他二人大战二十零，
谁胜谁负难分清。

——《花柳记》，康海务演唱，吴堡县康家塔，2016

这类唱段给人一种酣畅淋漓之感，尤其是伴随着说书人“啊嗨”一声怒吼，座下听众全都哑言静听，仿佛身临其境，陶醉在说书人精湛的演唱之中。

关于马的描绘，多突出其驰骋的雄姿。例如：

鞭梢一摆马受疼，
四蹄蹬开如驾云。
前蹄刨，后蹄蹬，
支起尾巴奓起鬃。
前蹄刨起千年土，
后蹄蹬起万年尘。
上山好像钻天鹞，
转弯好像小黄莺。

过河好像箭雕翎，
下山好像滚流星。

——《玉镯记》，白旭章演唱，延安，1981

城池和街景的描绘经常是紧密相连的两个书套。例如，历经磨难的书生终于到达目的地，他最先看到的是京城的城池：

远照城楼三滴水，
近望垛头赛羊群。
三个垛头一杆旗，
一杆旗下十个兵。
车走吊桥如擂鼓，
马踩沙州灰蒙蒙。
护城河里鸭子叫，
亮开翅膀直扑腾。

——《金镯玉环记》，鲁峰演唱，横山县城，2007

书生迅速进入城门，街道的繁华精致吸引了他：

东街的幌子龙摆尾，
西街的幌子虎翻身。
当铺对的理发店，
茶馆对的酒馆门。
饭馆门前碗摞碗，
茶馆门前盅摞盅。
山货对的杂货铺，
布商对的裁缝门。
木匠铺里拉大锯，
银匠铺里锤叮当。
买当的医生拉狗熊，
十七八姑娘踩软绳。

竹竿戳在半空中，
一推一拉西洋景。
街上行，街上转，
南来北往人不断。
也有骑马戴串铃，
也有坐上轿儿行。
便步行往女共男，
挑柴卖炭庄稼翁。
三教九流争名利，
诸子百行乱嚷嚷。

——《金镯玉环记》，吴锡忠演唱，子洲葛兰畔村，2017

以上例证，足以说明书套在陕北说书表演和传承中的重要地位。书套表现为描绘特定角色和主题的唱段，然而，我们不能期待从不同盲说书人那里聆听完全相同的唱段，或者从同一位盲说书人那里听他一字不差地重复演唱同一个唱段。书套是稳定的，但绝非铁板一块。因此，书套并不排斥个人演唱风格的呈现。

（四）刚口和喷口

“刚口”一词源自古代。《红楼梦》第五十四回：“奶奶好刚口！奶奶要一说书，真连我们吃饭的地方都没了。”①《白话小说语言词典》中的解释是：“说书人利落的口才。”②　《小说词语汇释》解释说：“说话有技巧而能动听。”③ 喷口，源于戏曲表演，“指演唱或念白时，在字的开头处发音稍晚，造成一种含力，喷放而出的效果”。④ “使用喷口吐字发声时，唇、齿、腭、舌等器官要有机地配合，字头发音要重，使字音有力地喷发出来，并注意出

① （清）曹雪芹、高鹗：《红楼梦》，中华书局2009年版，第825页。
② 白维国：《白话小说语言词典》，商务印书馆2010年版，第400页。
③ 陆澹安：《小说词语汇释》，中华书局1964年版，第417页。
④ 马紫晨等：《戏曲知识300问》，河南文艺出版社2015年版，第116页。

字后的腔体共鸣。喷口的作用，是使说表的字音饱满、刚劲、有力。”①

刚口和喷口是民间听众品评盲说书人表演的维度。例如：“书匠张师刚口好，肚才不行；李师的肚子没驳儿（按：犹言没说的），刚口不顶张师。”②“我听过那书匠说书，人家实在好喷口。”③ 这些评价指向说书人的语言风格和声音层面的特征，包括语速、长度、停顿时间的长短、音高、语调、响度、重音等。

刚口具有“口才利落”“说话有技巧”的特点，并且与盲说书人的“肚才”没有必然联系，是一种流畅、快捷而发音连续的说话风格。多指说书人从第三人称视角对情节和场景的交代、即兴说唱的飘言、人物独白以及次要角色的对话等。例如：

> 夜晚上，我给老乡们说的是越国公罗成之后罗增奉了万岁的圣旨，带兵出京，征讨北国鞑靼。他有两个儿子，长子名叫粉面金刚罗灿，次子名叫玉面虎罗焜。罗爷出兵打仗，把两个儿子留在西京长安。老乡们可不知道，这朝中有一家奸贼，他姓沈名谦，是一家西宫国丈，掌朝的太师。只因三月初三大闹满春园，沈谦的儿子沈廷芳强抢民女，横行霸道，被罗灿、罗焜弟兄痛打一场，就这样罗家跟沈家结下冤仇。罗爷被北国鞑靼困在回雁峰，内无粮草，外无救兵，总兵差了宗信进京讨救搬兵。沈谦把宗信领进府上，改了告急文书……夜晚上咱们就把书从这里扣下。老乡们，听书要听个家门里道，不能听得糊里打盹（按：迷迷糊糊的样子），我给大家交代清楚，大家好听得明明白白。
>
> ——《粉妆楼》，鲁峰演唱，横山县鲁家河村，2008

有时，说书人也用唱来回顾上一场书的情节内容。例如：

上回说过孙继高，
他的爹爹命丧生。
哥哥继成上北京，

① 中国曲艺志全国编辑委员会：《中国曲艺志·陕西卷》，中国 ISBN 中心 2009 年版，第 502 页。
② 杨明芳、杨进：《陕北语大词典》，陕西师范大学出版总社有限公司 2011 年版，第 197 页。
③ 佚名讲述，孙宏亮采访，了洲杜家沟岔庙会，2015 年 7 月 31 日。

赶考赴试求功名。
一走三年没回音，
书无书来信无信。
无锡连跌三个大年成，
五谷田苗没收成。
一家四口没吃用，
担上水桶街上行。
街上卖水为营生，
维持一家四口人。
公子卖水街上行，
等见户部赵大人。
他到街上来散心，
看见女婿遭苦情。
公子请在赵府门，
书馆里面看五经。
念书念了一月零，
七月初七到来临。
赵能花园来散心，
听见花园念书声。
母子定下牢笼计，
要害公子活性命。
公子酒醉不精明，
杀死梅香遭人命。

——《红灯记》，李维俊演唱，延安，2011

这种即兴的说唱是对说书人口才和语言能力的极大考验，不仅要流畅，还要保持较快的语速，一气呵成。用民间听书者的话来说："说书不打圪腾（按：梗，此指停顿），才算刚口好。"①

① 佚名讲述，孙宏亮采访，子洲杜家沟岔庙会，2015 年 7 月 31 日。

除了交代情节外，刚口还用于人物独白、次要角色的对话。例如：

〔快板〕媒婆婆、媒婆婆，
肚子像个罗锅锅，
经常想吃个炉馍馍。
能说男、能说女，
还能拆散活人妻，
老汉说成小后生，
谁敢说我不中用，不中用？
一个媒婆二妖婆，
三个妖婆熬一锅，
提起不像肉儿味，
总跟羊肉差不多，差不多！
千当家、万当家，
提起当家我乱如麻，
整天离不了三件事，
油盐酱醋米面茶，米面茶。
〔白〕媒婆媒婆，身带二两调和，不带调和就不叫媒婆……

——《快嘴》，张俊功演唱，延安，1988

再例如：

(媒婆) 韩文胜，你这个婆姨打算卖多少吊呀？

(韩文胜) 我婆姨……唉，媒婆，你们大概有个大行情。不过我的婆姨跟再的不一样，最少我要卖她十二串铜钱。

(媒婆) 噢，你要卖十二串铜钱？年成续在，卖不下。

(韩文胜) 媒婆，她卖不下，那你看，不要叫少卖了就行。

(媒婆) 我再问人买客看掏多少了。客人，你打算你给人家掏多少钱呀？

(吴蛮子) 不少掏，是米半升，麻钱六百。

(媒婆) 才六百？冰草蔓子霜皮水——我看你这个人是细毬鬼。好货展下卖，赖货要卷住卖，枣是量了，核桃是数了，你不能枣核桃一例过，要加两个了。

（吴蛮子）啊，媒婆，像你说这么好的女人再给他加上点吗？七百怎么样？

（媒婆）七百？加该要很很加了嘛，一百一百加了？

（吴蛮子）还少？再加上一百，八百怎么样？

（媒婆）八百？

（吴蛮子）嗯。

（媒婆）你再加不了？

（吴蛮子）不了。你看就是八百，要是卖，我就买上；不卖，不卖不买，两无欠债。

（媒婆）再等等，我再问看人家要卖多少了？

（吴蛮子）问去。

（媒婆）韩文胜，你刚才要卖十二串铜钱，少价你卖不卖？

（韩文胜）唉，少价我看就不能卖了。

（媒婆）能卖也要卖，不能卖也要卖。按我给你打帮十二串是卖不下，你看一串铜钱你卖了吧？

（韩文胜）哦，媒婆，太不敢少了，打帮的叫我多卖上点。

（媒婆）就是一串，这还是我说了，人家还不晓要不要？韩文胜，不要为难，年成续在，一串铜钱你也卖得了。客人，一串铜钱你要呀不？

（吴蛮子）一串？我连八百五也不掏。

（媒婆）说实不掏？

（吴蛮子）说实不掏。

（媒婆）你不掏八百五，人家九百九十九厘九块九还不卖，你看你要了就是一串，不买了，人家就脚巴巴挽绳——拉倒。

（吴蛮子）唉，你星核到九百上了，我看九百吧。

（媒婆）九百九十九厘九还不卖，就是一串。

（吴蛮子）一串我不要。

（媒婆）韩文胜，一串他不要了。走，咱在东关上卖去。天上下来个白猪娃——缺少他这么个攮刀子货？

——《卖婆姨》，张俊功演唱，延安，1989

这段演唱录音中，媒婆说话干脆利索，接近日常口语，甚至夹带有通俗的土话，当属于“有技巧而能动听”的刚口。

喷口指有力、刚劲、饱满的发音方式，多用于韵白，如开场诗、《西江月》词和表演过程中的诗句、对联、祭文等文言段落的表说。除了前文所举《斩单通》开场《西江月》和《荆钗记》中的祭文外，再例如：

腰戴宝刀度春秋，满腹怨仇在心头。
要叫爷把宽心放，马踏北京报怨仇。

——《雷九童打擂》，张俊功演唱，延安，1989

这四句开场诗即用喷口，表字刚劲有力，有强烈的节奏感。在一些遵循传统的盲说书人的表演中，喷口也用于故事叙述。例如：

四句提纲叙过，书归正传。话表这宗故事出在何方，表在某地？这宗故事出在大宋太宗皇王年间，出在江宁苏州人氏，离城十里有一庄村，庄名姚家村，有一家员外姓姚名长，表字半城，姚员外娶妻李氏夫人，夫妻同年等岁，所生儿子两个，大相公名叫姚庚，次子名叫姚敏。

——《金镯记》，高新荣演唱，米脂县杨家砭，2012

这段接近书面文本的书词，有明显的韵律，因此用喷口表说。总之，与刚口相比，喷口使用的范围较窄。

王正强在《兰州鼓子研究》一书中说：

刚口唱法一般用于演唱武曲。武曲也叫“英雄曲”或“刀马曲"，皆以英雄豪杰的战斗故事为内容。因此，声音要求共鸣强而音量大，发音讲究满宫满调，运气讲究高抬猛压，吐字多用“喷口”，以此刻画曲中人物的武将风姿与豪爽个性。①

“武调”被称作盲说书人“炫技”的曲调，通常用于武将装束、校场点兵、临阵厮杀以及朝王见驾、升堂、仪仗出行、刮大风等场面的渲染。下面是关意宁记录的“武调”的片段②：

三弦首音音高为 a_1

① 王正强：《兰州鼓子研究》，甘肃人民出版社 1987 年版，第 108 页。

② 关意宁：《在表演中创造——陕北说书音乐构成模式研究》，博士学位论文，上海音乐学院，2011 年，第 125 页。

一乘 咋 大 轿 前 边 迎， 两 乘 花
轿 随 后 行。
啊 大 人呀 忙 不 停，
官衣官帽 穿在身，
大人上去
一声，

刚口和喷口属于“特殊的辅助语言特征”，虽然使用了音符，它们仍很难得到准确再现。鲍曼说：“不仅记录下来的文本很难反映辅助语言特征，在许多情况下，特别是在能够方便地使用磁带录音机之前，记录艺术文本的条件使得惯常的辅助语言模式常常被扭曲。”① 为了纠正这种缺失，民族志诗学研究者采用了一系列符号标记用于精心转写。不过，对于当代研究者而言，摄像机和录音笔已经为我们提供了真实记录表演的便利，我们也没有理由拒绝现代科技带来的便利。

三 “表演中的创作”
——多种文本的比较

口头表演艺术独特的本质是“表演中的创作”，借用口头诗学的经典性描述来说：“诗就是歌；它的表演者同时也是创作者；无论他表演什么，他都要再创造。”② 在口头诗学借重口头文本（oral text）分析的基础上，表演理论提出了新生性（emergent quality）的概念，认为口头艺术的表演具有新生性的特质，每一次表演都是一个“去/再语境化”的过程，是文本与语境一次新的重构，“但是事实上没有一个表演能够原封不动地加以重复——表演总是呈现出新生性的维度（emergent - dimension）”③。

无论“表演中的创作”，还是“去/再语境化”，二者强调的都是口头艺术的特质。只不过在分析方法上，口头诗学侧重于记录歌手演唱的异文，通过文本比较，从而证明在表演中编创的口头文本的独特性；而表演理论更加重视特定场景中表演的分析，从动态语境中捕捉产生新生性的因素。本节采用文本和表演兼重的方法，通过多种实例文本的比较和分析，揭示陕北盲说书人表演独特性和新生性呈现的一般特点。在进入分析前，有几点说明：

---

① ［美］理查德·鲍曼：《作为表演的口头艺术》，杨利慧、安德明译，广西师范大学出版社2008年版，第22页。

② ［美］阿尔伯特·贝茨·洛德：《故事的歌手》，尹虎彬译，中华书局2004年版，第35页。

③ ［美］理查德·鲍曼：《作为表演的口头艺术》，杨利慧、安德明译，广西师范大学出版社2008年版，第79页。

第一，为了保证比较的有效性，实例文本须有一定长度，为此，笔者将选择“场”或一个完整的故事单元的演唱文本来进行比较。实例文本分别置于附录。

第二，为了便于比较，笔者给文本添加了“段”和“节”，“段”为相对完整的小故事或演唱和书词中独立呈现的部分，用1.2.3……标识；“节”为说和唱交替的自然单位，用（1）（2）（3）……标识，文本中未出现的“节”用○标识。

第三，在文本对照表中，同内容的书词尽量行数对齐，完全相同的词句加线，略同的加线；方言读音和不易理解的方言词后加（）注释，录音中难以听清楚的字词用□代替。

第四，演唱文本中出现的大量语气词、衬字，以及速度、停顿、发声状态、唱腔曲调的变化，在文字化过程中难以准确呈现，为避免过于烦琐，本书不强求完全记录。

（一）从书面文本到演唱文本的比较

正如本书第三章所述，陕北盲说书人学艺过程中的“过书”环节与书面文本有着千丝万缕的联系，书面文本主要为清代、民国鼓词、宝卷以及由识字者代为抄写的口述文本。这两种形式的书面文本至今为民间说书人所珍藏。在一些老“书跟”中间，老一代盲说书人对鼓词底本一字不差的表演经常被当作一种令人敬仰的美谈，在传统中扮演着重要的角色。然而，正如鲍曼所言：“完全创新的和完全固定不变的文本代表了一个理想的连续统一体（continuum）的两极，在两极之间，存在一系列新生的文本结构，它们需要在经验性的表演中被发现。”[①] 下面，通过实例文本的比较，做具体的分析。

实例一：

选择清代鼓词《五女兴唐传》（选段）与子洲县盲说书人吴锡忠演唱文本进行比较。鼓词和演唱文本见〔附录2－1〕。

---

① ［美］理查德·鲍曼：《作为表演的口头艺术》，杨利慧、安德明译，广西师范大学出版社2008年版，第44页。

《五女兴唐传》是陕北说书代表书目，与该书目相关的鼓词在清代和民国时期大量刊行，目前可见的有保善堂同治八年（1869）刻本、博镇聚元堂刻本、京都德茂堂光绪戊子（1888）刻本，以及晚清、民国时期上海大成书局、久敬斋书局、普通书局、铸记书局、章福记书局、锦章图书局、炼石书局、江东茂记书局、校经山房书局石印本。此外，上海大新书局、沈鹤记书局分别于民国二十三年（1934）和民国二十六年（1937）出版了该鼓词铅印本。[①]笔者可以确定该鼓词刊本曾流传于陕北地区，并且吴锡忠证实他学习这本书得到了师傅王学师的亲传，而他的哥哥照着鼓词“本本”一字一句读过给他听，因此，他自信自己的演唱与“本本”别无二致。

演唱文本采录于2008年4月25日下午，地点是在子洲县葛兰畔村吴锡忠家中。这是一个偏僻的小村落，位于子洲和横山两县交界，人迹罕至，每天中午只有一趟班车从崎岖的山路上经过。老吴一家住在半山腰一处窑洞院落中。表演过程中，老吴年迈的母亲一直坐在窑洞门口的小凳子上静听着儿子的演唱，窑洞内只有陪同笔者采访的孙锦福、鲁峰和笔者3名听众。老吴坐在靠近老式木柜的板凳上表演，木柜上摆放着电视机和一些杂物，他的儿媳忙着在一旁为我们准备晚饭。除了老吴的大儿子出去放羊与我们打招呼外，门外偶尔传来低声说话的声音和绵羊的叫声，这似乎没有对老吴的表演产生明显的影响，他十分投入，演唱也较为流畅。

表5－2　《五女兴唐传》（选段）两种文本的构成和表现形式

段	节	书词内容	鼓词表现形式	演唱文本表现形式
1	(1)	开场诗	韵白	韵白
	(2)	开场白	说	说
	(3)	表朝纲	唱	唱
2	(4)	李应龙与妻子说话	说	说
	(5)	李应龙感叹	唱	唱
	(6)	妻子劝李应龙行善	说	说
	(7)	李应龙行善	唱	唱
	(8)	李应龙善行感动上天	说	说

① 李豫等编：《中国鼓词总目》，山西古籍出版社2006年版，第429—430页。

续表

段	节	书词内容	鼓词表现形式	演唱文本表现形式
3	(9)	娘怀儿十月的痛苦	○	唱
	(10)	丫鬟报喜	说	说
	(11)	丫鬟再报喜	唱	唱
	(12)	李应龙谢天地	说	○
	(13)	亲朋来祝贺	唱	唱
	(14)	吴成功许亲	说	说
4	(15)	李应龙教养二子	唱	唱
	(16)	公子习武学文	说	说
5	(17)	李应龙去世	唱	唱
	(18)	公子守孝,李洪执掌家产	说	说
	(19)	李洪盗弄家产	○	唱
	(20)	公子辞退仆女	说	说
	(21)	家人恨李洪	○	唱
6	(22)	公子要赶考	说	说
	(23)	徐氏悲痛	○	唱
	(24)	母子商议,命公子投亲借银	说	说
7	(25)	公子去投亲	唱	唱

首先，从故事内容和情节顺序上，演唱文本和鼓词基本相同，而且每“节”对应的表现形式大部分相同，不同的是第（8）节后，演唱文本增加了第（9）节“怀胎十月”的书套和夫人生产、丫鬟下楼的唱词，这部分内容鼓词文本中并未出现。同样，第（11）节鼓词文本4句五言唱词在演唱文本中也没有出现，原因是陕北说书表演中很少使用五言唱词。接下来第（12）节鼓词文本的一段书词，在演唱文本中被省略了。第（17）节唱词“众家人抬过棺木盛尸灵”之后，演唱文本增加了“公子哭得泪伤心”一段唱词。区别最显著的地方是6、7两段鼓词叙述简略，只出现了一节唱词，演唱文本不仅增加了陈氏与徐、韦二夫人商议托付李洪照看家产，二公子大街散心看见皇榜、回家与母亲商议等人物对话，而且增加了第（19）、第（21）和第

（23）三节唱词，因此，演唱文本较鼓词更为详切。

其次，从唱词来看，两种文本的相似度很高。据统计，演唱文本与鼓词完全相同的唱句共有44行，其余相对应的唱句也大多表现为个别文字上的差异。其中，第（11）节“若问俺”变成“你问我”，“尊一声老爷”变为“老爷你老家”，第（13）节“乳名”变为“奶名”，第（17）节和第（25节）“至如今”变为“现如今”，“俺家穷”变为“我家贫”，这些变化是由于方言的差别造成的，是从书面文本向演唱文本变化的一个主要方面。此外，较明显的差异还表现在唱句的前三个字，例如：第（5）节“虽然是”变为“虽然说”，“又道是”变为“只恐怕”，第（13）节“只因为”变为“我只说”，“今日里”变为“谁知道”，第（25）节“总有那”变为“就拿的”……十字句“三四三”结构允许这类变化，且并不会影响唱句意义的表达。因此，第（13）节“一切里三朋四友齐来贺”一句，演唱文本省略了“一切里”3字，只保留了后面7个字。总之，从唱句可以看出，演唱文本确实源自鼓词，保持了整齐的诗行和韵律，但也表现出一些复杂的变化。

最后，从说的部分来比较，两种文本的差异性很大，几乎难以找到完全相同的书词。演唱文本在鼓词的基础上，重新编织文本，保留了间接叙述的风格，但增加了人物对白的分量，从而使叙述更加生动。最典型的例如第（18）节，鼓词仅用“把这家业田产交与家人李洪执掌”一句话叙述，演唱文本则增加了陈氏与徐氏对白，商议李洪执掌家业等细节。类似的情形还出现在第（22）、第（24）节鼓词简单的两段对白，演唱文本中却出现了多段对白，具体叙述了公子回家拜见母亲、徐氏悲痛以及徐、韦两位母亲商议命公子投亲的过程。但是，在说的部分中，演唱文本出现了大量鼓词中的文言词语，例如“性情温柔”“俱在青春”“温柔典雅”“一派清和之气”等，这说明演唱文本仍受鼓词影响，并未完全口语化。

作为一位优秀的盲说书人，吴锡忠的记忆力是首屈一指的。他曾13天背会了《智取威虎山》，而与他一起参加培训的同行用了一个月零五天还没有学会。然而，以上比较和分析表明，演唱文本并非如他自信的那样与鼓词相同，而是存在明显的差别。这说明他仍在表演中创作，并且在借助脑海中既有的书面唱词和文言保证表演的流畅性的基础上，即兴创作增加了演唱内容的丰富性和生动性，从而使演唱文本呈现出新生性的特质。

（二）同一位盲说书人演唱同一个书目的文本比较

实例二：

本实例是子洲县盲说书人曹生高演唱的传统书目《绣鞋记》（选段）的三个文本，文本对照表见本书〔附录2-2〕。

表5-3　《绣鞋记》（选段）三个演唱文本的构成和表现形式

段	节	书词内容	演唱形式	文本Ⅰ（时间）	文本Ⅱ（时间）	文本Ⅲ（时间）
		……（转场）				
1	（1）	张端喜与妻子说话 伦姐偷听父母谈话 伦姐回绣楼检查绣鞋，来前院找存姐	唱	唱4′33″	唱4′20″	唱3′16″
	（2）	伦姐与存姐对话 伦姐见大娘，请存姐做伴	说	说2′16″	说3′32″	说2′33″
2	（3）	二女子绣楼睡觉 伦姐内心着急 伦姐逗鸡	唱	唱2′00″	唱3′12″	唱3′10″
	（4）	二女子逗趣	说	说1′57″	说2′24″	说2′09″
	（5）	二女子翻墙	唱	唱0′44″	唱0′54″	唱1′31″
	（6）	存姐问伦姐	说	说0′32″	说0′47″	说0′44″
3	（7）	姐妹行路 武举暗夸二女子	唱	唱2′52″	唱3′24″	唱3′14″

续　表

段	节	书词内容	演唱形式	文本Ⅰ（时间）	文本Ⅱ（时间）	文本Ⅲ（时间）
	(8)	武举上堂对鞋	说	说 1′48″	说 3′14″	说 2′18″
		二女子喊冤				
	(9)	伦姐大堂对鞋	唱	唱 1′41″	唱 2′09″	唱 2′23″
4	(10)	武举抵赖	说	说 0′53″	说 0′58″	说 0′56″
	(11)	伦姐试鞋，痛骂武举	唱	唱 2′13″	唱 2′35″	唱 2′38″
	(12)	二女子举刀自尽	说	说 0′38″	说 0′28″	说 0′21″
	(13)	二女子后堂安身	唱	唱 1′48″	唱 2′08″	唱 2′05″
		武举、裁缝伏法				
	(14)	王定保获释	说	说 0′53″	说 1′09″	说 0′55″
	(15)	王定保回到家中	唱	唱 3′01″	唱 3′27″	唱 3′47″
5		王老爷送二女子回家				
		……				

《绣鞋记》讲述的是一个公案故事，故事梗概如下：

大清顺治年间，直隶真定府王家村王瑞娶妻刘氏，所生一子名定保，年方十六，在南学读书。大比之年，先生进京赶考，命张先、定保为正副学长，暂掌学校。王定保为张先所诱，玩赌输银，只好往张家湾姑妈家转借。不料姑妈不在家，只留表妹丛巾一个人看门。丛巾将事情告诉了定保未婚妻伦姐，伦姐开箧取衣，让定保前去典当，误将一只红绣鞋包裹其中。

王定保至当铺，遭南街恶霸李武举诬盗，诉诸公堂。知府王老爷睹红绣鞋，心生疑惑，将定保收狱，追查红鞋来历，又命李武举取另一只绣鞋前来对质。李武举携其妻伪造绣鞋，巧言狡辩，拒不伏法。王老爷复令其唤裁缝，李武举再贿苏三、任五假冒裁缝。衙役至张家湾查案，伦姐闻讯，与丛巾往府衙鸣冤，当堂对鞋。王老爷升堂重审此案，李武举等词穷招供，判流三江口。伦姐、丛巾为保名节，欲行自刎，被王老爷劝阻，并亲送二女回家。

这个故事在北方说唱文学中流传很广，出现的异名有《对绣鞋》《王定保借当》《清官断》《二女多情传》等。鼓词现存黄邑文欲成光绪十六年（1890）春刻本、烟台成文信光绪丁酉（1897）刻本、翰文斋光绪丁未（1907）刻本，以及上海各书局民国石印本多种，书题或作《王定保借当绣花鞋记》《二女多情传》，然而，目前并没有证据表明该鼓词流传于陕北地区。曹生高的演唱源自师傅王瑞珍的亲传，这是他跟师傅最早学习的一本书，他至今仍保留着师傅当年演唱的录音。晚上的时候，他取出光盘，小心翼翼地放入VCD机，我们坐在炕头上一起聆听。

上面三个演唱文本表演时间和地点各异，其中，文本Ⅰ和文本Ⅲ表演的地点是西峰寺，时间分别为2015年8月3日（农历六月十九）和2016年5月15日（农历四月初九）。西峰寺位于子洲县马蹄沟镇（原瓜园则湾乡）芦草滩，因敬奉三圣母娘娘，又称娘娘庙山。庙院有乾隆十三年（1748）、乾隆三十四年（1769）、道光五年（1825）、咸丰七年（1857）重修碑记4通，正殿廊檐下悬挂康熙五十八年（1720）铸铁钟一口，可知建寺历史悠久。2000年以来，新任会首柴桂洲筹集巨资扩建庙宇，新修灵塔，西峰寺面貌焕然一新，成为子洲“四大名山”之一，占地约3亩，由三圣母殿、观音殿、城隍庙等构成。山门正中有“西峰寺”三个大字，字迹端庄，笔力苍劲。出三圣母殿，沿石阶而上便至观音殿。继续拾级而上，山顶正中为新修的西峰灵塔，塔高八丈六，有楹联曰：事能知足心常泰，人到无求品自高。

西峰寺每年农历四月初八、六月十九举行庙会，会期3天，期间善男信女、游客商贾云集，寺前乐楼唱3天大戏，广场上车水马龙，人声鼎沸，盛况空前。除唱大戏外，会首还邀请民间教派僧侣举办道场，请说书人说书助兴。在两次采访中，曹生高和另外一位当地著名的年轻说书人都受到邀请，他们被分别安排在观音殿和三圣母殿侧面表演。一次庙会同时邀请两班说书人的情形，在陕北农村并不常见。据曹生高介绍，会首柴桂洲十分眷恋他已故师傅王瑞珍的演唱风格，因此每年庙会都特意邀请他前来表演，并付给他900元报酬。然而，在这类大型庙会中，说书表演并不占据中心位置，他们只能利用唱戏间隔同时开场演唱，因此在录音中，除了远处传来的嘈杂声外，不时还可听见另一位说书人表演的声音。文本Ⅰ表演过程中，听众一直处于流动状态，因为农历六月十九是庙会“正日子”，进香的村民和游客沿石阶而上，经过观音殿侧面的走廊时，他们会驻足观看一会，很少有人选择蹲坐在面前听书。尽管如此，在曹生高独自表演的现场，始终保持着20多位听众，他们的构成具有不确定性。文本Ⅲ的表演是在庙会第三天临近结束的下午，村民和游客开始下山，观音殿已很少有人进出。在狭长的走廊一端，曹生高背靠低矮的砖墙坐在凳子上表演，旁边只有一位等待打扫庙院的老者蹲坐在门槛上。笔者没有惊扰他，架好摄像机后，站在一旁听他演唱。

文本Ⅱ表演的时间是2015年8月21日，笔者在曹家河村采访曹生高，并录制传统书目。为了减少干扰，我们把采录现场移到了山顶的村庙复原寺中。这座寺庙主奉西天古佛，侧殿供奉青龙大王、药王等神灵，山门左侧为文昌庙。曹生高的父亲曾担任会长，多年来，曹生高和他的大哥一直坚持管理庙堂，每天早晚点灯、上香。在复原寺庙门外两棵大树下，曹生高坐在铺着红被面的桌子前演唱，听众只有他的大哥和笔者两个人。他的大哥和他一样，眼睛也看不见，是他最忠实的“书跟”，每次表演时，他都静坐在一旁聆听。

从表5－4可以看出，在构成和表现形式上，三个演唱文本表现出惊人的同一性。不仅如此，全部8节唱词中，每节的行数大致相同，唱词文字的差异也很小。这说明经过多次表演，唱句即使不出自鼓词或书面文本，也会被说书人高度地固定下来，从而转化为“死词”。说书人一旦形成这种模式，他便不会继续在表演中创作，而是选择这种既成的模式来演唱。

表5－4　　　　　　《绣鞋记》三个演唱文本唱词行数统计

节／文本	(1)	(3)	(5)	(7)	(9)	(11)	(13)	(15)
文本Ⅰ	52	27	8	35	20	28	28	44
文本Ⅱ	52	25	8	35	21	28	28	45
文本Ⅲ	52	26	8	35	21	28	28	41

〔附录2－2〕文本对照表中用下划线标明了完全相同的唱句，需要特别说明的是，大量使用“呀”“那”“呀哟”“你则”等语助词和衬字是曹生高

演唱的显著特点，为了避免过于烦琐，记录文本将它们全部省略了。若是将这些词语全部逼真地记录出来，三个文本的唱句将会呈现出不同的风貌。

三个文本新生性特质主要表现于说的部分。文本Ⅰ和文本Ⅲ表演于庙会台口的现场，文本Ⅱ尽管在寺庙中表演，但只是为了追求更好地录制效果，并非真正意义上的表演台口。曹生高对摄像机表现出特殊的兴趣，希望借摄像机为自己的表演留下一些资料，以便家人和儿孙对自己的职业有所念想。出发前他特意换上一件新衬衫，并从庙堂侧面的平房里取出一块大红被面铺在书桌上，每表演完一场，他都迫不及待地听回放，关注录像的效果。因此，在他看来，这只是一次为录像而进行的表演，无论笔者还是他的哥哥，都不是他所期待的听众。在讲述方式上，文本Ⅱ尽管用了大量直接人物对白，但与文本Ⅰ和文本Ⅲ相比，其分量和展开的程度明显较小。例如第（6）节，文本Ⅱ只有3句，除了中间1句，其余2句都用“存姐说……”间接叙述，而文本Ⅰ和文本Ⅲ均为5段，且多为直接对白，最后一段内容和长度也有所增加。尤其是在第（4）节，姐妹逗趣、谈论两种鸡叫的区别，文本Ⅱ和文本Ⅲ都用直接对话表现，文本Ⅰ则用“你们说……”诉诸听众的经验，这一差别显然是表演者意识到听众是否在场导致的，只能从特定表演语境中寻找原因。

（三）不同盲说书人演唱同一个书目的文本比较

实例三：

实例三是陕北说书传统曲目《花柳记》（选段）的三个演唱文本，这三个文本的表演者分别是韩起祥、田治枝和康海务。他们属于不同的地域门派，相互之间没有直接的师承关系。文本Ⅰ表演的时间是20世纪80年代初，韩起祥为了配合陕西省曲艺采集活动，演唱了10多本传统书目，其中，《花柳记》的录音和书词都保留了下来。文本Ⅱ的表演者田治枝是子洲县一位著名的盲说书人，被称为“田先儿”。1993年冬，一位地方研究者在田治枝居住的子洲县苗家坪村，用磁带录音机录下了他的演唱。文本Ⅲ的表演者康海务是吴堡县的一位盲说书人，2016年7月4日的采访中，他在自家居住的窑洞里为笔者演唱了《花柳记》全本。以上三个文本表演者、表演语境各不相同，时间跨度较大。

《花柳记》故事内容讲述宋代李登云赶考，昧良心招了驸马，孙秀贞携一双儿女进京寻夫，被李登云推入护城河，张、李二尉官不忍杀害金哥、银姐二孩童。兄妹逃至双阳岔，植花柳为表记，相约日后为母报仇。金哥被舅父搭救，银姐被黎山老母收为徒。兄妹与母亲孙秀贞在双阳岔重逢，带兵包围京城，宋王无奈交出李登云。孙秀贞怒责李登云忘恩负义，皇姑替驸马求情，李登云一家团圆。该书可谓陕北说书版的“铡美案”，只不过受“书说团圆”叙事模式的影响，结局出现了喜剧式变化。实例三节选自该书第一场的演唱文本，文本对照表见本书〔附录2－3〕。

表5－5　《花柳记》三种文本构成和表现形式

段	节	书词内容	文本Ⅰ（时间）	文本Ⅱ（时间）	文本Ⅲ（时间）
1	（1）	开场，表朝纲	唱	唱	唱
	（2）	提纲	○	念白	念白
	（3）	故事发生背景、人物	○	说	说
2	（4）	李登云家贫	唱	唱	唱
	（5）	孙秀贞问李登云	唱	说	唱
	（6）	李登云赶考、孙秀贞安顿	唱	唱	唱
	（7）	李登云与儿女分别	唱	说	说
3	（8）	孙秀贞祈祷神灵保佑，李登云行路，京城景致	唱	唱	唱
	（9）	店家夸店，李登云住店	○	说	唱
4	（10）	东京开考	○	唱	○
	（11）	宋王传旨	说	说	说
5	（12）	皇姑梳妆打扮，上彩楼	唱	唱	唱
	（13）	皇姑祈祷神灵保佑	唱	说	唱
	（14）	皇姑抛绣球	唱	唱	唱
	（15）	李登云昧良心，招驸马	说	说	说
		……			

与实例二相比，实例三不同盲说书人演唱同一个书目的文本之间的差异性很大。最明显的是，在表现形式上文本Ⅰ唱的比重很大，只出现了2节散

文的叙述，文本Ⅲ用了4节散文叙述，而文本Ⅱ说的部分占到7节，即相同的内容，三位表演者采用的说和唱的表现形式有所差异。例如前3段，文本Ⅰ全用唱词表演，除了省略第（2）、第（3）、第（9）三节内容外，第（5）节“孙秀贞和李登云的问话”、第（7）节“李登云与儿女分别”也都用唱来表现，文本Ⅱ第（5）、第（7）两节都用说表现，文本Ⅲ第（7）节也用说来表现；相同情况还出现在第（13）节，文本Ⅰ和文本Ⅲ都用唱词，文本Ⅱ却加入了简短的散文叙述。因此在表现形式的转换上，文本Ⅰ和文本Ⅲ显得较单一，文本Ⅱ则更富于变化。在说和唱两种形式的选用上，陕北说书具有较大灵活性，这为不同盲说书人的表演提供了自由，由此也形成了明显的个性风格差异。

其次，从演唱内容和时间长度上来说，文本Ⅱ最为详细，书词字数几乎是文本Ⅰ和文本Ⅲ的一倍，这不仅是因为文本Ⅰ省略了部分“节”，追求更简捷、快速的表演风格，在相对应的“节”中，文本Ⅱ书词的字数和行数也比文本Ⅰ和文本Ⅲ有所增加。例如第（1）节“表朝纲”后，文本Ⅱ增加了“字字苦，声声泪，哭诉万恶旧社会”等6句唱词，尽管与表演的主题出现了不一致性，但反映了表演者赋予传统题材新的理解的创作意图。接下来的第（4）节叙述李登云家贫，文本Ⅰ只用了“李家家寒受贫穷”一句唱词，文本Ⅱ和文本Ⅲ都使用了描写“家寒受贫”的传统书套。值得注意的是，这个书套的不同形式曾出现于韩起祥的代表作《翻身记》中：

我们家住的房子开窟窿，
铺的炕皮盖窑顶。
黄蒿捆子把门堵，
风扫院子月点灯。
我们家十口人只有四只碗，
吃的粥能照见人影影。
冬天吃粗糠窝窝掺榆皮，
到夏天树叶野菜当饭用。[①]

① 韩起祥：《翻身记》，长安书店1963年版，第2页。

文本Ⅱ重复出现的“眼泪洗脸度光阴”一句与《翻身记》的名句“眼泪洗脸过光景”类似。文本Ⅰ所以没有展开“家寒受贫”的叙述，并非表演者缺乏相应的书套，而是他有意识做了省略。第（8）、第（9）两节，文本Ⅱ连续使用“行路”“街道精致”和“夸店”三个书套，并用快板夸张地表现店家夸店，这三个书套在文本Ⅰ中也没有出现。但是，在第（6）、第（12）两节，三个文本都使用了“安顿”和“梳妆打扮”的书套，文本Ⅰ和文本Ⅱ还展开描写了皇姑上彩楼的情景。书套可看作陕北说书中较大单位的套语形式，具有稳定性和变异性。“套语的既成性（ready - madeness）使表演条件所要求的流畅性成为可能，同时，形式的灵活性又允许歌手让他的表演适应情境和听众，根据听众的反应、歌手自己的情绪，以及时间限度的长短，来使史诗变得更长、更加精致，或者使之缩短和较少雕琢。”① 实际上，上述三个文本的表演，文本Ⅰ最缺乏现场感，因为韩起祥是独自面对录音机表演，并没有听众在场，而且在录音磁带异常紧缺的条件下，他希望尽可能多地留下自己演唱的传统曲目。这种特殊的语境对口头艺术的表演者是一个极大的挑战。文本Ⅱ虽然不具备真正意义上台口的条件，但表演者和采录者围坐在自己家的火炉旁，表演过程中，邻居家几位村民也不时凑过来听书，这种现场气氛与“家书”相似。至于文本Ⅲ，按照表演理论的说法，可称为“草率的表演”（performance in a perfunctory key）②，这样说并不包含对盲说书人表演能力的否认，而是由于时代和条件的变化，表演者所在的区域已很少有“会书”和“家书”台口，即使有这样的台口，也经常被外来的表演者所抢占，他已经很多年没有演唱完整的长篇书目。在炎热的夏日中午，他穿着背心、脖子上搭着毛巾为笔者表演，显得十分紧张。文本Ⅲ第（5）节，不仅两次重复“有心上京务功名，路途盘费没半文。家园家事没人照应，人情门户谁应承？”四句唱词，接下来在“孙秀贞开言把话明”后，明显空缺了当卖金簪的叙述，而直接跳到了临行前的安顿，这一空缺直接导致了与后面文本的不一致。

---

① ［美］理查德·鲍曼：《作为表演的口头艺术》，杨利慧、安德明译，广西师范大学出版社2008年版，第43页。

② 同上书，第31页。

最后，在文本语句层面，三个文本虽然存在较大的差异，但在人物称谓、文言和俗语、程式，以及一些特定语句和唱句上，仍呈现出一致性。例如第（11）节皇帝对正宫的称呼，文本Ⅱ和文本Ⅲ都用“梓潼”一词。此外，三个文本都出现了“皇姑”“宫娥彩女”“梳洗打扮，更换衣衫”“彩楼”“抛（飘）绣球”等词语。在程式的使用上，文本Ⅱ和文本Ⅲ还出现了“龙心大喜”“十三层彩楼”等。

以上按照既定的分析模型，通过相关实例比较从书面文本到演唱文本、同一位盲说书人演唱同一书目的文本和不同盲说书人演唱同一书目的文本三种文本，这种比较和分析显得十分烦琐，却有效地揭示了口头艺术表演独特性和新生性的特质。通过比较发现，书面文本尽管受到盲说书人普遍追崇，但在表演中，他们不可能做到一字不差的复制。同一位盲说书人演唱同一书目所表现出的新生性最小，而不同盲说书人演唱同一书目文本之间的差异性最明显。

四 “荷马打了个盹儿”

表演过程中出现偶尔的失误和“缺陷”，是口头艺术固有的特点。这种缺失通常是由程式化创编带来的，在表演过程中难以避免。朝戈金曾对口传史诗演唱中叙述的“缺陷”做过很好的分析：

> 至于叙述中的“缺陷”，那是由于歌手是依照着固定的主题来结构故事的，一些高度模式化了的传统主题，是适合拼合在一起以构成故事的，但是它们又在细节的某些方面彼此矛盾或不一致，而此时的歌手正全神贯注于表演，未必会意识到在他的演唱中，出现了前后不一致的地方。这种所谓文本的缺陷，是口头表演中所难以避免的，它未必与“年代累层”或“片段汇聚”这些口传文化现象有必然的因果关系。[①]

① 朝戈金：《口传史诗的田野作业问题——南斯拉夫和蒙古史诗田野作业评述》，《民族文学研究》1999年第3期。

富世平在对敦煌变文口头传统的研究中，也表达过类似的观点：

说唱者在说唱的过程中，只要出现类似的情节，便会使用较为固定的说唱程式。尽管说唱者会根据使用时的具体情况灵活运用，做出适当的调整，但难免出现一些在细节方面与说唱的整个故事前后不太一致之处，造成所谓文本上的“缺陷”。①

二位先生所论，虽然并非针对陕北说书，但在陕北盲说书人表演中，出现文本“缺陷”的原因也基本与之相同。

最常见的是词语的误用造成的“失误”和不一致。关于这一点，李维俊向笔者讲述过一些生动的例子：

有个“书匠”说《续小五义》哩，说龙天彪进团城子，起身手里拿了一尺多长的一根等身棍……下来，我问他等身棍多长，他什么话也不说了；有个李“书匠”说：“李相公走投无路，来在树林，悬梁上吊而死……”我跟郭师在三眼泉一搭说书哩，说《罗成破孟州》，“三声炮响，孟州城出来一群喽啰兵”；说《淄川搬家》，罗成在青峰岭上，史猛回来说罗成困在龙泉寺，众女将一听，气得呜呀呀怪叫，吹胡子瞪眼睛……②

类似的“失误”和不一致，在陕北说书表演中较为常见，即使一些最著名的盲说书人也难以避免。例如：

李世民龙心大怒：“哼，单通你好不识抬举呀！”

——《斩单通》，鲁峰演唱，横山，2007

演唱者使用了“龙心大怒”这一程式，然而，细听故事开场，李世民仍为秦王，尚未登基。再例如：

安辽王一见，哈哈大笑，上前用手一拉，紧紧抱住寇文：“哎呀，寇

① 富世平：《敦煌变文的口头传统研究》，中华书局2009年版，第186页。
② 李维俊口述，孙宏亮采访，子洲县李孝河，2014年8月12日。

爱卿，你真是好将，真是天朝的才人，来来，快回来咱们饮酒叙话。”

——《聚仙炉》，佚名演唱，延安，1981

寇文奉旨与兵临城下的敌国统帅安辽王议和，竟被后者称为“爱卿”，岂不有通敌叛国之嫌？

陈老爷一听，冲冲大怒：“他妈的，我有一个女子，来的都是苏玉常，四十军棍赶出府门。”

——《珍珠汗衫记》，韩起祥演唱，延安，1981

户部陈忠已告老还乡，书生苏玉常前去投亲，陈老爷府上何来“四十军棍”呢？

为娘一听说：“哟，看这些娃娃，自古人说好男不当兵，好女不观灯；好男不吃粮，好女不降香，你是未出闺阁的绣女，娘不叫你前去。”

——《观灯记》，佚名演唱，延安，1981

细听前面的演唱，贾秀英梳妆打扮，来堂楼请求婆母出府观灯散心，面对自己儿媳，老太太竟然说“未出闺阁的绣女”，这显然与人物身份矛盾。

有一些盲说书人在传统书目的表演中倾向于使用新词，例如“跑得比火车还快”“就像飞毛腿导弹一样”，这类比喻和夸张性语言往往无伤大雅，反而容易引发听众的笑声。但是，下面书词中的新名词并非比喻和夸张：

啊呀，侯美英一马进山林，野猪来了逃不了命，狼虫虎豹碎抽筋。侯美英的猎枪嘎叭响，一条老虎来得猛……

——《丝鸾记》，韩起祥口述，延安，1987

知县说：“以我看，这有贼汉就有贼婆，咱打发上八个警察，把那贼婆抓住，只要口供一样，就能给他定罪。”

——《万花记》，韩起祥演唱，延安，1981

仇保划着洋火一看，“哎呀，不好了，我把丫鬟杀死了。”

——《珍珠汗衫记》，韩起祥演唱，延安，1981

以上传统书目故事发生的朝代分别是唐、宋和明代，新名词和事物显然与时代不吻合，造成文本“缺陷”。不过，这些“缺陷”已被整理者修改，我们只有在原始录音中才能听到。类似的例子还有：

嘉庆皇爷开龙门，
人人上京务功名。
我有心东京赶考棚，
家业家事没人照应。

——《纱灯记》，佚名演唱，延安，1981

包大人说：“王朝、马汉，把那狗官的顶戴抓了，狗皮剥了，挖上一只眼。”

——《黄鹰记》，刘子熙演唱，横山，2011

当然，我们不应把这类“失误”归结为演唱者历史常识的缺失。这些不经意的错误，是口头文学固有的特征。诚如洛德所说：“歌手不可能成为一个艺术上完美无缺的智者！即使他是荷马，他也没有这样的可能。即便有这样的可能，荷马也不会引以为荣。”①

还有一些“缺陷”是由于书套的使用所导致的。书套是比程式更大的结构性单元，在嵌入特定演唱文本的过程中，有时难免与上下文出现缝隙，造成不一致性。例如，在一个传统书目的演唱中，两位山大王传令喽兵下山掳粮，这时，演唱者用了“点兵”的书套：

石龙石虎传将令，
众位首领没消停。
一马来到校场坪，

① ［美］阿尔伯特·贝茨·洛德：《故事的歌手》，尹虎彬译，中华书局2004年版，第184页。

大喊一声要点兵。
点东营，点南营，
点起五百上将兵，
明刀亮枪摆八层，
对对红旗左右分，
牛腿大炮响三声，
旗号一绕拨脱营，
人喊马叫下山林。

——《李子英过山》，佚名演唱，横山，1985

尽管演唱者做出了相应的调整，但细细回味，这种声势浩大的事件仍与其发生的环境不十分吻合。在另一个传统书目的演唱文本中，表演者明显忽略了语境：男主人公进入蛇妖的洞府搭救总兵的女儿，两人相遇，女主人公开始偷看这位素不相识的相公：

偷眼我看这小相公，
这个相公生得俊。
前心饱满后心平，
两耳垂腮有官星。
耳朵穗穗厚圪沉沉，
脸面生得白生生。
身材不高又不低，
这些男人世上稀。
虽然不是真皇帝，
怀里还抱一颗状元印。
要是相公日后没有官星，
骂我琼英是瞎眼睛。

——《雕翎扇》，佚名演唱，延安，1981

但是，在紧接着的演唱中，男主人公却说：“这个地方黑天打咚，谁也看不见……”

类似的“缺陷”同样出现在另一位著名盲说书人的演唱文本中：年迈的渔翁夫妇从江水中搭救了一名被抛弃的婴儿，在使用飘言描述了渔翁夫妇的喜悦心情后，演唱者接着唱：

一岁两岁吃娘的奶，
三岁四岁离开娘的怀。
五岁六岁耍娃娃，
七岁八岁就把书本拿。

——《回龙传》，张俊功演唱，延安，1989

这段唱词是陕北说书常见的传统书套。然而，听完这段演唱，细心的听众也许要问：孩童得到了哪位母亲乳汁的哺育呢？

事实上，说书人演唱文本中出现的“缺陷”和不一致，在表演的过程中很难被听众所感知，只有当声音被转化为文字之后，我们按照书面文本的方式阅读时，才可能提出上述疑问。这种“缺陷”和书面作品中“出现的一些漏洞、硬伤，有着截然不同的形成原因、截然不同的性质……是一种原生态的美”[1]。因此，对盲说书人演唱文本中的“缺陷”，我们必须要有宽容的态度。

---

① 富世平：《敦煌变文的口头传统研究》，中华书局2009年版，第196页。

第六章　行艺（下）：外艺

外艺是指说书以外盲说书人普遍从事的第二职业，主要有算命、保锁、过关、扶运和安土等。这类活动有浓厚的迷信色彩，却是盲说书人的谋生手段，充分体现了盲说书人“巫瞽合一”的传统角色。本章把陕北盲说书人从事的外艺视为一种特殊的民俗事项，加以简要叙述，旨在更全面地反映盲说书人的职业特点。

一　算命

算命是盲说书人的传统职业。民间传说盲人算命起源于汉代，其祖师爷是东方朔。唐代盲人已从事“相骨”算命。《太平广记》卷 67 引《嘉语录》云：

> 唐贞元末，有相骨山人，瞽双目。人求相，以手扪之，必知贵贱。房次卿方勇于趋进，率先访之，及出户时，后谒者盈巷，睹次卿已出，迎问之曰：“如何？”答曰：“不足言，不足言。且道个瘦长杜秀才位极人臣，何必更云。”①

唐代还出现女性“弹琵琶卜”者。《朝野佥载》载：“唐崇仁坊阿来婆弹琵琶卜，朱紫填门。”② 这些记载说明，盲人算命现象在唐代十分盛行。

---

① （宋）李昉等编：《太平广记》，中华书局 1961 年版，第 482 页。

② （唐）张鷟：《朝野佥载》，中华书局 1979 年版，第 64 页。

元明时期，盲说书艺人仍兼算命为业。汤显祖《都下看瞽妪弦子唱命者诗》云："闻来不是百章歌，强合宫商可奈何？合眼琵琶说官品，洪州初有阿来婆。"① 可见，元明瞽艺人仍延续着算命的职业，这与后世民间盲说书人"昼则算命，夜则弹词"相同。

老一代陕北盲说书人普遍从事算命，他们被尊称为"先儿"的一个必要条件就是"懂《子平》，会算命"。算命具有秘传性，民间盲说书人有"法不传六耳"的说法，师傅一般不轻易向徒弟传授。韩起祥年轻时对算命表现出浓厚的兴趣，但因为学艺时间短，师傅不肯教他，他只好偷学，师傅发现后，将他赶出门外。鲁峰最初跟随鲁福增学艺，师傅没有教他算命，他后来转投王学师门下学习算命。

据统计，笔者采访的56位陕北盲说书人中，从事算命者共计35人，占62.5%。其中，有6位老年盲说书人已多年不说书，专职算命。他们大多居住在人口稠密的城区，每天带着小板凳坐在街道旁，等待顾主前来；有的还在家里搭起佛堂，门口挂着"×先生算命"的招牌，招揽生意。没学过算命的盲说书人共有19人，占33.9%。其中，除了3位女性外，延长县琵琶书说书人5人，出生于20世纪60年代后的新生代盲说书人7人，其他4人。他们由于性别、师承和时代等原因，没有跟随师傅学习算命。此外，吴锡忠和吴堡县盲说书人康海武尽管学过算命，但他们认为算命"没意思"，因此从不给人算命。

表6-1　所采访的陕北盲说书人算命情况统计

类别	没学过算命者	学过算命，但不从事算命者	说书兼算命者	专职算命者
人数	19人	2人	29人	6人
百分比(%)	33.9	3.6	51.8	10.7

陕北盲说书人算命的方法有"揣骨"和"批八字"两种。

如前所述，盲人揣骨算命，唐代已有之。纪昀《阅微草堂笔记》载："有

① 《汤显祖诗文集》，上海古籍出版社1982年版，第903页。

瞽者郝生，主彭芸楣参知家，以揣骨游士大夫间，语多奇验。”① 《清稗类钞》记载，康熙年间浙东有一位史瞎子，遇男子则揣骨，遇女子则听声，“言人休咎，多有奇中”②。揣骨的方法较简单，盲说书人摸揣事主的手，根据手的大小，手掌的薄厚，指头的粗细、长短、骨节的大小等，来推算事主的婚姻、家庭、事业等。揣骨一般讲究男左女右，即男的摸左手，女的摸右手，有时盲说书人也会摸事主的脚和头部，然后根据相关的口诀进行推算。盲人揣骨算命，大多不明言吉凶祸福。正如论者所说：“他们的说辞不是很固定的，大多是些模棱两可的话。如说你是龙皮马肉羊骨头，或说是狗皮牛肉虎骨头等等，反正要往好处说也可以，要说不好也可以，无论好与坏，都能一套一套地说出来。”③

“批八字”俗称“滚流星”，是一种根据生辰八字推算命运，占卜吉凶的方法。“批八字”第一步先要“立四柱”，即根据事主所报的农历出生年月日时，盲说书人用左手大拇指掐着手指关节，口中默念口诀，排定用干支表示的事主的年月日时“四柱”。“四柱”中的“年柱”并不以正月初一划分，而是以立春这天的交节时刻划分；“月柱”也不以农历每月初一为分界线，而是以节令为准，加之大小月、平闰年的变化，“立四柱”也并不容易。“四柱”排定之后，接着是推命，即根据八字，并结合阴阳五行，推算出事主的命属、大小运、流年等，并给出一些禳解的办法。“批八字”是陕北盲说书人普遍使用的算命方法，民间形象地把这项技艺称为“掐手”。

“批八字”尽管是建立在古代相学基础上的，但毕竟是一种迷信活动，盲说书人从事算命既是传统的延续，更是一种无奈的谋生手段。随着时代的进步，新生代盲说书人已较少从事算命了。

二　保锁

保锁，亦称“保锁娃娃”“拴（扣）娃娃”。《简明中外民俗词典》“保锁娃娃”条：

---

① （清）纪昀：《阅微草堂笔记》，河北教育出版社1995年版，第494页。
② 徐珂编：《清稗类钞》，中华书局1986年版，第4633页。
③ 曹伯植：《陕北说书概论》，陕西人民出版社2010年版，第239页。

汉族民间产育习俗。流行于陕北子洲一带。解放前由于缺医少药，婴儿存活率很低。为了防止婴儿夭折，婴儿生下后，要请一老人或神汉、神婆用五色线挽神符一道，拴在孩子颈上，祈保平安。①

保锁是陕北民间一种“认干亲”仪式。孩童出生或者生病哭闹，不好养活，父母为保孩童平安成长，通常请盲说书人来给孩童保锁。保锁后，孩童便认盲说书人为“干大（爹）”或“干爷爷”。20 世纪 90 年代末，子洲县盲说书人田治枝认了 200 多个干儿子，绥德县一位叫郭新钰的盲说书人共保锁了 296 个干儿子。②

保锁一般在婴儿满月、过“百岁”或周岁生日时进行，也可在其他时间进行。保锁仪式较简单，盲说书人被邀请到主家的热炕上，拿出事先准备好的“拴缰绳”拴在炕头石狮、灯柱或木橛上。然后，在敬灶君的地方摆一米碗，插上神签和牌位，点香焚表，盲说书人开始请神，念唱祝文，叙说孩童姓名、保锁缘起等。之后，将“拴缰绳”系在孩童腰间，手持锁线、香火、扫帚，在孩童身体周围绕来绕去，口中念唱：

天承保，地承保，
小孩保成铁疙瘩。
铁疙瘩，钢疙瘩，
好像大树把根扎，
保得春天不生灾，
夏天不生病，
三九十月无灾星。
天门开，地门开，
王母娘娘下凡尘。
手拿七十二把金刚锁，
天保三十年，地保三十年，

① 张定亚编：《简明中外民俗词典》，陕西人民出版社 1992 年版，第 221 页。

② Stephen Jones, *Ritual and Music of North China*, *Volume* 2: *Shaanbei*, Ashgate Publishing Limited, 2009, p. 64.

日保三十年，月保三十年，
亲生父母保五年，
我又保三年，
保得一百二十又八岁，长命富贵。①

最后，盲说书人把锁线戴在孩童脖子上。锁线多为一根红线，中间绾一张一元或十元纸币。若主家或者盲说书人家庭条件较好，也可给孩童佩戴银锁。戴锁后，孩童还要给盲说书人磕头，正式拜干大。若孩童太小，便由父母抱着孩童表示一下。保锁仪式结束，主家备一桌酒饭款待干亲，并在炕桌或盘子里摆上酬谢干亲的钱物，有时还会送盲说书人一身新衣服。

保锁后，孩童便认盲说书人为干大，有的还要改姓或者在孩童乳名前加上盲说书人的姓。例如著名盲说书人韩起祥曾多次保锁娃娃，被保锁的孩童就改名叫“韩狗”“韩蛋”“韩娃”等。如此一来，就意味着孩童成了别人家的孩子，自己家里的灾难再不会落到孩童头上了。

逢年过节，被保锁者都要带着礼物去探望干大；干大去世，干儿子也要披麻戴孝。被保锁的孩童满 12 岁前，每年过生日，干大都会来，并给孩童一点钱、买件衣服或一把小银锁等，俗称“添精神”。孩童的父母照例给干大添一件衣服。

孩童 12 岁生日，要举行“开锁”仪式。其过程和保锁大致相同，盲说书人供起神坛，点香焚表，请神之后，手持香火、扫帚、插着钥匙的锁，在孩童身体周围边绕边念唱：

天开锁，地开锁，
观音老母来开锁，
一开一世无灾，
二开吃穿常在，
三开祸害离身，
四开四季没病，

① 高新荣口述，郜冬萍、孙宏亮采访，米脂县城，2018 年 4 月 19 日。

五开五福同享，

六开万事大顺，

七开七星高照，

八开时救八难，

九开富贵满堂，

十开长命百岁，

十一开三十六关出门，

十二开七十二煞离身。①

然后将锁打开，口喊“开”或者“全开了”，即告仪式结束。陕北民谚中有“开锁开锁，富贵常有；锁开锁开，一世无灾”的说法。之所以选择12岁生日开锁，是因为民间观念认为孩童到了12岁魂就全了，就长大成人，不易受鬼神侵害了。

陕北民间还有“扣娃娃”风俗，与“保锁娃娃”相似。《中国曲艺志·陕西卷》中说：

说扣娃娃书。陕北说书演出习俗。也叫保锁娃娃。陕北群众为了自己的新生婴儿能够平安成长，一般在过满月或过百岁（即百天）的喜庆日子，便请陕北说书人来家里说书，这种演出习俗称为保锁娃娃。②

“扣娃娃”和“保锁娃娃”目的相同，都是为保孩童平安成长。“保锁娃娃”多在孩童满月、“百岁”或周岁生日进行，“扣娃娃”必须是在孩童生病时进行。③“扣娃娃”仪式与巫神驱鬼相似，首先设坛，剪长签，制作牌位，焚香奠酒，盲说书人拨动三弦（或琵琶）开始请神。请神毕，盲说书人手持钢刀，唱念咒语，同时拿米碗在孩童身上擦拭，将三支筷子插入凉水碗中，焚化黄表，并将水碗送到十字路口，是为“陌送”，即将扣入碗中的鬼邪送走。最后，为孩童叫魂，孩童父母酬谢盲说书人。

① 高新荣口述，郜冬萍、孙宏亮采访，米脂县城，2018年4月19日。

② 中国曲艺志全国编辑委员会：《中国曲艺志·陕西卷》，中国ISBN中心1990年版，第597页。

③ 曹伯植：《陕北说书概论》，陕西人民出版社2010年版，第241页。

总之，保锁是陕北民间古老宗教巫术仪式的遗存，也是盲说书人谋生的手段。至于为何选择盲说书人作为“认干亲”的对象，曹伯植认为盲说书人“本领多，他们嘴巧会说，他们文理深，他们有能耐”，属于“魂福重”“德高望重”“有本事”的人，因此是较理想的对象。① 德高望重确实是选择“认干亲”对象的一个因素，但盲说书人大多生活贫困，并不属于福重之人。之所以选择他们作为孩童的干大，恐怕还是表示孩童命贱，使鬼邪认为孩童一文不值，不来加害于他。

三　过关

过关，即“过关煞”，是一种为儿童禳除关煞，保佑儿童健康成长的仪式。“关煞”一词，源于传统道教的命理之说，中国古代有神道巫师通过“打关煞”为人祛病去灾、延年益寿的现象。② 明清时期，为儿童“过关”的现象在南北各地普遍存在，但举行仪式的时间、仪式器物和程序有很大差别。《中国风俗辞典》“过关煞”条说：

> 旧时汉族民间育儿风俗。流行于青海河湟地区。民间禳验小儿久病不愈的仪式。俗谓小儿久病是犯了关煞，要痊愈，需过关煞。做法是：选生肖属龙或属虎者一人，将一把铡刀刃口向下横悬于门的上方，犁铧一张尖朝天竖立于门的下方，母亲（或父亲）怀抱小儿过其下，门傍一人问：“青龙关过了吗？”持刀者答：“过了！”然后按白虎、玄武、朱雀等关依次走过，依次问答。最后，持刀者祝道：“青龙白虎玄武，凤凰勾陈朱雀，六关急闯，驱散病魔；关煞已过，百病如脱，健康成长，天真活泼。”民间以为如此可使小孩消百病，保康健。③

甘肃省环县道情皮影的“过关戏”，是基于传统戏曲《出五关》故事框

① 曹伯植：《陕北说书概论》，陕西人民出版社2010年版，第240页。
② 参见何寿松《清抄〈阴门打关煞科〉与儿童“过关”旧俗》，《收藏》2011年第3期。
③ 叶大兵、乌丙安：《中国风俗辞典》，上海辞书出版社1990年版，第208页。

架之上的一种“过关”仪式。据《环县道情皮影志》记载，引述如下：

> 过关戏即某家孩子由阴阳先生算出因生辰八字主犯关（青龙关、白虎关、朱雀关、鸡角关、五鬼关等）、煞（十恶大败煞、神号鬼哭煞、四时土墓煞、天狗守塘煞、天罡煞、天狱煞等），需在关老爷（关羽）斩将过关的戏台下过关除煞，祈求关老爷保佑平安无事。凡过关的孩子家事先要准备好五色（忌用黑、白二色）丝线5根（象征金、木、水、火、土）、红布1尺2寸（象征12生肖）、绣花新针7根（象征北斗七星）、桃木弓1张、柳木箭1把、公鸡1只。将红布折做三角形，将7根新针穿在一起，针上再绕五色丝线，然后固定到要过关的小孩帽子上，又取28枚铜钱用线穿挂在小孩项上。该小孩由其父带领或抱至戏台（亮子）前跪下，焚香燃表，过关戏便开始。前台挑骑赤兔马、手提青龙偃月刀的关老爷线子驾云登场，出五关斩六将，刀劈青龙、白虎、朱雀、鸡角、五鬼于马下。随即前台问：“某孩子（表孩子姓名）所犯三十六关斩过了吗？”后台答：“斩过了。”问：“一十二道迷昏锁斩过了吗？”答：“斩过了。”前台即唱道：“三十六关齐斩过，二十四煞一扫光，一十二道迷昏都斩断，我保孩子寿百年。”唱腔一落，会长即搭弓放箭于戏台后面，握剪刀剪公鸡冠出血，蘸血在小孩额上画“十”字，随将小孩从戏台下递至后台，过关戏结束。①

从文化人类学视角阐释，过关是一种典型的人生礼仪，相当于成年礼，目的是保佑孩童少病少灾，顺利成长。“因为在成长过程中，关口意味着必须要经历的危机时期，过关仪式要帮助人完成这种危机中的‘过渡’或‘转折’。”②

按仪式场所不同，陕北民间“过关”分为“在庙里过关”和“在家里过关”两种。庙里“过关”通常在庙会期间举行，仪式主持者为阴阳先生、会长或者盲说书人，“过关”者为全会未满12岁的儿童，仪式程序相对简单。

---

① 环县道情皮影志编纂委员会编：《环县道情皮影志》，甘肃文化出版社2006年版，第249—250页。

② 陆焱：《德江“过关”傩仪式的文化人类学阐释》，转引自曲六乙、陈达新编《傩苑——中国梵净山傩文化研讨会论文集》，中国戏剧出版社2004年版，第215页。

> 庙里过关程序简单，就是立个关架，会长、阴阳或者说书艺人摇个铃铃，拿个笤帚，捉个公鸡，拿把筷子，从关架底下扔过去，小孩也跟着钻过去。关架有东西南北关4个口，有用木头、石头做的，上面都写有关煞名，36关都有名字。
>
> 旧社会，一个老艺人，你比如说遇上四月八，一个村就有大几十个娃娃过关，头关多少钱，二关多少钱，三关多少钱，三关以后钱就一样了。要有关煞牌牌，还要给戴锁，绾一道关煞符，还要拿干粮，过了以后，献供还要给娃娃拿的叫回去吃去了。娃娃爬过去以后，还有个铡刀，比如这个娃娃犯什么关……所犯关煞都一刀劈过化为尘，"啪"把铡刀往下一踏，把草人一铡；还有个灰碗，一刀把灰碗斩断，到老不犯，灰碗铡烂了，这个娃娃关就过完了。还要起箭了，你比方说雷光箭、穿肠箭、将军箭、五脏六腑箭……一伙都起了以后，箭都射出去。①

依据描述，庙里"过关"主要仪式器物有关架、笤帚、公鸡、筷子、铡刀、草人、灰碗、弓箭等。关架多用木材制成，与方桌相似，桌腿间开四个大圆孔，桌面四边贴写着关煞名的纸条。民间有"三十六关、七十二煞"之说，陕北农村"过关"关架常贴的有"鬼门关""打闹关""铁蛇关""野狗关""白虎关""汤火关""落井关""血盆关""夜啼关""断桥关"等。关架上面摆放神灵牌位、香纸、献供等，有些庙会关架上还摆有神楼、神签。弓箭分别用桃树条和柳树条制成。"过关"程序是先把公鸡、筷子从关架底下扔过去，然后射三支箭打关，孩童腰间系一根长草绳，草绳末端用几根干草扎成"十"字（象征草人），旁边一人抬起铡刀，孩童依次从铡刀和关架下面的圆圈中爬过，抬铡刀者将拖在后面的草人铡断。若小孩太小，也可由父母抱着从铡刀和关架底下递过去，"过关"即告结束。

当代陕北农村一些大型庙会的"过关"仪式更加简化，公鸡、弓箭等物品一概不用，只在山门摆放关架，孩童系着草绳和草人从铡刀和关架下钻过去即算"过关"。还有一些庙会将关架摆在路边，用桃树条握几个圆圈依次排列，小孩子从关架和桃木圈爬过去即可。

① 刘沁林口述，孙宏亮采访，榆阳区鱼河镇，2013年8月20日。

“在家里过关”有两种情况，一是事主请盲说书人上门为家里的孩童“过关”，二是盲说书人在每年遇“天赦”的黄道吉日，在自己家中设坛，为本村或附近村子的小孩“过关”。这两种“过关”仪式程序都比较复杂。

事主请盲说书人为孩童“过关”，一般选择孩童过生日或生病需要禳解时进行：

> 家里头过关，铡刀，草人都要有，五色丝弦、长明灯、引魂高头凤凰（公鸡）都要有了。摆张高桌，用桃树、柳树条握一个圈子，高桌上写关煞绺子，贴4道符，4个吊子，都要写字，叫娃娃们过了。牌位写“九天圣母娘娘”“奶母娘娘”“送子娘娘”“催生娘娘”“把关童子”“守坛使者”，这6个牌位必须得有。
>
> 先在外面讽经之后，门上过鬼门关，炕栏过打闹关，灶火过汤火关，尿盆上过血盆关，猪血也能过血盆关，有时犯断桥关的话，还要在桥上过……主要程序大框框就这么些，可复杂了。最后拿笤帚把牌位、神签、关煞绺子、符、弓箭、草人滩帐扫的倒掉了，倒得远远的，七七四十九步了、一百步了……尔刻（按：现在）都不在家里过了，都在庙上过了。①

“过关”的孩童除了在院子外面钻关架外，还要将关架移到门、炕、灶火、尿盆、烟囱旁，这些关都过了后，关架又移回院子，小孩再钻一遍，然后把纸做的牌位、关煞绺子和草人送到门外远处倒掉。这个过程与美国传教士卢公明所见晚清福州的“过关”风俗相似，都需要较长时间。只不过福州的“过关”是把关移到屋子的4个角，分别钻过后，“关最后又放回屋子中央，再过一遍。然后把这个关拆散，放在宅内天井里或大门外的街上焚化”②。此外，陕北民间“过关”牌位上写的大多是女性神，这一点也与福州“过关”悬挂三十六宫婆官挂轴相同，都是把女性神作为孩童的保护神，保佑孩童“过关”顺利。至于在桥上“过关”，这与贵州镇宁扁担山地区布依族

---

① 刘沁林口述，孙宏亮采访，榆阳区鱼河镇，2013年8月20日。

② ［美］卢公明：《中国人的社会生活：一个美国传教士的晚清福州见闻录》，陈泽平译，福建人民出版社2009年版，第68页。

“达究”仪式相似。据伍忠纲、伍凯锋调查，扁担山地区布依族为需要“达究”的孩童举行仪式时，要用板凳和木板搭一座小桥，把孩童从桥的这头递到那头，摩师问：“什么人过桥?”众人答：“长命富贵人过桥。”如此即算“过关”。①

说书人在自己家里举行“过关”仪式，须选“天赦日”，这天上天垂怜下界，大赦人间，是“过关”的好日子。子洲县说书人李维俊每年都在家中为村里的小孩“过关”。他认为自己“过关”和别人不一样：

> 我们的过关跟一般的过关不一样，复杂哩。庙上过关都瞎（hà）弄了。我给你说我们的过关：放一个关架，关架是4个门子，4个门子有4把刀子，4个角上4把刀子，共8把（刀子）。在正门子上（立）两口铡刀，下面摆一口铡刀，这是铡（草人）的，一共是11把刀；4个门子有4把锁子，4个柱子底下有4个草人、4个灰碗，再有一个大罗圈，罗圈上画一道关煞符：元亨利贞，除关解煞；一副对联，左联是打开关煞路，右联是跳出鬼门关。（关架）正面上边还放一个斗，斗里插神神的牌位，正中间一个牌位，写“天地三界十方万灵镇宅”，东面是“虚空过往一切诸神之神位”，西面是“王母娘娘之神位”“九天圣母娘娘之神位”“观世音菩萨之神位”……一共有9个神位。量天尺（尺子）、照妖镜（镜子）、戥子、长明灯、救命水、五色丝线，打关用铜钱、筷子、五谷、公鸡、大刀……
>
> 我们开始请神，请罢神念《王母经》，因为这遇天赦着了，王母才赦了。请神用铃子：“一炉明香震天界，众神感应众神知，上通天界下通地府，知会七十二位神祇，神赴香坛，上香奠酒，伏维请神……”②

请神和念唱《王母经》后，盲说书人带领孩童来到关架前，手摇铃子念诵“过关”祝文：

---

① 伍忠纲、伍凯锋：《镇宁布依族》，贵州大学出版社2014年版，第264页。

② 李维俊口述，孙宏亮采访，子洲县李孝河村，2014年8月16日。以下“过关”仪式唱词皆据此。

×年×月×日×时，×县×乡×村居住弟子×××（孩童父亲姓名）等，所生××（孩童乳名）等，八字带冲带克，四柱犯关犯煞，今逢天赦之辰，设立破之关，谨备三牲酒礼，敢告于皇天圣母前曰：惟神灵生善为德，慈爱居心，伏望改冲克以降祥，解关煞以赐福，三十六关，七十二煞，差金童护送，放孩童过关，一切诸神无得拦挡，谨遵特示。

接着念唱：

天解天煞关，地解地煞关，
三十六关都解散，
七十二煞都消尽。
《王母宝卷》念一遍，
保佑孩童长命岁。
东有东关木星解，
南有南关火星解，
西有西关金星解，
北有北关水星解，
中有中关土星解，
一切关煞都解散，
四时八刻不生灾，
长命百岁永平安。

念唱毕，才开始“打关”。盲说书人从孩童父母手中接过一定数目的“打关钱”（以前用麻钱，现在多用硬币和纸币），把钱和五谷朝关架底下的罗圈扔去，把罗圈上糊着的黄表纸打破，并唱念“钱儿咒”：

金买路，银买路，
金银买过关煞路。
孩童今日关上过，
一切灾难化为尘。
千祥云集万事通，

满年四季保平安。
福门开了万长高，
福如春花朵朵开。
祸门闭了不生灾，
祸如秋叶片片去。

接着，说书人抓起地上的公鸡，从罗圈中扔过去，唱念“引路牌票”：

金桥银桥天仙桥，
花童花女渡桥梁。
高头凤凰来引路，
孩童后边紧相跟。
今遇天赦好良辰，
开通天地神灵门。
玉皇发给过关票，
关门大开平安路。
守关将军闹吵吵，
引送孩童笑嘻嘻。
今日送出关煞门，
一切关煞即时消。

与此同时，说书人将关架上面的筷子、刀子、镜子、戥子等一件一件从罗圈扔过去，帮助孩童“闯关”。然后，腰系草绳草人的孩童依次从关架4个门爬过去，每过一门，都先扔公鸡、筷子、刀子等“打关”，持铡刀者将草人铡一截，孩童爬过铡刀时，要低声哭泣，据说如此较吉利，因此一些父母会在孩子屁股上轻拍几下，使其发出哭声。最后，孩童回到窑洞，说书人手持铃子从院子往窑洞走，边走边喊“回来了——”孩童父母应道“××回来了——”这叫“叫魂”。叫魂后，说书人需立刻给孩童分食“救命水”或者饼干、馒头等食物，并给孩童分发破关符，戴在孩童身上。“过关”结束，孩童父母给说书人若干钱财，表示感谢。

四　扶运和安土

扶运和安土是陕北民间两种独特的法术仪式，从事此类活动的多为阴阳先生。一些通阴阳，懂法术的盲说书人也经常应邀为事主扶运、安土，它们因此成为部分盲说书人从事的外艺。

扶运是通过设坛诵经，帮助事主克服命运中的不顺的法术仪式。“古人相信天人感应，认为每人都有一颗星宿值年，人一年的命运都操纵在该星君的手中。正月初八群星联会，每月都有下界的时辰，因此要祭拜星君，祈求他给人带来好运。”①

盲说书人扶运，也要先剪长签，设香坛，请神，但扶运主要依靠念诵经咒，与说“家书”性质不同：

> 扶运跟“家书”不一样。“家书”是靠说书敬神求平安，不属于扶运这一行；扶运是你运气不好，比如婆姨汉（按：夫妻）斗阵（闹别扭）、不得到一搭，有些年轻人婚姻不得成功，有人打搅了，这都要扶（运）了。扶运是把神请起来，靠念经卷、念咒语、法语往起扶了，和“家书”是两码事。②

请神之后，盲说书人摇动佛头铃子念诵经咒，经常念诵的经咒有《太阳经》《地藏王经》《观音经》《楞严咒》《大悲咒》等。在此过程中，事主跪在香坛前焚表、奠酒。

念诵经咒的作用是驱邪、禳灾，一些简单的扶运仪式中，此环节也可省略。请神或念经咒之后，盲艺人手持用绿纸和红纸剪成的鹿马，和事主一同来到野外焚香，念护身咒、鹿马咒、顺运咒。念毕，回家把鹿马贴在事主家灶台前。最后送神，扶运仪式即告结束。

“渡鹿马符”是扶运的关键环节，“鹿”“禄”谐音，“鹿马”即“禄

① 刘志学：《志丹书库·民俗风物卷》，中国文史出版社 2010 年版，第 247 页。

② 高新荣口述，郜冬萍、孙宏亮采访，米脂县城，2018 年 4 月 19 日。

马”。白维国解释说：“古代相术指人的禄位命运随乘天马运行，均有定数，称为禄马。”① 盲说书人将剪好的鹿马贴在黄表纸上，念咒渡过之后，交给事主焚香祭奉。通常祭奉百天，或者是从扶运之日起，每月点香祭奉，一直到腊月二十三。之后，将鹿马符剥下来，送到山上焚烧。

安土，亦称“安土神”，是陕北民间一种安神镇宅仪式。陕北民间敬奉土神，不仅村庙里有土神神位，村民每家都设有供奉土神的神龛，俗称“土神窑窑”。通常在窑洞面墙正中间，离地面6尺左右，龛高约1尺，宽6寸，内竖一片青瓦，请阴阳先生写上土神神位，每月农历初一、十五香火供奉。居住一两年后，若宅主感到家中人口不安，或者深夜有异响，便认为家宅不稳，须请阴阳先生“安土神”。

安土要选择土神回宫的日柱进行。民间阴阳先生安土仪式十分烦琐，一般包括准备各种镇物、设香坛、请神、诵安土咒、围香城、祭灯、渡符、送神等。盲说书人安土，分为“小安土”和“大安土”。“小安土不要那么麻烦，设香坛，点起香，我有那些符，把符一渡，念安土咒，把符给人家往土神爷那儿一贴，按顺序把表一烧，小安土就好了。”② “大安土”仪式相对复杂，与阴阳先生安土大致相同：

> 大安土一开始剪两根长签，往升子里一插，中间点上三炷香，地上放一个门扇，上面摆放各种供献，土神爷前供一支蜡。事主跪在香坛前点上表、烧纸，书匠手摇铃子（有的弹三弦）开始请神：奉请三界、五方灵神，奉请玉皇大帝，奉请太上老君……把神请起，接着念安土神咒、土槁咒，三回九转，禀供跟庙会一样。比如说：这是××县××村弟子×××奉请诸神，谢土退煞，给土神爷上了些什么供，都要禀告清楚。则就门上门神、土神爷跟前念赞、财神爷跟前念赞、灶君跟前念赞，有些还洒水了。书匠摇着法铃，把写好的符在香烛上左绕三圈，右边绕三圈，念咒渡符了，渡过符就有法力了。最后，书匠走着念洒扫咒，把符贴在土神爷、门神、财神、灶君神位前，门背后和窑掌也贴了。把

① 白维国：《白话小说语言词典》，商务印书馆2011年版，第968页。

② 高新荣口述，郜冬萍、孙宏亮采访，米脂县城，2018年4月19日。

符贴完，则就送神，安土就安好了。①

扶运和安土是部分盲说书人从事的外艺，在当代陕北盲说书人中不具有普遍性，并且盲说书人对扶运和安土存在争议。例如曹生高就认为安土要请阴阳先生，“书匠安土神是哄人，是遍地骗吃骗喝”。因此，他尽管熟悉扶运和安土的仪式程序，却从不为人扶运、安土。

① 曹生高口述，孙宏亮采访，子洲县王家塌村，2018 年 5 月 18 日。

第七章　陕北盲说书人的生活图景

盲说书人的日常生活是我们认识盲说书人表演及其特点的重要方面，是我们走进盲说书人口头传统的路径。

盲说书人是讲故事的人，现实生活中，他们却是缺乏故事的人。大部分陕北盲说书人生活在封闭的农村，从孩童时代便双目失明或者弱视。除了外出行艺外，他们很少出门，一年四季都待在家里。他们大部分生性沉默，很少主动与陌生人交流，只有通过长期交往，我们才能对他们的生活和心理有所了解。

盲说书人的生活充满苦难和艰涩，作为家庭中的男性，他们依然不辍劳作，为子女的生活和婚姻含辛茹苦。对于时代变迁造成的自身生存境遇的变化，他们普遍感到不满：一是他们在青年时期曾经加入曲艺宣传队，应该算是“公家人”，但是随着曲艺宣传队的解散和名存实亡，他们手中的工作证成了一张废纸；二是大批视力健全的说书人抢夺了他们的饭碗；三是地方政府和文化部门举办的各类表演活动中，盲说书人群体遭到遗弃。然而，这种不满情绪正在淡化，中生代和新生代盲说书人开始接受和适应现实。本章通过对几位盲说书人的采访实录，向读者描述他们真实的生活图景，借以引起对盲说书人生存现状的关注和思考。①

---

① 关于白志亮、张成祥的生活情况，笔者在《弹起三弦定准音——陕北说书考察》中有简要介绍，这里做了较多补充。参见拙著《弹起三弦定准音——陕北说书考察》，陕西师范大学出版总社有限公司 2017 年版，第 169—174 页。

一 “干儿子”的讲述

白志亮（1935—2010），男，陕西省延川县冯家坪乡寺村人。陕北盲说书人，兼算命、保锁娃娃。白志亮共收了20多个“干儿子”，宝生是其中之一。2006年5月，笔者同曹伯植、董国军采访白志亮，在冯家坪镇子上一个简陋的小饭馆里，我们遇到了宝生，他向我们讲述了“干大（爹）”的故事：

> 他尔刻（按：现在）住在寺村，以前不住在这搭儿。他大概自生下来就眼睛看不见，家里头有地有钱，花了五块“袁大头”请的师傅。他脑子灵，学得快，跟着学了3个月……他那时候年轻，书说得好，人也长得排场，满延川县就数着他了。
>
> 家里给他说了婆姨，延长（县）的，结婚了。可那女娃不愿意，嫌他是个瞎子——娘老子（按：父母）收了彩礼，硬给的。两个人在窑里盛（按：居住）了一个月，每天黑夜打架。他的手打残了，现在还不灵便。最后，他把那女娃放了，彩礼也没退。他尔刻（的）婆姨是后来找的，憨着哩，养的娃娃也脑子不够数，两个小子、一个女子，婆姨娘的也憨着哩。只有老丈人的（头脑）正常，家里就指靠那（丈人）在冯家坪滩里种地。
>
> 他出去说书，还给人算命、看病、保锁娃娃，老以前“书匠”都会，靠的吃饭哩，尔刻少了。①

下午2时许，我们一行三人到达白志亮家。寺村位于远离公路一侧的拐沟里，村子比较大，有100多户人家。20世纪70年代，北京知青曾在村里生活，与村民一起生产劳动。现在，知青当年住过的几孔土窑洞早已人去窑空，杂草丛生。

走进村口，一阵突如其来的喊叫声令人不寒而栗。原来，白志亮的老岳

---

① 宝生口述，曹伯植、董国军、孙宏亮采访，延川县冯家坪，2006年5月10日。

母神志不清，岳父和儿子扛着犁下地里干活去了，怕她乱跑，便用绳子把她捆在椅子上，连同椅子一起绑在路旁的枣树下。她看见有人经过，便不停地喊叫起来。进入白志亮家的院子，眼前的景象更加令人难堪。他的妻子坐在一处角落里，手里敲打着废旧的易拉罐。他的女儿十五六岁，看上去十分消瘦，穿着一件又宽又大的黑棉袄，脸色显得愈加苍白。

白志亮一直躺在炕上接受我们的采访。他 15 岁拜师学艺，师傅叫苗金富，子洲县老君殿人。1951 年，白志亮参加韩起祥举办的训练班，学说新书。1963 年加入延川县盲人曲艺宣传队，带徒弟张成祥等 5 人。演唱的传统曲目有《响马传》《双钉记》《还魂记》《莲花盏》《耳坠记》《双头马》《呼延庆打擂》等 30 余本。

曹伯植担任过延川县文化馆馆长，算是白志亮的顶头上司，加之二人年纪相仿，他和白志亮开起玩笑，气氛一下子活跃了不少。白志亮接着说：

> 我一家 5 口人，两个小子，一个女子，都不精明，各自顾不了各自，都还靠我这老子了，就靠我说书为生了。县上说我老了，不要下乡了，把我退休了，叫我盛（按：停留，居住）下吃，（一月）给 140 块钱，常人家问我说（县上）给（我）钱不给，我说给的哩，吃烟了还有个长头，吃面的话就不得够。
>
> 我这阵了，给你们说哩，不趁扬名了，不跟那二年那样，一来扩大我们的名气，看能把我们看起看不起，则现在了……人说老驴拴在背巷里了——不趁那号名了，则就咕咚（按：凑合）得老了就对了。有时，梦着还做这营生着了，梦着安排下乡，找乡政府……我爱吃旱烟，哎呀，则把旱烟锅没拿，准备撂烟瘾了，吃上咳嗽哩，有点气短……又不由么，又想得不能，喉咙上像猫挖似的。①

最后，在曹伯植再三恳求下，白志亮穿起一身深蓝色中山装，用一根细木棍敲打着通向门口的路，然后，绑好甩板，坐在石碾子上，给我们演唱了两个传统小段。董国军用摄像机全部拍了下来。

---

① 白志亮口述，曹伯植、董国军、孙宏亮采访，延川县冯家坪，2006 年 5 月 10 日。

白志亮已 70 多岁，仍要挑起家庭生活的重担，而且那是一个令人绝望的家庭。延川县盲人曲艺宣传队尽管名存实亡，但县文化馆每年仍举办两次集中培训和演出，盲说书人先在县城各机关单位演出，然后分成小组，拿着介绍信去各乡镇农村宣传，向各村讨要宣传费，这是他们最主要的经济来源。冯家坪乡是白志亮、张成祥师徒下乡的地盘。几天后，即 2006 年 5 月 14 日，笔者接到张成祥打来的电话，他和师傅在冯家坪说“家书”。这种表演台口现如今并不多见，因为大部分村子嫌麻烦，也没人听书，讨价还价之后，村长给钱走人，立刻派人把他们送往下一个村子。但是，如果村子里有村民许了口愿，需要说书还愿，村长便会把他们领到村民家表演，费用由村里和事主共同承担。

笔者和一名学生赶到冯家坪。张成祥推迟了开书时间，等待我们拍摄完整的仪式过程。整个仪式都由张成祥独自抱着巨大的琵琶表演，白志亮坐在靠炕楞的椅子上，一声不响地抽着旱烟，显得十分沉闷。中场休息时，张成祥拉起二胡，几名村民跟着唱起民歌，白志亮受到感染，突然站了起来，手里拿着一对铜铃，边唱边跳，像一个活蹦乱跳的孩子似的。在这个短暂的瞬间，他似乎回到了从前，郁积于内心的不堪忍受的生活的重负和苦闷，都借着艺术的狂欢而消散了。

原来，白志亮妻子的娘家住在冯家坪，他是这个村的女婿，不少村民对他的表演记忆犹新，晚饭后，他们强烈要求白志亮说一场书。起初，白志亮推辞说自己老了，说不了书了，连三弦都没带。热情的村民立刻派人去他家里取来三弦，白志亮弹起三弦，绑好甩板，演唱了一段《双钉记》，并跪在地上虔诚地举行了最后的送神仪式。然而，村民们兴致未尽，好客的事主支起饸饹床，煮了一大锅饸饹。村民们接着唱民歌和道情，一直持续到深夜。

第二天早饭后，事主的妻子在前边带路，白志亮和张成祥背着琵琶，拄着木棍往下一个村子走去，继续下乡宣传。

白志亮不仅说书，还善于演唱民歌。1983 年 4 月，延川县文化馆收集、整理了 100 多首延川民歌，并油印成册。笔者从中找到白志亮演唱的《玲叶搭伙计》《菱娃和成娃》《贵姐捎书》《下柳林》4 首歌。

2008 年国庆节假期，笔者和研究生秦国庆跟随白志亮、张成祥下农村宣传。这次他们分片到了延水关镇，距离延川县城 50 多千米，有 23 个行政村，62 个自然村。按照约定，我们在延川县城汽车站会面，之后笔者叫了出租车送我们到延水关镇。下车后，白志亮和张成祥手持探路的拐棍，背着三弦和琵琶跟在我们后边，缓慢地走进镇政府大门。因为是假期，镇政府没人上班，我们打问了半天，好容易才找到一位值班的副镇长。这位副镇长态度并不十分友好，嘟囔着说："都忙着哩，现在谁还顾上听书……"还没等笔者开口，张成祥便抢着说："这是电视台的记者，专门跟着我们采访的。"副镇长见我们背着摄影包、手里提着三脚架，便打电话给附近一个村子的村主任，叫他派人来接"书匠"。

一个小时后，笔者和秦国庆把白志亮师徒扶上一辆农用三轮车，我们终于出发了。来接我们的是一名后生，驾车技术令人叹服，农用三轮车沿着黄河峡谷两边狭窄的土路驰骋，时上时下，笔者只好蹲坐在车斗里，双手紧紧抓住两边的护栏，生怕被簸了出去。白志亮坐在靠前的位置上，一只胳膊紧紧夹着三弦，看上去并不紧张。

农用三轮车直接把我们送到了村主任家门口。走进院子，几位妇女正在挑选腐烂的红枣。靠近黄河岸边的村落是红枣的主产区，10 月正是收获的季节，村民们忙着赶在秋雨到来之前将红枣从树上打下来，铺在石板上晒干。我们在窑洞里等了两个多小时，村主任终于回来了。他直接给了张成祥 50 元钱，便打发人送我们去下一个村。我们一连走了 3 个村子，情况都是如此。天色将晚，笔者只好恳求开农用三轮车的村民把我们送回延水关镇，我们找了一个小旅店住下来。

晚饭后，白志亮坐在昏暗的灯光下抽着旱烟。他讲起自己年轻时在一个村里说书，事主家的女儿依依不舍地送别他的往事，并唱了一段信天游。张成祥似乎不愿看着我们空手而归，抱起琵琶演唱了一段《青铜记》，书还没说完，白志亮已然睡着了。

2010 年冬天，白志亮静静地离开了人世。

二 张成祥小名叫“闯”

从辈分上说，张成祥是白志亮的徒弟，但在很多方面，他都显示出一种强势，处于领导者的地位，有时甚至不把师傅放在眼里，就连白志亮都感慨地说：“闯尔刻能得哩，比我强。”

“闯”是张成祥的小名，这个名字在延川县家喻户晓，无人不知。

1959 年，张成祥出生在延川县贾家坪乡张家河村。他的祖父原籍子长县马家砭乡焦家河村，中年时来到张家河村入赘张家，做了倒插门女婿。父亲从小随祖父到张家，改姓张。张成祥的母亲生了 5 个孩子，一个弟弟和妹妹童年夭折，他自己 3 岁时因出天花双目失明。在自编自演的陕北说书《苦难记》中，张成祥讲述了他苦难的经历：

怀抱琵琶定起音，
说起我的经历给大家听。
家住延川县贾家坪乡，
张家河村庄有名姓。
我生来就是命苦的人，
一生坎坷路不平。
五九年父母把我生，
我名就叫张成祥。
从小我是正常的人，
都说我是有出息的好后生。
我生来就是命苦人，
一生坎坷路不平。
花红柳绿我能看清，
大祸突然来降临。
三岁上我的眼睛出了毛病，
眼睛坏死疼难忍，

晚上等不到白天明，
求神拜佛都不灵，
我哭天哭地不顶用。
从此我双眼失了明，
白天看见黑咚咚，
晚上白天都一样。
人说黄连苦得很，
我比黄连苦万分。

1973 年，张成祥 15 岁，经大队书记张凤翔和公社书记惠锦财介绍，他加入延川县曲艺宣传队，拜贺能、白志亮为师，跟随曲艺队下农村宣传。张成祥一直用琵琶，一次说“家书”时，原先的琵琶摔坏了，事主给赔了 500 块钱，他便自己做了一胆又大又重的土琵琶，并刷上红油漆，显得十分耀眼，只是找不下合适的皮弦，音有时定不准。

24 岁，张成祥结婚。妻子张贵女家住在关庄达则坪村，双目失明，天生一副好嗓子。2006 年 5 月，笔者和曹伯植、董国军采访张成祥，在村头大树下，张成祥抱起琵琶，演唱了一个小段。笔者用手中的相机拍下了他演唱时的情景：斜阳古树下，一位盲说书人坐在石凳上，怀抱琵琶，腿绑甩板，一手扶弦，一手弹奏，正对着我们演唱，在他两边围坐着十几位村民。这与南宋大诗人陆游“负鼓盲翁正作场”的诗句何其相似，难道不就是一千年前情景活生生的重现吗？接着，张成祥拉起二胡，妻子张贵女唱了几首民歌，她唱歌时总仰面朝着太阳，努力捕捉着太阳的光芒和温暖。

婚后，张成祥夫妇生了三个孩子，两个儿子，一个女儿。这段时间光景最为煎熬，家里无米又无面，一家五口只能顿顿喝钱钱饭，孩子们饿得直叫唤。张成祥有心下乡说书挣钱，无奈孩子无人照顾，妻子眼看不见，不能走山路去河里担水。夫妻俩下决心自力更生挖井，他们找来工具，一个挖一个挑，累死累活干了一个月，水井终于挖成了。从此他们不用为吃水发愁，张成祥重新跟着曲艺队下乡，妻子在家里照看三个孩子。

20 世纪 90 年代，张成祥成为延川县盲人曲艺队中最年轻的说书人。他脑子灵活，喜欢与同行争高下，爱追时髦，引人注目。那时，他总是西装革履，手里提着录音机，背着大琵琶走在曲艺队最前头，沿着崎岖的山路下农村巡回表演。后来他腰间还别上了PP机，嘀嘀嘀不停地响着。据村民说，在移动网络还没有覆盖陕北农村的时候，他就经常站在村子最高处，拿着“大哥大”与外界通话了。

曲艺队的日子越来越不景气，最后只剩下7个人。2004年，张成祥上小学的女儿被油罐车撞伤了。女儿出院后，他用车主赔偿的钱修了新窑洞，夫妻俩还办起了养猪场。辛辛苦苦干了一年，终于等到母猪产崽儿了，然而，由于缺乏技术和经验，全家人用尽了所有的办法，猪崽儿还是全部被冻死了。这次，倔强的张成祥认命了。他“打起精神鼓起劲，背起琵琶再干我的旧营生”，决心靠说书养家糊口。

2007年，西安曲江一位搞文化旅游的公司老板看中了张成祥，邀请他坐台表演，管吃管住，一个月给3000块钱。他撂不下师傅和曲艺队的同伴，要求把曲艺队几名盲说书人都带上，老板没有答应。张成祥继续跟曲艺队一起参加培训，和师傅白志亮一块下乡。他自己编了一个宣传退耕还林的小段，到处演唱：

手弹琵琶口来讲，
春夏秋冬串四乡。
今天不把别的讲，
我把经济林说一番。
编下新书诉心愿，
只说实来不说空。

——张成祥演唱，延川县张家河，2007

随着三个孩子结婚成家，张成祥终于可以松口气了，他将所有的精力用在了琵琶书的传承上，希望这门古老的艺术能够传承下去，后继有人。他的努力得到了回报，2015年年底，在县政府和民政部门的大力支持下，张成祥在自己家办了个“曲项琵琶传习所”，招收了8名学员，不仅免费提供食宿，每位学员还发补助。他请木匠做了5胆琵琶，还请来亲戚帮忙打理日常事务。他在3间平房里忙得不亦乐乎，悉心教授学员弹奏琵琶。然而，不到一年时间，10 万元专项经费很快花光了，他再次陷入困境。

2016 年对于张成祥来说，是命运发生转折的一年。他受到邀请，先后在中央音乐学院和上海音乐学院表演，他夸张的形象和向天而歌的生命嘶吼给专家留下了深刻的印象。这年冬天，曹伯植邀请导演曹建标拍摄纪录片《书匠》。张成祥是主要演员，他拄着木棍，背着琵琶带头行走在宝塔山下，行走在崎岖的山间小径。晚上休息时，他热情地与另外几位盲人同行交谈，邀请他们来传习所指导学员。

然而，2017 年春天，厄运再次降临到这位苦命的盲说书人身上。由于家中停电，张成祥夫妇只好使用无烟煤做饭，晚上拢了火，第二天凌晨炉火竟然燃着了……命悬一线的张成祥被送往县医院抢救，命虽然保住了，却留下了严重的后遗症。9 月 27 日，曹伯植和《书匠》剧组赶往张成祥家中进行最后的拍摄。窑洞里，瘦骨嶙峋的张成祥躺在床上一动不动，微微哆嗦着嘴，眼角里闪着泪水，竟未能说出话来。

2017 年 11 月 24 日，笔者在“陕北说书交流群”里看到一位说书朋友转发来的微信：延川盲人“闯”世界，人殁琴未断……

三 “乞丐头”曹四

曹四（1963—2014），男，延长琵琶书盲说书人。曹四祖籍子洲县曹碱村，过“百岁”那天，父亲回家途中车子从山崖上摔了下去，不幸去世。母亲带着他和哥哥讨饭来到延长县，后来改嫁到了刘家河村。3 岁那年，曹四因出天花，双目失明。13 岁，母亲得病去世。17 岁时，大哥为了安排他日后的生活，请来了延长县著名琵琶书盲说书人刘绪旺给他教说书。曹四跟着师傅学了 3 个月，并顺利通过县文化馆的考试，开始跟随曲艺队下农村说书。

22 岁，在说书的过程中，曹四与妻子相识，两人结婚。妻子是一位普通的农村女孩，身体健全。那时候农村娱乐少，村民们听书的兴致很高。年轻的曹四经常在那个村子里说书，妻子听他演唱，并且喜欢上了他。婚后，由于家庭条件不好，他们一直住在妻子家。妻子生了两个儿子和一个女儿，曹四出门说书，妻子在家里照看孩子。这个时期，曹四感到十分幸福。他们一块生活了7年。1991年，妻子跟着别人走了，把尚未断奶的小女儿和两个儿子留给了他。曹四无法继续下农村说书，然而生活又无着落，万般无奈，他把三个孩子分别托付给三户人家，每月给人家60块钱，他自己继续说书挣钱。

后来，请书的人越来越少，靠说书已很难维持生计，曹四只好把二儿子送给人，自己带着大儿子和女儿来到延长县城，两个孩子出去捡破烂，他摸索着为孩子做饭，艰难地等待着孩子长大成人。2005年，大儿子去省城西安学厨师，没想到精神方面出了问题，生活不能自理。这时女儿长大出嫁，有了自己的家庭。背负着沉重的生活和精神负担，曹四开始与街上的乞丐为伍，靠乞讨维持生计：

> 我这几年心情也不好，我盛（按：居住）在城里，公家给我补贴一点救济、补助，也不宽绰，干活我干不了，就跟上乞丐跑的要饭。要饭，起码有人引我，到哪搭（有）包饭，人家（乞丐）要，我就跟上乞丐混，谁家过事情（按：泛指红白喜事），寻总管，人家说喜庆事情，这号人来了给上个。城里饭馆里不念喜，饭馆里包饭了，你门外叫总管出来就对了。农村到了门上的话，有些说你们该解（hài）下这一套了，给你钱该说两句，我说那该好么，我是怕有些说给你这么多不少了，你还巧要了，愿意的话能了。我念喜简单，也不会编，个人想下几句：事主高兴交好运，我给你说喜来送吉庆，喜门开，喜进来，财门开，财进来，祸门一压不生灾，大人健康娃娃乖，老人能坐幸福台，高兴愉快笑口常开……城里过事情，这个酒店，那个酒店，一天还忙哩。乞丐们把我引上，我这个人和人和气，好打交道，他们都还招呼我呢！到（酒店）门口上，他们说你站下，他们叫总管，（总管）出来说几个人？他们一报，一人几块（钱），就给我了。他们头边走，我就跟上，不好的路，他们把我招呼一下。
>
> 延长县城乞丐不用手机，都是老年人、残疾人，不会用。他们喊曹师，一说话我就知道是谁了，问你们那面看了没？他们说看了，有或者没有，然后东边的往西边走，西边的往东边走，遇到一块，估计说哪家

酒店早，就先去哪家，没有酒店（包饭）的话，就算了，聚到影剧院门口拉话……有给5块的、给两块的，没样，冬天一天碰好了能要二三十（块），夏天红白喜事少，就要得少，就这号生活维持了十几年。[1]

2011年8月，第三届陕北说书大赛延安赛区选拔赛开始报名，刘忠元得到消息，在街上找到曹四，约他去县文化馆报名参赛。听了他们的演唱后，馆长喜出望外，当时便同意他们前往延安参赛。出发的前一天，刘忠元突然接到电话：文化馆不派人领队，让他们自行前往，若进入决赛，回来后报销往返路费。刘忠元大失所望，心想去白跑一趟，不顶自己揽工，说不准还要倒贴路费。曹四相劝说："走，师傅给咱教了一场，就是误上你两天工……不怕，你没钱的话，车费我给你贴上。"[2]刘忠元大受感动，决定和师兄一同去延安参赛。

由于缺乏舞台经验，曹四和另一位同行的琵琶书盲说书人都未能进入决赛。最终，刘忠元参加了在西安举行的总决赛，并获得第三届陕北说书大赛三等奖。然而，这次参赛给曹四和其他几位盲说书人造成了巨大的心理和生理伤痛。在返回县城途中，他们乘坐的客车发生意外，几位盲说书人跌落在路旁的山沟里，都受了伤，这件事至今无人问津。2011年10月，山东临沂大学冯丽娜赴延长县调查琵琶书，曹四断然拒绝接受采访。刘忠元解释说，他拒绝的原因是出于对有关部门的失望和气愤。

2014年9月，笔者带学生赴延长县第二中学教育实习。电话接通后，刘忠元说师兄走了，夏天的时候得了猛病……

四　邱满囤和陕北"巧大娘"

邱满囤，男，1947年生，子洲县淮宁湾乡红旗梁村人，软弦琵琶书盲说书人。提起拜师学艺的年龄，邱满囤自己都记不大清楚了："哎呀，我今年60

---

① 曹四口述，曹伯植采访，延安文化艺术中心，2011年8月25日。

② 刘忠元口述，孙宏亮采访，延长县七里村，2014年9月30日。

来回了，该有四五十年了。”他的第一个师傅叫曹宏先，子洲南川人，邱满囤十多岁便“拖瞎子”给师傅带路，跟随师傅学会了《相国寺》《双锁柜》《花柳记》《丝绒记》等传统曲目。1967 年，邱满囤加入子洲县盲人曲艺队，认识了他的第二个师傅封树生，跟着他学习琵琶弹奏，并从师傅的哥哥那里买了一胆属于他自己的琵琶，这胆琵琶他一直使用至今。琵琶正面红纸上书写着一副对联：敬天敬地敬诸神，论文论武论古今。横批：谈天说地。

在下农村说书宣传过程中，经人撮合，邱满囤和张凤莲结婚了。张凤莲家住宁湾乡王家山，离红旗梁不远，她父亲和哥哥都是农民，靠种地为生，哥哥当过兵，在村子里很有威望。每年农历七月十八，邱满囤都会到王家山庙会表演，这个台口他一直保持了 20 多年。张凤莲心灵手巧，四肢健全，但因为有些背锅，小时候没上过学。

刚结婚的时候，邱满囤家一贫如洗，除了一孔破窑洞外，炕上连一床像样的铺盖都没有。张凤莲任劳任怨，艰难地维持着贫苦的生活。后来他们有了三个孩子，一个儿子，两个女儿。邱满囤出门说书时，张凤莲一个人在家里带着三个孩子，挑水、做饭、种地，操持着家务。孩子们渐渐长大上了学，但家里的光景依然贫困，两个女儿上完小学便辍学了，只有儿子去子洲县城上了高中。由于没钱上灶，儿子周末回家，张凤莲便用白面和着玉米面蒸 7 个馒头，给儿子带到学校当干粮。两个女儿看见，馋得直流口水，懂事的儿子总要留下一个给妹妹吃，说自己一天吃一个，赶周末就回家了。

1991 年 7 月，儿子高中毕业，并以优异的成绩考上了西安的一所大学。然而，接到录取通知书，全家都发起愁来，几千元的学费到哪里去借呀？邱满囤夫妻俩找遍了所有亲戚，还是没能凑够。儿子一个人躺在炕上，蒙着头哭了 3 天，最后告诉父母说：“咱们家这个穷光景，大学不上了，我出去打工挣钱。”

在同学和朋友的帮助下，儿子当了几年临时教师，在一所偏僻的农村小学教书，并结了婚。微薄的收入难以维持生计，儿子辞掉了临时教师的工作，来到县城一家单位烧锅炉，白天到建筑工地打短工，给人家粉刷墙壁，拼命挣钱。后来，儿子把家里的破窑洞重新翻修，墙壁上贴上了瓷砖，安上了玻璃门窗，收拾得十分整洁、温馨。看着儿女都成了家，日子一天比一天好了起来，邱满囤夫妻俩脸上终于露出了笑容。他们在院子边上的菜地里种满西红柿、黄瓜、辣椒和豆角，张凤莲每日辛勤耕作，担水浇地。到了秋天，她把收获的蔬菜腌制成一坛坛泡菜，给儿子和女儿捎去。

张凤莲天生一双巧手，她用高粱秸秆编制成的甑箅箅细致精巧，令人爱不释手。前几年，延安市曲艺馆的工作人员去邱满囤家采访，一眼就看中了那些甑箅箅，缠着他要买，100 块钱一个，拿回家当工艺品收藏。做衣服剩下的布头，张凤莲把它们堆叠起来，拼贴成色彩各异的图案，做成门帘、坐垫和洗衣机罩。村里的妇女们看见，纷纷称赞，都说张凤莲是位“巧大娘”。

除了固定的几个庙会台口外，每年邱满囤都要用两三个月的时间下乡。曲艺队的老艺人都离去了，现在只剩下队长景永文、邱满囤和马平 3 人。景永文在县城“残联”的院子里开了间按摩店，要招呼前来按摩的顾客，因此下乡的时间总不固定。经常一早出发，跑两三个村子，中午便赶回来，有时连续几天不出去。为了方便下乡，邱满囤在子洲县城租了一间小屋子，没事时便一个人待在屋子里。他们雇了“残联”的一个后生开车，每天 200 块钱，陪他们一起下乡。这个后生两只手共有 5 个指头，一路上用握着的拳头和手腕换挡，控制着方向盘，但车开得很稳，速度很慢。队长景永文熟悉每个村的村长，车子停在村口，在开车后生的带领下，他们径直走进村长居住的院子。除了邱满囤背着一胆琵琶外，景永文和马平连三弦也不带。他们掏出县文化局和“残联”的介绍信，一番讨价还价后，从村长手中接过几百元钱，便驱车赶往下一个村子了。通过下乡，邱满囤每年可分到几千块钱，他感激地说：“共产党毛主席立下这个摊子，给无目人这个照顾。”

邱满囤为人忠厚老实，是出名的“实在人”。对于帮助过他的人，他总念念不忘，心存感激。20 世纪 70 年代末，邱满囤在延安蟠龙镇街上说书，恰巧遇到了韩起祥。韩起祥听了他演唱的《翻身记》后，便立刻联系蟠龙镇医院，请西安来的专家替他诊治眼睛。邱满囤在医院里待了一个多月，医生和护士对他悉心照顾，帮他端水、打饭。尽管眼睛没能完全治好，但直到现在，邱满囤都十分感激韩起祥，反复叮嘱笔者一定要代他向韩起祥的女儿韩应莲问好。2015 年 8 月，邱满囤在子洲县张家湾村为笔者演唱传统曲目《黄鹰记》《黄九龄认父》，演唱结束，笔者付给他 800 元劳务费，他竟然全部上缴给曲艺队队长。几天后，邱满囤去王家山庙会说书，笔者说好了陪他同往。出发那天，他的手机突然无法接通，笔者赶到时，他正背着琵琶，拄着木棍蹒跚而来。原来，他一早从家里出发，走了 50 千米山路。他说这条路熟悉，走了很多遍了。

张凤莲身体不好，患有冠心病，为了不拖累儿女，她一直忍着不去医院检查。2015 年夏天，这位倔强的“巧大娘”终于坚持不住了，她被送进子洲县中医院，做了手术。然而，她恢复得并不理想，过段时间就要去医院检查治疗，每次都得花七八千元。由于没有“低保”，最多只能报销 80%，剩下的都要儿女们想办法。这让张凤莲感到十分内疚，她总念叨着说：“我们这个奶奶、爷爷指不上用，自个顾不了自个，给孙子一顿饭也做不了，还要拖累儿女。”

邱满囤今年 70 多岁，仍一个人背负琵琶行走在崎岖的山路上。贫困磨炼了他坚强的生活意志，作为软弦琵琶书最后的传人，他默默地延续着传统，除了感恩，对生活从无怨言。在此，笔者也呼吁有关部门给予邱满囤这样的盲说书人家庭更多的关爱，并祝福“巧大娘”张凤莲早日康复。

五　“西西弗斯”式图景

在沟壑纵横、山路崎岖的黄土高原，扛是最主要的运输方式。箍窑洞的石块靠肩扛，喂牲灵的草料也得靠肩扛。结婚时，抬花轿的轿杆用肩扛；人殁了，抬棺材的抬杆也得用肩扛。春天，农夫们扛着铁犁，跟在牛屁股后边下地耕种；夏天，村民们扛着龙王楼子窜山跳涧，向天祈雨；秋天，人们肩膀上堆放着麻袋，把一年的收获扛回家；冬天，孩子们提着斧头，将柴草扛回家取暖做饭。面朝黄土背朝天，陕北人是用扛在与天抗争，与命运抗争。于是，一幅幅“西西弗斯”式图景总是浮现在人们眼前。陕北盲说书人也不例外，他们用扛诠释着生命的坚韧和自强不息。

吴锡忠，男，1949 年生，子洲县马岔乡葛兰畔村人。15 岁拜师学艺，19 岁加入子洲县盲人曲艺宣传队，识盲文，从艺 50 余年。老吴中等身材，上身长，下身短，嘴巴略向前凸，宽下巴，满嘴银白色的胡须，是一位典型的陕北盲说书人。

2008 年 4 月，笔者第一次采访老吴。那时他一家 7 口，四世同堂，居住在 3 孔窑洞里。老吴的母亲 90 多岁，耳不聋，眼不花。老吴夫妇俩有两个儿子，大儿子和儿媳在家务农，小儿子初中毕业后去神木学开推土机，经常不在家，小孙女在高镇念小学，晚上才回来。

老吴在子洲、横山一带很有名气，尽管他已经 60 多岁了，周围一些村子的庙会还经常请他去表演，村民们爱听老吴说书。老吴出门说书经常一个人背着三弦，用木棍探路，很少叫人引路。有时，大儿子骑摩托车送他前去。老吴晕车，最害怕坐车，所以经常步走。

不出门说书的时候，老吴在家帮儿子和儿媳喂羊、干农活。他一双手看起来又粗又笨，但十分灵巧，不仅三弦弹得好，还能自己拿针缝补衣裳。秋收时，他拽着驴尾巴上山驮黑豆，下山时毛驴背上驮两捆，他肩膀上背一捆跟在毛驴后边。

老吴说书从不偷懒，是子洲县最能吃苦的“书匠”。跟随曲艺队下农村宣传，别人一场书说 1 个小时，他一弹起三弦就连说 3 个多小时；别人一天表演两三场，他一天说四五场。不仅不觉得疲倦，嗓子反而越说越亮。他自己也说：“老嗓子了，早就练出来了。那会儿串农村说书，一说上就停不下来，晚上十一二点听书的还不走，挤得满满的。”当年子洲县文化馆馆长十分敬重老吴，在一次全县会演中，灰暗的礼堂里挤满数以千计的听众，这位馆长一直站在老吴旁边，不时拿毛巾为他擦拭脸上的汗水，演唱结束，馆长在会上说：“宁舍全子洲十个书匠，也不舍吴锡忠这一个书匠。”①

在生活中，老吴同样以“苦重”著称。他们家住在公路一侧山坡的最高处，背靠着山，公路底下是一条小河，河两边是石滩。距离他们家有 300 多米，中间要经过一条崎岖的 Z 字形土路，土路最窄处不到 20 厘米，下面是一段陡坡，正常人走起来都很困难。2001 年，老吴家箍新窑，儿子和石匠把打磨好的石块堆放到公路边，准备开春箍窑。老吴一个人开始扛石块，他把石块扛在背上，一块一块沿着土路往山坡上扛。有一次他一不小心，连人带石

① 吴锡忠口述，孙宏亮采访，子洲县葛兰畔村，2017 年 9 月 25 日。

块滚到陡坡底下，腰受了伤。然而，倔强的老吴仍不听儿子的劝告，继续扛石块。整整一个冬天，300 多块沉重的石块竟被他全部扛到山坡顶上。直到现在，笔者都很难想象一位双目失明的老人是如何完成这一壮举的。神话传说中的西西弗斯推动巨石与命运抗争，并在孤独、无望的抗争中发现生命的意义，寻找到属于自己的幸福，我想老吴身上体现的也许正是这种情结吧。

2015 年春天，正在附近村子庙会说书的老吴突发心肌梗死，大儿子连夜用架子车推着他赶到子洲县医院。醒过来后，老吴告诉儿子送他回家，他不想死在病床上。大儿子叫了救护车陪他转院到榆林市医院，手术后，老吴奇迹般地活了下来。除了有些耳背外，身体恢复得很好。2016 年 10 月，笔者带几名学生去看望老吴，在窑洞门口，老吴绑起甩板，抱起三弦为我们演唱了一段《鉴略》，优美的旋律依然那样明快、流畅。

像这样靠扛与苦难命运抗争的盲说书人还有曹生高。这位“70 后”新生代盲说书人住在子洲县三川口乡曹家河村，父亲当过村支书、庙会会长，兄弟 6 个中他和大哥眼睛都看不见。从小勤快的曹生高得到师傅的垂怜，走上盲说书人的生活道路。

结婚后，妻子为他生了一个健康的儿子，曹生高生活有了奔头，除了去农村和庙会说书外，他饲养了一圈羊和几头牛。夏天，天一亮夫妻俩提着镰刀和绳子上山割草，中午曹生高顶着炎炎烈日，把 150 多斤草扛在脊背上沿着崎岖山路回家，汗水和着草的潮湿渗透后背，滴落在干涸的黄土地上。回到家，妻子忙着做饭，曹生高铡草拌料喂牲灵。生活的重负几乎耗尽了曹生高全部的精力。“唉，我们这些人苦就太重了，实在心思就不在说书上”，采访中，他不止一次叹息说。

几年前，儿子辍学去榆林学厨师，曹生高夫妇实在忙不过来，把羊卖了，只剩下 4 头牛。他和几位兄弟商量把门前的水沟填平，重新箍几孔窑洞。曹生高和大哥一起戳炮眼炸石头，把打磨好的石块背回去。

箍这窑的石头，我和我哥一块一块抱过。就我这看不着的人，戳炮眼漫说我们曹家河，我们门邻跟前，反正我也算头一二名了，他们谁也戳不过我。青石炮眼，他们戳上一天，我第二天开始戳，每年冬天，我拿咱们那炮钻一天就能戳五尺深，像这号砂石炮眼，我一大早起五六尺深一竿子就戳下去了。哎呀，可受结实了。七孔窑洞的地基接口子接起五孔窑，把那石头打下，我哥背得多，我背得少，硬就一块一块背上去的。①

曹生高每次出门说书都自带功放机和喇叭，他请村里的木匠做了一个小木箱，从三川口镇子上买了根粗熟牛皮绳，出门时他把功放机和喇叭放进木箱，用牛皮绳背在肩上，另一只肩膀背三弦，他经常这样背着30多斤重的行头，步行三四十千米山路赶到庙会表演。

苦难，是绝大部分陕北盲说书人共同的生活主题。面对苦难的生活，他们所表现出的坚韧和顽强，也许早已浸透在他们演唱故事的传统之中了。

① 曹生高口述，孙宏亮采访，子洲县曹家河村，2016年2月13日。

余　论

本书以陕北盲说书人作为研究的对象。我们相信，那些自称为“书匠”的盲说书人是行走于黄土高原的荷马，是我们的故事歌手。他们从古老的传说走来，背负着三弦（或琵琶），沿着崎岖的山径，一路蹒跚……然而，他们所代表的传统即将消失。

古老传统民间艺术的现代境遇，是一个全球性的话题。对于陕北说书而言，现代科技和医疗水平的提高，将最终使得盲说书人群体后继无人。然而，这是一件好事，是时代的发展，是人类文明的进步。值得庆幸的是，在现代工业文明刚刚进入陕北黄土高原的20世纪80年代，一大批视力健全的年轻人开始加入说书人的行列中，他们是老一代盲说书人的弟子或者再传弟子。随着时间的流逝，他们接过盲说书人手中的三弦，骑着摩托车驰骋在古老高原上，并且已发展成为一个数量庞大的新的演唱者群体。

任何学术和研究都不应该带有主观的偏见。尽管视力健全者抢夺了盲说书人的台口和饭碗，但他们并非传统的对立面。对于大多数眼睛看得见的说书人而言，说唱同样是他们养家糊口的手段，庙会依然是他们表演的主要台口。一些正在演唱的年轻说书人的书桌前依然悬挂着“说古论今，奉劝世人”的招牌。然而，与老一代盲说书人相比，年轻的表演者是更纯粹的口头艺术的表演主体，他们很少像老一代盲说书人那样经过“过书”的学艺环节，有的甚至没见过自己师傅的面，他们是磁带录音机的弟子。正因为如此，他们彻底摆脱了书面文本的束缚，从而使表演更趋向于口头艺术的本质——“表演中的创作”。

新一代说书人群体中只有少数文盲存在，他们绝大多数有小学以上

> 文化程度，有的甚至读过高中。他们可能成为书面文本真正的受害者。然而我们的担心是多余的，至少到目前为止，这种情况还没有普遍发生。……因为他十分清楚，即使他那样做了，也丝毫无助于他知名度的提高。①

年轻的说书人普遍组建了属于自己的班社，取名“曲艺团”或者“说唱艺术团”，一般由5—10人组成，通过这种方式，他们培养了自己的徒弟，传统得以延续。与此同时，伴随着城镇化发展和进城打工浪潮，大量涌入城区的村民尽管居住在城镇小区的楼房中，但他们仍需要神灵的保佑和庇护，于是，一种新的社区表演形态应运而生了。它是传统“家书”的现代发展，其主体承担者是年轻的新一代说书人。炎热的夏日傍晚，城镇街区的广场上，几名年轻的说书人开场了，忙碌了一天的人们带着小板凳走出家门，不一会儿广场上便围坐起数以百计的听众。人们对于听书的热情并未随着时代的发展而减弱，这种社区表演形态为古老的民间艺术探索出了新的道路。

年轻的表演者还继承了韩起祥的衣钵，他们经常参加舞台表演，并且经常在城镇广场“搞宣传”，演唱诸如《夸子长》《闯红灯》《退耕还林就是好》《远离毒品》《扫黑除恶》一类的小段。然而，他们脚步不止于此，他们走得更远。2014年8月2日，陕北说书《三弦战士韩起祥》《王大妈做鞋》获第八届中国曲艺牡丹奖全国曲艺大赛（长治分赛区）节目提名奖；2016年6月，在法国举办的中法文化交流会上，横山说书《刮大风》获得了铜奖；2018年中央电视台元宵晚会，陕北说书与苏州评弹混搭，一曲《看今朝》点亮晚会现场，引起雷鸣般的掌声。

古老的口头传统依然焕发出强大的生命力，面向新的未来，年轻一代说书人也许会创造出属于他们的辉煌。我们亦希望如此。

---

① 孙宏亮：《弹起三弦定准音——陕北说书考察》，陕西师范大学出版总社有限公司2017年版，第197页。

附　　录

附录1　陕北盲人说书分布示意图

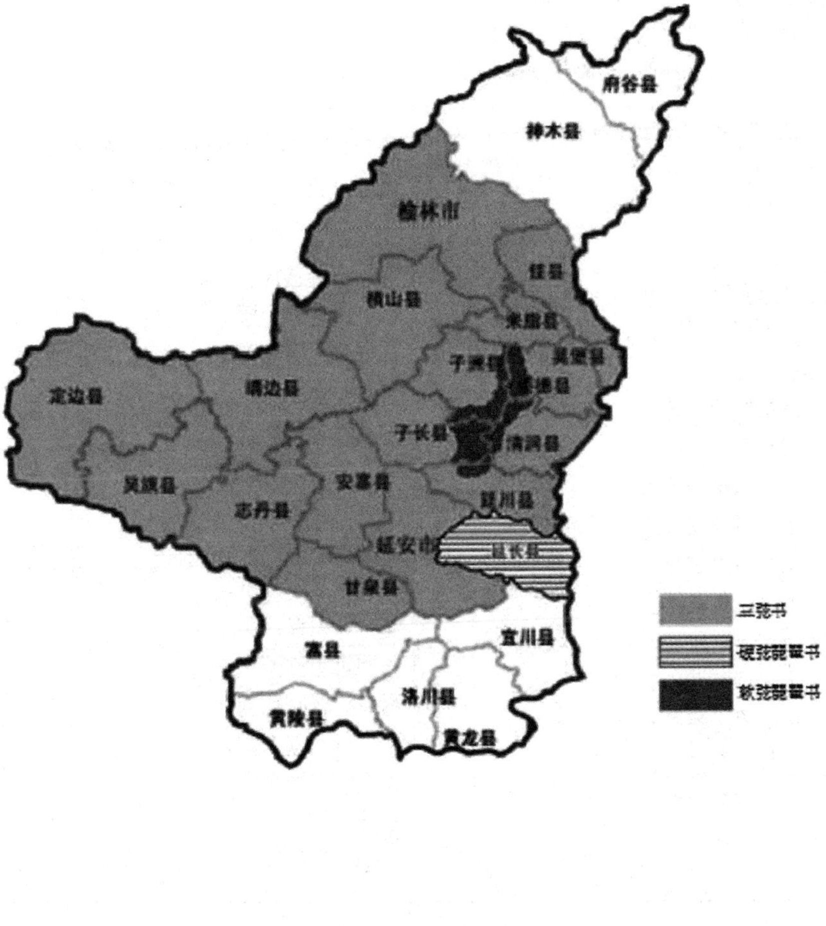

附录2-1 《五女兴唐传》（节选）两种文本

〇文本一选自上海书局光绪丙午（1906）石印本《绣像五女兴唐传》，笔者藏；

〇文本二据2008年4月25日吴锡忠演唱记录；

〇完全相同的词句加_线，略同的加﹏线；方言读音和不易理解的方言词后加（ ）注释，录音难以判断的字词用□代替。

段	节	文本一	文本二
1	(1)	闷坐书馆论古今，看来都是闲操心。 书中有真就有假，世人认假不认真。 真真假假难分解，假假真真认不真。 有人辨出真和假，假者自假真自真	
	(2)	这八句闲言叙过，内有一部《五女兴唐传》。众位明公等坐，听俺细细道来——	八句提纲勾开，引出唐传的故事，贵客们等坐，听我细细地道来啊——
	(3)	隋炀登基民不安， 四方荒乱动刀弦。 乱棒打死隋炀帝， 高祖即位坐长安。 群英聚义瓦岗寨， 三十六将列朝班。 争南战北安天下， 东挡西除定乾坤。 各国进贡称圣主， 行者让路耕让畔。 十人行路九人歌， 夜不闭户黎民安。 荒乱年间出杰士， 太平时来论英贤。	隋炀帝登基民不安， 四方荒乱动刀弦。 乱棍打死隋炀帝， 唐高祖即位坐长安。 群英聚义瓦岗寨， 三十六将列朝班。 争南战北安天下， 东挡西剿定乾坤。 文官执笔安国事， 武将提刀保江山。 各国进贡称圣主， 行者让路耕让畔。 十人行路九人歌， 夜不闭户黎民安。 荒乱年间出杰士， 太平时来论英贤。

续 表

段	节	文本一	文本二
2	(4)	此书单表唐高祖时,东都河南洛阳县城北李家寨,有一员外姓李名应龙,家财万贯,良田百顷。自幼娶陈氏为妻,性情温柔,与员外年纪相等,二房徐氏、三房韦氏俱在青春,亦皆贤德。员外年至四十并无子息,以此为忧,因向三位夫人说道:“人生斯世,光阴能几何?所有家业田产全赖子孙承继。如今年已四十,尚无男女,虽有田产家业,倘若无常一到,只落得赤手空拳,一事不济,想到这里好不冷淡人也呀——”	闲言不表,书归正传。单说唐高祖登基,驾坐西京长安,风调雨顺,国泰民安,马放南山,刀枪入库,这且不提。单说这部书出在何方、落在某地?出在河南洛阳县城北二十五里有一李寨,寨内有一家富豪员外姓李名应龙,家大富豪,良田百顷,娶过夫人陈氏,性情温柔,和李员外年纪相当,年近四十,身旁无子。续娶二房徐氏、三房韦氏,俱在青春,坐在客厅心中暗想,娶过三房夫人,不生不养,我李家的后事无人继承,恐怕赤手空拳,双目流泪,则就十分痛酸哪——
	(5)	老员外思前想后心内酸, 不由得满眼落泪似涌泉。 虽然是神力永扶家业振, 常想着佛光照时子孙贤。 现如今年已四十身无子, 到后来田产家业赴深渊。 常言道一时光阴能有几, 又道是青春一去不回还。 成了个不孝有三无后大, 遗留下不美之名在世间。 老员外想到这里声声叹, 好不该叹坏徐韦二少年。	老员外思前想后心中酸, 不由得满眼落泪似涌泉。 虽然说神力永扶家业振, 常想着佛光照时子孙贤。 我说有钱无儿不算富, 有儿不怕无有钱。 常言道光阴一时能有几, 只恐怕青春一去不回原。 成了个不孝有三无后大, 遗留下不美之名在世间。 老员外思前想后声声叹, 好不该叹坏徐韦二少年。
	(6)	话说员外只因身边无子,思前想后,心中酸痛,惹得二位夫人亦是焦躁起来,因向员外说道:“员外不必过于悲痛,我观员外平日济困扶危、惜老怜贫,必不至于无后。妾虽女流,亦曾读书识字。《传家宝》有云:天听寂无声,苍苍何处寻?非高亦非远,人只在人心。人心生一念,天地早先知。善恶若无报,乾坤定有私。员外虽年至四十,身体强壮,精神加倍,倘若诚心向善,	话说老员外双目流泪,旁边闪上徐氏说:“老爷,往常微微带笑,今日你怎么愁眉不展,有什么愁肠的事,对为妻讲说,虽然女流之辈,还能消愁解闷。” 员外说:“夫人,你们姐妹三人不生不养,咱们李家的后事无人继承,家业大无人照应,恐怕赤手空拳。” 徐氏说:“老爷,为妻之计,学好向善,救苦救难,东街舍衣,西街散饭,不许积的一男半女。”

续 表

段	节	文本一	文本二
	(6)	善行不倦,未必就终于无后。现今田产俱丰,家财用之不竭,员外舍饭,不时散给于穷人,所费能有几何?阴功莫大。 员外闻听此言,转忧成喜,说道:"贤妻之言正合吾意,即如此而行可也。"	啊,员外不听便罢,一听夫人说的此言有理,从今向后,他则学起好来了——
2	(7)	老员外闻听一言喜气生, 他说道贤妻之言甚分明。 从今后矜孤恤寡怜惜老, 一切散财成美的任意行。 闻听说修桥铺路加勇办, 逐日里施药舍饭不心疼。 造河船济渡南来北往客, 点路灯高照黑暗利人行。 印经文劝化世人归正道, 修庙宇金装神像施奇功。 李应龙广积阴功感上帝, 到后来二子双生扬名声。	老员外闻听一言喜气生, 夫人之言我要听。 从此后学好向善就是好人, 一切里散财成美任意行。 印经文修桥铺路加勇办, 逐日里施药舍饭救贫人。 造河船济渡南来北往客, 点路灯高照黑暗利人行。 印经文劝化修全学正道, 修庙宇金装神像他承工。 李应龙广积阴功传天下, 到后来二子双生扬名声。
	(8)	话说员外立心向善,善行不倦,日积月累,工程浩大。不觉又是年余,此时徐、韦二位夫人俱各身怀有孕。灶君上奏天庭,玉帝龙心大悦,遂差东斗文曲、西斗武曲二星下凡,与李应龙为子。	话说李应龙学好向善,善行感动天域,玉主龙心大悦,单差东斗星文曲、西斗星武曲二将打下凡来,给李家开门照户,与李家为子,扑了徐、韦夫人七窍,徐、韦夫人身怀有孕。再说娘怀儿十个月的痛苦哪——
3	(9)		说二位夫人有了孕, 要生李门的小孩童。 娘怀儿一个月不知不觉, 娘怀儿两个月□□□□, 娘怀儿三个月怀揣血块, 娘怀儿四个月长成人身, 娘怀儿五个月分开五指, 娘怀儿六个月生起发根, 娘怀儿七个月分开七窍, 娘怀儿八个月八宝□□,

续　表

段	节	文本一	文本二
3	(9)		娘怀儿九个月随娘出气， 娘怀儿十个月要离娘身。 老太太正在堂楼盛(居住，停留)， 忽然觉得腹内疼。 紧一阵，慢一阵， 生下一个小孩童。 丫鬟女子不消停， 摆动残莲下楼棚。 丫鬟才把客厅进， 双膝侧跪把老爷称。
	(10)	却说员外一日正在客厅静坐，忽见丫鬟来报："启禀老爷，我家二奶奶产生婴儿了。" 员外闻言，心中大喜，吩咐家人摆下香案，烧了纸马，谢过神。不多一时，又有一个丫鬟来报道："我家三奶奶恭喜了。" 员外问道："可是大喜小喜哩？" 丫鬟说："老爷容禀——"	员外客厅正坐，丫鬟进的门来，跪倒在地："启禀老爷得知。" 员外说："禀报何事？" 丫鬟说："哟，老爷，我家二奶奶生下婴儿了。" 员外一听，满心欢喜，就叫家人摆起香案。这个家人把香案摆起，员外叩头谢天谢地。又来了个丫鬟说："哎，老爷，我们的三奶奶也恭喜了。" 员外说："大喜呀小喜？" 丫鬟说："大喜小喜，喜得老爷跌倒爬起，戴个帽帽圪尖起，怀里抱个母公鸡。老爷，你老家容禀——"
	(11)	丫鬟开言道，老爷在上听。 容我来报喜，听我说分明。 小丫鬟一一从头说端详， 尊一声老爷在上听言良。 若问俺大喜小喜我不晓， 只见他带个脐带二指长。 小丫鬟说着一遍抽身走， 把一个员外喜的笑满腔。	小丫鬟一一从头诉端详， 老爷你老家在上听言良。 你问我大喜小喜我不晓， 见他吊个脐带够二指长。 小丫鬟说罢一遍抽身走， 乐得一个员外笑满腔。
	(12)	话说员外闻听丫鬟说了一遍，心中大喜，说道："谢天谢地，老夫自今以后家业田产就有人承嗣了。"	

续 表

<table>
<tr><th>段</th><th>节</th><th>文本一</th><th>文本二</th></tr>
<tr><td rowspan="2">3</td><td>(13)</td><td>只因为半世无子长(常)嗟叹,
今日里连得二子非寻常。
大公子乳名叫做擎天柱,
次公子乳名就叫架海梁。
这一时四乡八党齐贺彩,
都说是员外善行感上苍。
一千里三朋四友齐来贺,
不论那富贵贫贱闹满厅。</td><td>我只说半世无子常嗟叹,
谁知道身得二子非寻常。
大公子奶名叫个擎天柱,
次公子奶名叫个架海梁。
这一时四方八党齐贺彩,
都说是员外善行感上苍。
三朋四友齐来贺,
不论那富贵贫贱闹厅堂。</td></tr>
<tr><td>(14)</td><td>话说员外自得了二子之后,亲戚来贺,日日摆筵,忙个不了,不觉已是月余光景。一日正在客厅静坐,忽见家人报道,从正南来了一起贵客,相离不远。
员外听说,出了客厅,来至大门抬头一看,果然三位客来。头前走的姓刘名会元,是个进士;后边走的姓薛名定邦,是个武解元;中间一人住城南十里吴家庄,自幼纳捐,姓吴名成功。三人来的切近,看见员外,一齐下马,紧走几步,各拱一揖,让进客厅,叙礼已毕,分客主坐下。家人献茶,茶罢饮酒,酒过三巡,菜上五味,吴员外说道:“李大哥,为弟去年自得双女,人以为奇,不料吾兄今日所得双男,乃为贵耳。若李大哥不嫌为弟家贫,俺与李大哥做一个双双的亲家,不知吾兄尊意如何?”
李员外说道:“为弟性懒贪闲,不知料理家业,田产荒废,只是寒门,不敢高攀。”
刘会元、薛定邦一齐说道:“李大哥不必推辞。你二家主是门当户对,真可做得双双亲家,俺二人就是双双媒人了。”遂即看了皇历,定于八月中秋既望之日行聘。酒筵已毕,就各自告辞去了。</td><td>话说老员外学好向善,阴功积德,所生两个儿子,客厅摆酒,三朋四友恭喜。摆酒有个月的工夫,各归本府去了,只留下员外一人。门里走来家人,跪倒在地,“启禀老爷得知。”
员外说:“禀报何事?”
家人说:“老爷,城南路上来了三匹马,马上端坐三人,我们认他不得,请老爷出府迎接。”
老员外走出门外,抬头一看,第一匹马上坐的洛阳东街刘会元,那是个进士;第二个洛阳西街的薛定邦,那是个武解元;第三个城南十里路上吴家庄上员外叫吴成功。“知道煞客人早早的迎接,实在失了礼了,哈哈哈……”
三人说没有什么。四人揖手迎参,迎接在客厅,分宾主坐下,茶毕摆酒,酒过三巡,菜过五味,吴成功说:“李大哥,为弟身得双女,人称为奇,听说李大哥身得双子,仍为贵耳。我想我身得双女,你得贵儿,咱二人两家作为……”说不出口来。(刘会元、薛定邦齐声……)
李应龙说:“哎呀,高攀不起。”
刘会元、薛定邦齐声说道:“李大哥不必推辞,你们是双双的亲家,我们就是双双的媒人。”两家当时割了彩巾,换了合同,取出皇历一看,定是八月中秋行聘。饮酒已毕,各归本府去了。再说光阴似箭,日月如梭,不觉几年过去了。</td></tr>
</table>

续　表

段	节	文本一	文本二
4	（15）	李应龙连得双子喜在心， 自此后日日在家不出门。 一来是教养一双亲生子， 二来是料理家务好殷勤。 白日里克勤克俭理门户， 到晚来关锁门户加小心。 常言道光阴似箭催人老， 不觉得一旦过了少年春。	老员外连得二子喜在心， 自此后日日在家不出门。 白日间克勤克俭理门户， 到晚上关锁门户加小心。 一来是教养一双亲生子， 二来是料理家业好殷勤。 常言道光阴似箭催人老， 不觉得一旦过了少年春。
	（16）	话说员外在家教养二子，看他长子手足活动，眼力乖巧，力量无穷，请了一位教师，习学拳棒、演习刀枪，师傅与他起名叫作怀珠；看他次子举动温柔典雅，有一派清和之气，请了一位儒学先生，诵诗读书，讲论文章，老师与其起名叫作怀玉。又是三年，也是生成奇才，二个公子已是文成武就。那员外忽然身得重病，方药不效，饮食不进，将一双儿子唤到床前，用手拉住，痛泪滚滚说道："我儿，为父不久于人世了。"	话说老员外教养一双亲生之子，年方七岁，见他那个长子生得虎背熊腰，就给他那长子请了一位武教师，抡拳弄棍，演习刀枪；又见次子生得举动温柔典雅，一派清和之气，给他请了儒学教师，讲论文章，诵读诗书。那武教师见公子生得聪明，送个名字叫李怀珠；儒学教师见公子生得聪明还伶俐，起个名字叫怀玉。员外十分高兴，我儿就叫怀珠、怀玉，心里盘算好名字。弟兄两个文成武就，学了三年，大公子十八般兵器件件精通，二公子是满腹的文章。不想李家该遭祸星，李应龙前厅身染重病，卧床不起，汤水不用，服药不效，就命家人把二位公子唤在前厅，二公子跪倒在地："爹在上，儿叩头有礼。" 老员外眼泪扑簌扑簌地掉下来了，双手拉住说："儿呀儿呀，老父就不久于人世了。"
5	（17）	老员外手拉二子泪双倾， 他把那姣儿连连叫几声。 实指望养儿兄弟成人大， 哪知道方才十岁把命倾。 热上来好是老君炉中火， 冷上来犹如冬月雪上霜。 至如今得了一个送命病， 想必是五殿阎君把信通。 不久的老父一命归阴府，	老员外双目流泪哭伤心， 拉住他儿大放声。 实指望养儿抚养你们成人大， 谁知道你们方才十岁我把命倾。 热上来好是老君灶中火， 冷上来就如冬月雪上霜。 现如今得了这个送命病， 想必是五殿阎君把信通。 不久的老父一命归阴府，

续 表

段	节	文本一	文本二
5	(17)	撇下你母子兄弟谁看成？ 老员外一时哭得如酒醉， 旁边里三位夫人放悲声。 不言他举家此时齐悲痛， 李应龙未及三日一命倾。 二公子焚香化纸换了孝， 众家人抬过棺木盛尸灵。	留下你们母子叫谁看成？ 老员外哭得悲哀痛， 他举家三位夫人放悲声。 且不言举家哭得齐悲痛， 李应龙未过三日命丧生。 二公子焚香化纸把孝换， 众家人抬过棺木盛尸灵。 公子哭得泪伤心， 又哭我爹爹老父亲。 只说你老福禄常常在， 谁知你老一命赴黄粱？ 多奔阳来少奔阴， 鬼门关上等等人。 怀珠哭得如酒醉， 哭坏李家二相公。 □纱帐来盖木棺， 脱下紫袍换孝衫。 请高道，唤高僧， □□□□搭灵棚。 道士念的《道德经》， 和尚又把黄忏唪。 铙钹大镲一哇声， 笙箫管笛闹哄哄。 三天三夜道场满， 葬埋员外入坟茔。 公子守孝不出门， 三年不肯见生人。 公子守孝咱不论， 再说堂楼三夫人。
	(18)	话说二位公子自员外身殁之后，日日在家守孝，不出灵室，把这家业田产交与家人李洪执掌。	（不提公子书馆看书，再说呀）不提公子守孝，单说三位夫人堂楼正坐，徐氏、韦氏哭得双目流泪，陈氏说："妹妹，你们哭得为何？" 徐氏说："姐姐，咱的男人下世早，留下儿子年轻小，不能料理家事，这一分子家产叫何人执掌？" 陈氏说："妹妹，咱府有个李洪家人，这个人一不爱名钱，二不图名财，我想可叫李洪执掌。李洪这人忠厚，等咱儿长大成人再做道理，不知妹妹心下如何？"

续　表

段	节	文本一	文本二
5	(18)		徐氏说:“多谢姐姐的美意。” 陈氏说:“李洪家人过来。” 李洪来到面前,“主母讲说什么?” 陈氏说:“李洪,你们老爷下世早,留下你少爷年轻小,不能料理家事,这一份家产你给咱执掌,等你少爷长大成人,主母总是感恩不尽,不知你意下如何?” 李洪说:“主母,我情愿前去。”下得高楼,十分高兴,李家这份家产,从今向后就由我了。
	(19)		好一个李洪家人不正经, 他要把李府盗弄贫。 他不是丢骰玩赌场, 每日价吃酒和宾朋。 这家人手下用家人, 他出门不是骑马把轿乘。 李洪没过三年整, 就把李府家产盗弄贫。
	(20)	谁知李洪并非正人,逐日偷盗粮米,赊算银两,又加上天遭荒旱,连年不收,二公子守孝三年,陈氏亦亡,前后共是六年,及到孝满脱服,出了灵室,一问竟是田产尽绝。公子自思了,存想说道,既然家中贫穷,如何养活这些闲人?一声吩咐仆女等:“你有家回家,无家投亲,我这里不能养活你们,以待时来运转再来伺候罢。” 公子吩咐已毕,合家奴仆俱各悲泣,唯有李洪甚喜。	话说李洪未过三年盗弄李府的一分子家产,又等上陈氏下世身亡,二位公子把他母亲殡葬荒郊之外,守孝他父三年,他母三年,又等上天遭荒旱,连年不收,李家就穷得赤土滩平。大公子一看,家产尽绝,来到府门外面说:“家人奴仆丫鬟们都过来——” 家人奴仆丫鬟来到面前:“少爷,我们都给你叩头。” 怀珠说:“唉,我如今不是你们的少爷了,我们李家贫穷,养活不起你们这些闲人,有家的回家,无家的探亲,等得我们时来运转,再来伺候不迟。” 哎呀,众家人一听,含泪而回去,都恨得李洪,我把你这个混账坏货——

续 表

段	节	文本一	文本二
5	(21)		家人听了公子的话, 满眼流泪泪伤心。 心中不把别人恨, 恨的奸贼叫李洪。 你老爷下世命归阴, 留下少爷人年轻。 把你当成个正经人, 一分子家产托你李洪。 谁知你这里安坏心, 把金银财宝盗弄又起身。 金银盗在怀庆城, 你怀庆当了一个二财东。 赶得我们家人都起身, 则跟少爷各西东。 有的有家回了家, 有的无家探亲戚。 有的寻茶来讨饭, 有的牧牛放羊打短工。 记住些家人且不论, 回书再说二相公。
6	(22)	大家去讫不提。单说他母子四人度过光阴,习文演武,不觉的就是过岁年节,兄弟二人回家问安行孝,尊道:“母亲,孩儿听得人言,传说旧主失位,高祖登基以来,未开科场,今年开了科场,考试天下文才武艺。无论举监生员、黎民百姓,有本事者就中状元,俺兄弟有心上京应试,奈何母亲家下无有度用,孩儿路途无有盘费,如何是好?”	不提家人回家,单说二公子街上游玩散心,十字街前挂出榜文,上写炀帝落位,唐高祖登基,驾坐西京长安,八月中秋大开考试,召集天下文武举子,不论男女,只要有本领,能中头名状元。弟兄满心欢喜地,回在草堂,跪倒在地:“母亲在上,孩儿叩头有礼。” 徐氏说:“儿呀,家不叙常礼,少礼坐了。” 公子说:“娘呀,儿告坐了。” 徐氏说:“儿呀,有何话讲说?” 公子说:“娘呀,我们街上游玩散心,十字街前挂出榜文,上写炀帝落位,唐高祖登基,驾坐西京长安,八月中秋开考试,召集天下文武举子,不论男女,只要有本领,能中头名状元。我们弟兄文武双全,上京赶考,不知母亲的心下如何?” 唉,徐氏不听便罢,一听双目流泪,“儿呀,不提赶考,提起真叫人十分悲痛——”

续 表

<table>
<tr><th>段</th><th>节</th><th>文本一</th><th>文本二</th></tr>
<tr><td rowspan="2">6</td><td>(23)</td><td></td><td>徐氏女未曾开口泪汪汪，
儿呀，你且听端详。
想当初你爹在世我们家好富，
你爹爹去世赤土贫。
你爹爹去世身为鬼，
一份家产赴深渊。
遇李洪家人行无礼，
把一份家产盗弄完。
皇王天子开考棚，
你弟兄上京要务功名。
你两个上京把试应，
咱们手中无有半文铜。
徐氏女哭得悲哀痛，
韦氏开口把姐姐称。</td></tr>
<tr><td>(24)</td><td>韦氏说道："有何难处，当初你父在世，与你配下姻缘，就是城南吴成功家。明日到在那里，借他几两银子，以待上京回来本利奉还，有何不可？"
母子商议已定，各自收拾妥当。到了次日，清晨起来梳洗已毕，用过早饭，这公子怀玉辞了母亲，别了兄长，出了大门，一直上吴家庄而来。</td><td>韦氏说："姐姐不要哭了。自古常言讲得好，有三门好亲不患贫穷，咱们老爷在世时，给咱儿定下两房妻室，叫咱儿在吴家庄上亲家那儿借上些银子，考回来再给他周还么。"
姐妹们商议已定，过了一夜到了次日天明，梳洗用过早饭，徐氏说："儿呀，过来——"
李公子来到面前，"母亲讲说什么？"
徐氏说："儿呀，你在吴家庄上你岳父那里借上些银子，考回来再给他周还。"
怀珠盘算，一来学武出身，二来说话暴躁，夫人没有过门，羞愧难当，不如叫二弟弟去吧。"二弟弟，给咱吴家庄上借上些银子，赶考回来，咱们本利相还。"
怀玉盘算，我大哥不去，叫我去了。哎呀，我今天上门，夫人没有过门，羞愧难当。有心不去，母亲和长兄的吩咐，不得不去，难难为为，舍脸则借银子去来——</td></tr>
</table>

续 表

段	节	文本一	文本二
7	(25)	这公子辞母别兄出门庭， 好叫他低下头来自想情。 想当初两家俱好结亲眷， 至如今他家富来俺家穷。 到那里若有嫌贫一个字， 回家来怎见堂前母与兄。 那时节想前容易悔后难， 怕的是事后反悔总不中。 到那里惭愧肺腑难消受， 总有那灵丹妙药治不通。 到那时总有三江五湖水， 怕的是难洗满面羞通红。 待说是不上吴家庄上去， 又恐怕哥哥有些不信心。 少不的低头愁闷往前走， 少不的手拍胸膛奔路程。 也是他晨时走到午时转， 看了看吴家不远咫尺中。	李公子辞母别兄离门庭， 自己的心上暗估论。 想当初两家均好结秦晋， 现如今他家富来我家贫。 老岳丈若有嫌贫的话， 好教我怎见堂前母与兄。 真叫人想前容易悔后难， 怕的是事后反悔总不中。 现如今得了这个羞愧病， 就拿的灵丹妙药治不通。 到那里若有三江五湖水， 怕的是难洗满面羞通红。 待说是不上吴家的门， 母亲跟哥哥不信心。 迈开大步往前走， 手拍胸膛奔路程。 不知道银子借成借不成， 下回分解再表明。 书说到关口路拦定， 落了书弦住住音。

附录2-2　《绣鞋记》（节选）三种文本

○文本一据曹生高2015年8月3日（农历六月十九）西峰寺演唱记录；

○文本二据曹生高2015年8月21日演唱记录；

○文本三据曹生高2016年5月15日（农历四月初九）西峰寺演唱记录；

○完全相同的词句加＿线，略同的加﹏线；方言读音和不易理解的方言词后加（）注释，录音难以判断的字词用□代替。

段	节	文本一	文本二	文本三
1	(1)	…… 武举回在他家中， 把他记定且不论， 花开两朵另表明。 书中再该说哪一家，	…… 武举回在他家中， 把他记定且不论， 花开两朵另表明。 书中再该说哪一家，	…… 武举回在他家中， 我把他记定且不论， 花开两朵另表明。 书中再该说哪一家，

续 表

段	节	文本一	文本二	文本三
1	(1)	再说张家湾上张端喜。	再说张家湾上张端喜。	再说张家湾上张端喜。
		张端喜夜晚回在他家中，	张端喜夜晚回在他家中，	张端喜夜晚回在他家中，
		对定老婆把话明。	对定我老婆那把话明。	对定老婆把话明。
		你说王家好门风，	你说王家的好门风，	你说王家好门风，
		则看干下这事情。	则看他干下的这事情。	则看干下的这事情。
		老婆一听把眼撑，	老婆一听把眼撑，	老婆一听把眼撑，
		王家干下啥事情？	王家干下啥事情？	王家干下什么事情？
		你则对我说分明，	你今天要给我说原因，	你则对我要说原因，
		你则对我说不分明，	今天对我说不分明，	今天对我说不分明，
		我与你老汉不得太平。	我与你老汉不得太平。	我与你老汉不得太平。
		张端喜说咱那个女婿王定保，	张端喜说咱那个女婿王定保，	张端喜说咱的女婿王定保，
		偷了南街的李武举，	偷了南街的李武举，	偷了南街李武举。
		两串铜钱二两银，	两串铜钱二两银，	两串铜钱二两银，
		一只绣鞋在当中，	一只那绣鞋在当中，	又把一只绣鞋在当中，
		王老爷的王法硬得很，	王老爷的王法硬得很，	王老爷的王法硬得很，
		他捣鬼模样就说在张家湾上寻，	他捣鬼模样就说在张家湾上寻，	王定保捣鬼模样就说在张家湾上寻，
		刘头刚才把我问，	刘头刚才把我问，	刘头刚才把我问，
		我就说女跟女婿没有过门，	我就说女跟咱女婿没过门，	我就说女跟女婿没有过门，
		你倒说王家的好门风，	你说王家的好门风，	你说王家的好门风，
		则看干下这事情。	则看干下的这事情。	则看干下的这事情。
		贫穷富贵莫要紧，	贫穷富贵莫要紧，	贫穷富贵莫要紧，
		见小干不了大事情。	唉，见小干不了个大事情。	见小干不了大事情。
		门里说话门外听，	门里这说话门外听，	门里说话门外边听，
		家里说话走了个音。	家中说话走了个音。	家里头说话走了一个音。
		倒叫伦姐听得真，	倒叫伦姐听得真，	倒叫伦姐楼上听得真，
		一听这事心内惊，	一听这话心内惊，	一听这话心内惊，
		迈步来在绣楼棚，	紧走来在绣楼棚，	迈步来在绣楼棚，
		打开皮箱看衣巾。	打开皮箱看衣巾。	打开皮箱看衣巾。
		这是我的七十二双黑绣鞋，	这是我的七十二双黑绣鞋，	这是我的七十二双蓝绣鞋，
		装在包包内边存；	压在皮箱底下盛；	装在包袱内里盛；
		这是我的七十二双蓝绣鞋，	这是我的七十二双黄绣鞋，	这是我的七十二双白绣鞋，

续 表

段	节	文本一	文本二	文本三
1	（1）	压在皮箱底下盛； 这是我的七十二双黄绣鞋， 装在描金盒里边盛； 这是我的七十二双红绣鞋， 数的七十一双一只绣鞋， 倒把一只绣鞋短下了， 那只绣鞋在哪里寻？ 我试搭前院要把我的妹子问， 迈步来在前院中， 存姐开言问一声。 姐姐呀，往常价来了搽的胭脂抹的粉， 为什么今搭价来了桃红脸上恼耿耿？ 想了不是别人等， 想了我的表兄你的男人。 暂且等一等， 马上给你雇个人寻。 伦姐说你说寻来就给我寻， 你今天给我寻不来， 我与你存姐不得太平。 既然你搭价浪气重， 你把你表兄搊（cou）在个水火坑。	装在包袱内边存； 这是我的七十二双灰绣鞋， 装在描金盒里边盛； 这是我的七十二双红绣鞋， 数的七十一双一只绣鞋， 把那只绣咋鞋短下了， 这只绣鞋在哪里寻？ 我试搭来在前院要把我那妹子问， 迈步到了个前院中， 存姐开言问一声。 姐姐呀，往常价来了搽的胭脂抹的粉， 为什么今天来了桃花脸上恼耿耿？ 想了不是那别人等， 想了我的表兄你的男人。 暂且则等一等， 马上给你雇个人寻。 存姐（伦姐）说你说寻就给我寻， 你则呀给我寻不来， 我跟你存姐则不得太平， 既然你在搭价浪气重， 你把你表兄搊（cou）在一个水火坑。	压在皮箱底下盛； 这是我的七十二双黄绣鞋， 装在描金匣里盛； 这是我的七十二双红绣鞋， 数的七十一双一只绣鞋， 倒把那只绣鞋短下了， 那只绣鞋在哪儿寻？ 我则前院要把妹子问， 迈步到了前院中， 存姐开言问一声。 姐姐呀，往常价来了搽的胭脂抹的粉， 为什么今天桃红脸上恼耿耿？ 想了不是别人等， 想了我的表兄你的男人。 暂且那等一等， 马上给你雇个人寻。 伦姐说你说寻就给我寻， 今天你给我寻不来， 我与你存姐不得太平， 既然你在搭价浪气重， 你把你表兄搊（cou）在水火坑。
	（2）	“哎呀”，伦姐说：“妹子呀——” “噢。” “唉，我给你包那个当物，我也没看多少呀，唉，你也该没看个分明，等上那个相公，冒天失地，当在当铺，武举没了些东西，把那赖成贼人了，则就把那拷打定，现在到监牢里安身……”	伦姐说：“妹子呀，我那搭会儿给你包这个当物着呀，我也没看多少，你也没看个分明，等上相公这个人呀，冒天失地，当在当铺，又等上武举没了些东西，一口咬造定就说偷了他们的，到了衙门……哎呀，你则说老爷现在把他尔刻管教在监牢里安身呀……”	伦姐说：“妹子呀，我那搭会儿给你包当物着，我也没看多少，你也没看分明，等上相公那人冒天失地，当在当铺，武举没了些东西，一口把那咬造定就说偷了他们的呀，现在呀，老爷面前的王法□□□□□，把那监在监牢，公子监牢受难着了……”

续　表

段	节	文本一	文本二	文本三
1	(2)	“哎呀，”存姐说，“姐姐呀，这些事情要咱们姊妹明白呀，那么咱两个姊妹呀，短不下去了对鞋去了么”。 “哎哟，我的妹子呀，你说咱们这个女流之辈么，现在这些女子金莲不够个两宁宁，你说在堂上扬搭给顿煞，（意即在堂上走给一回）羞愧难当么，你说这当下就能得活人了，气得？” “哎呀，”存姐说，“姐姐，不能活人，咱拿上两把钢刀，各人就自缢了吧。咱们就现在就赶紧走”。（存姐说） 伦姐说：“妹子，不敢。现在咱们走着走着也黑了，这事咱们明儿鸡叫起身，赶明进城，咱们的官司该就能赢么。” “唉，这么个还不行。你在前院盛着了，我在后院盛着了，你说咱们这两个院子了么，姊妹两个明儿能相跟上了？” “哎哟，不要怕么。走，咱两个捣上个计策，捣上个鬼，问大娘走。唉，祷告大娘，教你跟我黑地姊妹两个一搭楼上做伴，咱们一块睡觉，明儿偷悄悄鸡叫起身，赶明进城，不是去了咱官司就一下就赢了？” “咳，对着了。高才妙计，这就是姐姐的点子。” （姊妹）一阵阵来在前院，两个女子见了大娘就往下一跪。存姐、伦姐见了大娘往下一跪，深施一礼。伦姐说：“噢，大娘——”	存姐说：“是那么个着，这要明白……咱姊妹两个要当堂去了对鞋去了么。” 伦姐说：“对给一回鞋，咱这个羞愧难当，能活了？” 存姐说：“则不能活，两个一人拿一把钢刀自缢了罢……那么咱则走么。” 伦姐说：“不能走，走着走着也黑了，人家把那城门就掩上了。这事要咱姊妹明天鸡叫起身，赶明进城，咱的官司还就能赢。” 存姐说：“你说那么个使不上……你在前院盛着了，我在后院盛着了，这两个院，怎么能相跟上了？” 伦姐说：“相跟不上，想个妙计，咱前院里祷告咱（我）那大娘去，我把她祷告行呀，叫你给我做伴，咱们姊妹一块安身，明儿不是早早就到了。” “噢，对着了。” 姊妹来在前院里，伦姐往下一跪说：“哎，大娘呀——” “噢。” “女这两天睡在那楼棚，眼一圪挤定，看见神也来了，梦见鬼也来了，看见我二老娘，梦见我二老外婆，梦见些我爷爷，看见些我奶奶……实在黑夜梦梦梦得凶得恶了，你则看——” 我□□□瞌睡梦， 夜晚梦的个古怪梦， 娘家吹走，婆家吹串， 吼雷打闪□□□ 神堂古庙不点灯，	存姐说：“姐姐不要怕，这个事情要明白呀，咱姊妹呀，当堂去了对鞋去了么。” “这个该不能么？你说咱们这女流之辈么，你说人前大众对给一回鞋，羞愧难当呀，你说咱就得活人了？” “不能活人”，存姐说，“拿上把钢刀自缢了罢……那么咱现在就走吧”。 伦姐说：“不能走，你则说你在前院盛着了，我也在后院盛着了，咱们能相跟上了……既然相跟不上，是这么个，咱请求大妈去来……现在这时间紧张了，走着走着呀，人家把城门也上了，这事赶明儿鸡叫起身，赶明进城，咱的官司就能赢。就说我不敢盛，叫你给我做伴，咱姊妹一块安身呀，明儿早早价就到了那衙门上了。” 存姐、伦姐来在那楼棚上，将楼门往开一推，见了大娘双膝抱跪，深施一礼。“唉，”伦姐说，“大娘，女呀这两天楼上歪好睡下觉，歪好怕得不敢往着睡，梦见神也来了，看见些鬼也来了，梦见些死的呀，还梦见些活的，你则说，女解不下这两天怎么了——”

续 表

段	节	文本一	文本二	文本三
1	(2)	“噢。” “唉,女这两天解不下咋了,黑地睡下,梦见神也来了,看见鬼也来了,夜黑地梦见我二老娘、梦见我二老外爷,梦见些我爷爷、我奶奶,梦见些我外婆、我外爷,梦见些活的,看见些死的,哎呀,女实在楼上……这两天楼上睡觉就惊怕了,你则看怕成个什么了——” 唉—— □□□□瞌睡梦, 夜晚净梦的古怪梦, 娘家吠走,婆家吠串, □□□,没点灯, 神堂古庙不点灯, 骑着个毛驴不备鞍, 走着走着则没路了。 “哎呀,则叫我妹妹给我作给两天伴,我撂生些,我则给你老家又送回来呀。” 大娘的说:“死女子呀,能了么。人常说男对男交呀,女待女会,漫说你们亲伯叔姊妹……女呀——” “噢。” “则给你姐姐做伴去。你姐姐该这两天楼上该怕得不敢睡觉,等你姐姐撂生些,你再回来噢。” 哎,两个女子赶紧跪下谢过大娘。则走,咱们姊妹在楼上一块安身睡去来——	“骑着个毛驴子不备鞍,走着走着则没路了……女这两天楼上一股害怕着了,则叫我妹子给我做给两天伴,等我撂生些,给你送回来呀。” 大娘的说:“能了。人常说男对男交了,女待女会了,漫说你们亲伯叔姊妹了……女呀,则给你姐姐做伴去。” “谢过大娘,咱们二人在楼棚上一块安身去来——”	□□□□瞌睡梦, 夜晚梦的是古怪梦, 娘家吠走,婆家吠串, 吼雷打闪□□□, 神堂古庙不点灯, 骑着个毛驴不备鞍, 走着走着则没路了。 “叫我妹子给我作给两天伴。” 大娘的说:“能了么。男对男交呀,女待女会呀,漫说你们这该就是亲伯叔姊妹……你姐姐怕着,则给你姐姐那价做给两天伴,撂生些再回来。” 她们姊妹两人谢过大娘呀,姊妹楼上一块安身困觉去来——

续　表

段	节	文本一	文本二	文本三
2	(3)	存姐伦姐辞别大娘动了身， 迈步来在绣楼棚， 姊妹两人把觉困， 绣鞋装进肚肚盛， 两把钢刀拿手中， 存姐没事睡了一个稳， 你看那伦姐有事睡不着。 打罢头更打了二更， 打罢二更到三更， □□□到了四更， 你看常常四更金鸡叫， 今天金鸡哑了声， 闰年闰月常常在， 今夜晚上还有一个闰五更， 天上的星星钉儿钉， 你看月光爷爷扎下根， 恨不得一口吹熄满天星， 摆手叫出来个太阳红， 寺上的和尚害下病， 架上的金鸡哑了声。 急得伦姐在那楼上盛不定， 拉了一根拨火棍， 一阵阵来在鸡窝中， 圪捞了一阵多一阵， 圪捞得芦花老公鸡圪丁打蛋一哇声， 迈步来在上房门， 又把我妹子叫一声。	姊妹谢过大娘上了楼棚， 姊妹两人到了绣楼棚， 她们二人把觉困， 绣鞋装在肚肚里边盛， 两把钢刀拿手中， 存姐没事睡了一个稳， 伦姐有事睡不着。 打罢头更到二更， 打罢二更到三更， □□□到了四更， 常常四更定鸡叫， 今天金鸡哑了声， 闰年闰月常常在， 今夜晚上有个闰五更， 天上的星星钉儿钉， 月光爷爷扎下根， 恨不得吹熄满天星， 摆手叫出来太阳红， 急得伦姐盛不定， 当下拿了一根拨火棍， 迈步到了鸡窝中， 圪捞了一阵多一阵， 圪捞得芦花老公鸡圪丁打蛋一哇声， 迈步到了上房门， 又把妹子叫一声。	存姐伦姐来在绣楼棚， 姊妹两人把觉困， 绣鞋装在肚肚里边盛， 两把钢刀拿手中， 存姐没事睡了个稳， 你看那伦姐有事睡不着。 打罢头更打二更， 打罢二更到三更， □□□到了四更， 常常价四更金鸡叫， 为什么金鸡今天哑了声， 天上的星星钉儿钉， 月光爷爷扎下根， 恨不能吹熄满天星， 我摆手叫出来个太阳红， 寺上的和尚害下病， 架上的金鸡哑了声。 急得伦姐女子睡不着， 当时价又拉了一根拨火棍， 迈动金莲下楼棚， 下了楼棚一层又一层， 迈步来在鸡窝中， 圪捞了一阵多一阵， 圪捞得芦花老公鸡圪丁打蛋一哇声， 迈步来在上房中， 又把妹子叫一声。
	(4)	“哎呀，”伦姐说：“哦，妹子呀——” “噢。” “起么，鸡叫了。”	“哦，妹子呀——” “噢。” “则赶紧起么……”	伦姐说：“哦，妹子呀——” “噢。”

续 表

段	节	文本一	文本二	文本三
2	(4)	“哎哟,”存姐说:“姐姐,我睡了这么一眨时辰煞,倒鸡叫了?” “哎哟,你不相信则听么。” “噢,鸡叫不鸡叫,我该会听了,这么个还听不了了?则试搭听看叫了没。” (三弦模拟鸡叫声) “哎哟,真格这像鸡叫了。”存姐说:“姐姐呀,你说这个老公鸡叫明这不准么。” (伦姐)说:“老公鸡跟老公鸡还有什么相差的?” “唉,你是解不下。这该就是那干脑芦花老公鸡叫了明了,这不准。” (伦姐)说:“还有什么老公鸡了?” “唉,咱试搭听看二刈子公鸡叫了没?二刈子公鸡叫了,这就准了。” “那么则听,看二刈子公鸡叫了没。” (三弦模拟鸡叫声) “哎哟,这二刈子公鸡叫了。”你们说这个芦花老公鸡跟二刈子公鸡叫鸣有咋个区别了?这个芦花老公鸡呀,那踏蛋可有一手的恶了,你说那叫明,那没本事,那一叫起就瞎吼二叫,那就想多会吼叫就吼叫了;你说那个二刈子公鸡,明明价那二刈子着了,人说人二刈子不会生养,鸡二刈子就不会踏蛋,那	“哎呀,姐姐呀,我将睡了这么一眨时辰,你说这倒鸡叫了?” “鸡叫了嘛,你则不相信你听,我还哄你了……” (三弦模拟鸡叫声) “哎呀,真格那兀的鸡叫了……姐姐呀,你说这该就是芦花老公鸡叫明了,咱看那个二刈子公鸡叫明呀不。” “哎呀,你说这个芦花老公鸡、二刈子公鸡有什么关键了,则你试打听听……” (三弦模拟鸡叫声) “哎呀,这狗二刈子公鸡也叫了。” “则有什么关键了?” “人说这个芦花老公鸡踏蛋能行得恶了,你说那个叫明,那一满就瞎吼二叫,脑扬转,多会想吼叫就多会吼叫了;二刈子公鸡常说那二刈子着了,那踏蛋不行呀,叫明就按时叫了……” “那么还有这么个关键了?” “就是么……” “那么咱们今天开大门……” “不敢开大门,叫两个爹娘晓得,堂上撵的来呀,咱们羞愧难当,当时就不得活人了……” “那么,咋价呀?” “那不是墙崖根底里放个	“快赶紧起么,唉,都鸡叫了么。” 存姐说:“姐姐呀,人睡了这么一眨时辰么,鸡倒叫了?” “你不相信则听么。哎哟,实在呀,鸡倒叫了明了。不早了,咱能动身走了。” “噢,咱则试搭听听,真格看鸡叫了没。” (三弦模拟鸡叫声) “唉,姐姐——” “噢。” “唉,这该就是那芦花老公鸡叫了明了,你看那狗砍脑鬼,瞎吼二叫,没一点准头。咱看二刈子公鸡叫了没,二刈子公鸡叫了呀,这该有准头,咱就动身能走了,则咱试搭听一听。” (三弦模拟鸡叫声) “哎哟,这个二刈子公鸡也则叫了。” “为什么说这个芦花老公鸡跟二刈子公鸡叫鸣有怎么个区别了?” “唉,你则说呀,姐姐你不知道这个事情,我给你分别一下。芦花老公鸡呀,你则说脑红惺惺价的,踏蛋可能行了;二刈子呀,明明那二刈子不会踏蛋,人常说人二刈子不会生养,鸡二刈子不会踏蛋,

续 表

段	节	文本一	文本二	文本三
2	(4)	还总有一样特长了,那叫明就按时就叫了,就有这么个特长。 “则咱们姊妹打算怎么个办呀么?” “走,开大门走。” “哎呀,”存姐说,“姐姐你憨着了么。咱两个开大门,明儿一起来门开开呀,必定咱内里边该有线索了,叫咱两个爹娘一下晓得,撵到大堂上,你说这个羞愧难当,败兴当时就不得活人了么”。 “那么你说则咋价呀?” “走。你看那樯崖根那面立那么个梯子,咱两个把梯子抬得来,放在个樯崖根上,咱们姊妹扎梯子翻墙往过行吧。”	梯子,咱们姊妹就在梯子上,一圪台一圪台到了墙顶上,把梯子一下,往出一吊…… 咱们扎梯子翻墙过吧——”	你看总有一样特长,你说那叫明就按时就叫了……” “唉,就有这么个区别?” “就是么。” “那么,咱们姊妹呀,咱们则开大门。” “不敢开大门。开大门叫二老爹娘晓得呀,你说撵到那个堂上,活活价就往死气人了么。” “那么,咋价呀?” “咦,咱背墙崖根里放个梯子,咱把那梯子挠在墙崖根,咱们姊妹扎梯子翻墙过吧——”
	(5)	伦姐存姐把梯子搬在墙崖根, 一步一步往上行, 一阵阵行在个墙顶上, 弯转又把梯子吊出墙外存, 存姐没事慢慢行, 伦姐有事走了个紧, 一步下去登了个空, 咕咚踢在个地流平。	姊妹把梯子搬在墙崖根, 一步一步往上行, (梯子)一阵行到墙顶上, 姊妹把梯子吊过墙外根, 存姐没事慢慢行, 伦姐有事则走了一个紧, 一步下去登了空, 咕咚踢在地流平。	存姐跟伦姐又把梯子搬在墙崖根, 一步一步往上行, 一阵阵行在个墙顶上, 梯子吊出墙外根, 存姐没事慢慢行, 伦姐有事走了个紧, 一步下去登了个空, 咕咚踢在一个地流平。
	(6)	“哎呀,”存姐走在跟前,“噢,姐姐——” “噢。” “则该把你跌磕着了么?” “哎哟,妹子呀,怎么也不怎么。”	存姐说:“姐姐,则该把你跌磕着了。” “哦,怎么也不怎么。” 存姐说:“我也晓你怎么也不怎么,肝花上圪蹴个老公鸡着了——你该是牵	存姐走在跟前把姐姐一把撴定,“噢,姐姐呀——” “噢。” “唉,则该实在把你该跌磕着了么?”

续 表

段	节	文本一	文本二	文本三
2	(6)	存姐说:“姐姐呀,我也晓你怎么也不怎么,平日下教你走煞,哪搭价稍微但然扑通蹋在哪搭碰给一下,你倒说我倒不得动了,今儿到梯子上蹋下来还说还能行。我晓得了,姐姐,肝花上圪蹴个老公鸡着了——你像牵心那个相公着了。哎,则说什么了,牵心那个相公,咱们姊妹两个则上路走么——”	心那个相公着了……咱赶紧上路走——”	“哎哟,好妹子呀,咋也不咋么。” “哎哟,姐姐,我也晓你咋也不咋么,肝花上圪蹴个老公鸡呀——唉,圪丁打蛋牵心那个相公着了。你不要因为那个相公煞,你平地走路把你槛给一跤,唉,这也疼痛得不得动了,那也有伤了,唉,今天就给你掼了这么一跤,你说怎么也不咋,真格肝花上圪蹴个老公鸡——牵心那个相公着,则走,咱们姊妹两个上路——”
3	(7)	存姐前边把路引, 伦姐随后紧相跟, 一阵阵来在十字路, 乱圪咚咚好囊路, 不知道哪一条大路得进城, 存姐说姐姐呀—— 我记得小时候我爹爹引我往南的路上得进城, 赶明来到南门洞, 守门的城军刚开门, 进了南门没消停, 过了瓮城走了个紧, 迈步来在十字街, 来来往往好囊人, 武举正在街前盛, 又把裁缝叫一声, 今天上堂多帮工, 我要害那个相公王定保,	存姐头边把路引, 伦姐随后紧相跟, 迈步来在十字路, 乱圪咚咚好囊路, 不知道哪一条大路得进城, 存姐说姐姐呀—— 我记得小时候我爹爹带我往南的路上得进城, 赶明来到南门洞, 守门的城军刚开门, 进了南门没消停, 过了瓮城走了个紧, 紧走来在十字街, 来来往往好囊人, 武举正在街前盛, 又把裁缝叫一声, 今天上堂定帮工, 我要害那相公王定保,	伦姐随后紧相跟, 迈步来在十字路, 乱圪咚咚好囊路, 不知道哪一条大路得进城, 存姐说姐姐呀—— 我小时候记得我爹爹引我往南路上得进城, 赶明来到南门洞, 守门的城军刚开门, 进了南门没消停, 过了瓮城走了个紧, 迈步来在十字街, 来来往往好囊人, 武举就在街前盛, 又把裁缝叫一声, 今天上堂多帮工, 我要害那相公王定保, 倒叫那伦姐听得真,

续　表

段	节	文本一	文本二	文本三
3	(7)	倒叫那伦姐听得真， 又把我妹子叫一声， 武举贼子街前里盛， 口口声声说那话， 要害我男人你的表兄， 不知道衙门哪搭盛， 赶紧跟上武举进衙门。 武举头边把路引， 二小姐在后边紧相跟， 武举是一个好色人， 一道路爱那么些年轻好女人， 一眼看得大动心， 长这么大小没见过那么俊的人， 这两个女人真爱人， 想跟她认这么个姑舅亲， 但等我把官司打停当， 一定抢这两个好女人。 迈步到了大衙门， 王老爷上前问一声。	倒叫这伦姐听得真， 又把我妹子叫一声， 武举贼子就在街前盛， 口口声声说那话， 要害我男人你的表兄， 不知道衙门哪搭盛， 跟上武举进衙门。 武举前面把路引， 二小姐随后紧相跟， 武举是一个好色人， 一道路爱的年轻好女人， 一眼看得大动心， 我自幼没见过那么俊的人， 这两个女人真爱人， 想跟她认个姑舅亲， 但等我把官司打停当， 一定抢这两个好女人。 迈步到了大衙门， 王老爷上边问一声。	又把妹子叫一声， 武举贼子街前里盛， 口口声声说那话， 要害我的男人你表兄， 不知道衙门就在哪里价盛， 跟上武举进衙门。 武举前边把路引， 二小姐在后边紧相跟， 武举是一个好色人， 一道路爱些年轻好女人， 一眼看得大动心， 长这么大小没见过那么俊的人， 这两个女人真爱人， 想跟她认这么个姑舅亲， 但等我把官司打停当， 定要抢这两个好女人。 武举迈步来在大衙门， 王老爷开言问一声。
4	(8)	王老爷说："噢，武举——" "噢。" "你则对鞋来了？" 武举说："老爷呀，唉，绣鞋我妻不让我拿的来了，不依我拿的来了。你说婆姨女子穿那么两只鞋么，拿在大堂上，人前大众则扬搭什么了？唉，你说她这该羞愧难当么，你说绣鞋拿在大堂上，老爷堂上，你说王老爷底下的人役不晓有够多少，你说她羞愧难当能活人呀不？一定要叫我罟定要把这绣鞋拿的	王老爷说："武举你又来了，又对鞋来了？" "老爷，绣鞋我妻不依我拿的去，一定要拿的去呀，叫一刀把她杀了，为妇道人家的一只鞋，则大堂上扬什么了……则把她的名誉就败坏了……老爷你老说为上这点点事情，杀上我的个夫人，遭上个人命？你老如果不相信呀，这两个裁缝就是指证么。" 王老爷说："武举呀，你又给我买的两个裁缝？" "你说这个裁缝叫请的缝	王老爷说："武举你又对鞋来了？" "唉"武举说："老爷呀，绣鞋我妻不依我拿的来了。你说她们婆姨女子那个鞋么，就拿在大堂上，人面面前，到老爷面前还扬搭什么了？哎呀，你则说她这个妇道人家，你就连两只鞋还经手不了，唉，她连贞节二字都守不起了，不让我拿的去，一定罟定拿的去，叫我当时一刀就把她杀了，

续 表

段	节	文本一	文本二	文本三
4	(8)	去,我那个老婆说来了,一刀两断把她杀了再拿的去。老爷呀,我看为上这么一丁丁的事情,唉,再叫遭上个人命?你老家如果不相信呀,这两个裁缝该就是指证么……” 王老爷说:“武举——” “噢。” “你给我又买的两个裁缝啊?裁缝请的教缝了(还)是买的缝呀?不管他请的缝买的缝,叫他们上堂。” 裁缝迈步来在堂前,王老爷说:“裁缝们——” “噢。” “武举这衣裳呀,这就是你们缝的呀?” 裁缝说:“老爷呀,正是我们缝的呀。” “对。既是你们缝的,老爷问一问你武举这个衣裳绣咋些花草,做咋些针线,有怎么些榜样,大小颜色是怎么些……你给老爷速速给老爷报来。” “哎呀,”裁缝说:“老爷呀,过的时间太久长太长了,我们也记不顶真了”。 王老爷说:“哈哈,把你给老爷不要脸么,武举恶,你们应该溜舔,王定保这个公子善,你们应该欺负,正是和那武举一律同罪。” 三班人役禀报,老爷知道,衙门口上还有两个小女子	了、叫买的缝了?” 老爷说:“不管请的缝买的缝,叫他上堂吧。” 裁缝来在堂前,王老爷说:“这两个裁缝呀,武举这衣裳就是你们缝的么?” “老爷,就是我们缝的。” “那个大小颜色、花草模样……你做咋些针线?” “哎呀,老爷呀,过的时间特别久长了,我们则忘了。” “哼,你给老爷净圪嘟胡言。王定保善,你们应该欺负;武举恶,你们应该溜舔……下来跟武举一律同罪。” 三班人役禀报:“老爷呀,衙门口上有两个小女喊冤。” “哪个小女子喊冤,快点叫她上堂。” (伦姐、存姐)来至堂前,王老爷说:“我问你们这两个小女子呀,你们状告何人?” “老爷,我们状告南街李武举。” “告李武举因为何事?” “哎,老爷,听小女容禀——”	老爷呀,你说为上这么一点事情,哎呀,我再杀上个夫人,再遭上个人命?你老家如果不相信呀,就这这两个裁缝,就是指证……” 王老爷说:“武举,你给我又买的两个裁缝?裁缝请的缝了(还)是买的缝了?不管请的缝买的缝,叫他上堂。” 裁缝来在堂前,王老爷说:“裁缝们,武举这衣裳是你们缝的呀?” 裁缝说:“老爷呀,是我们缝的。” “是你们缝的,大小颜色、花草榜样,做咋些针线呀,你给老爷细细发发说一下。” 裁缝说:“老爷呀,过的时间太长了,我们一伙忘记了。” “哼,你给老爷净圪嘟胡言,和武举一律同罪。王定保善,你应该欺负;李武举恶,你应该撵上溜舔……我看就和那个武举一律同罪。” 三班人役禀报:“老爷呀,从咱这个衙门口上呀,有两个小女子喊冤。” 王老爷说:“好,小女子喊冤,叫她上堂。” (人役)迈步把她们带在堂前。王老爷一声便说:“这两个小女呀——”

续　表

段	节	文本一	文本二	文本三
4	(8)	(三班人役)把两个女子带在堂前,王老爷说:"二女子们,我问你们状告的是何人呀?" 存姐跟伦姐说:"老爷,我们状告他是南街的李武举呀。" 老爷说:"告李武举因为何事?" 伦姐跟存姐说:"老爷,听小女慢慢给你老容禀——"		"噢。" "我问你们状告何人?" "唉,"存姐、伦姐说,"老爷呀,我们二女子状告南街巷口的李武举呀"。 "哼,告李武举因为何事呀?" "哎呀,"伦姐说:"老爷呀,听小女给你老容禀——"
4	(9)	伦姐未曾开口把话明, 尊一声王老爷在上把原因听, 王定保本身我的男人, 当物就在我那里寻, 我们给包了一对簪箍两个杖青, 一对牌环都是镀金, 两串铜钱二两银, 又把一只绣鞋带当中, 印花包包蛇皮袋, □□大钱缀一文, 老爷你老不相信这事情, 我们拿这一只绣鞋看分明。 王老爷又把一双(只)绣鞋忙接定, 一递一眼看得真, 一样的颜色一样的样, 一样的花草□□□, 王老爷一时看得把手倒错, 不知道哪一只绣鞋先进大衙门。 快把武举顶子往下抓,	伦姐未曾开口把话明, 尊一声老爷在上把原因听, 王定保本身是我的男人, 当物就在我那里寻, 我给包了一对簪箍一对盘龙, 一根金钗两根杖青, 一对牌环都是镀金, 两串铜钱二两银, 一只绣鞋带当中, 印花包包蛇皮袋, □□大钱缀一文, 老爷你老不相信这事情, 我拿这一只绣鞋看分明。 王老爷把那只绣鞋忙接定, 一递一眼看得真, 一样的颜色一样的样, 一样的花草□□□, 王老爷一时看得把手倒错, 不知道哪一只绣鞋先进大衙门。	伦姐未曾开口把话明, 尊一声王老爷在上把原因听, 王定保本身就是我的男人, 当物就在我那里寻, 我们给包了一对簪箍两个盘龙, 一根金钗两根杖青, 一对牌环都是镀金, 两串铜钱二两银, 又把一只绣鞋带当中, 印花包包蛇皮袋, □□大钱缀一文, 老爷不相信这事情, 我拿这一只绣鞋看分明。 王老爷又把一双(只)绣鞋忙接定, 一递一眼观分明, 一样的颜色一样的样, 一样的花草□□□, 王老爷一时看得把手倒错, 不知道哪一只绣鞋先进大衙门。

续 表

段	节	文本一	文本二	文本三
4	(9)	不要叫老爷动惊堂。	快把武举顶子往下抓， 不要叫老爷动惊堂。	快把武举顶子往下抓， 不要叫老爷动惊堂。
	(10)	“哎呀，”武举说，“老爷呀，你看那一样了？” 王老爷说：“武举，瞪你的眼上看，给……你看一样不一样？” “哎呀，”武举说，“老爷，一样是一样了，要叫她穿上了，穿上不大不小、不肥不瘦，穿上正好……” 王老爷说：“你这个武举净圪嘟胡言，女流之辈，人前大众，人家这个堂上敢穿了？” 武举说：“不敢穿就不是她的，那是偷人家的、溜人家的、抢人家的、盗人家的……我罢不会偷去、溜去、抢去、盗去，不会借去……” 唉，伦姐看了一下，今天就羞愧难当是羞愧难当，我今天不穿认不了个证明了。 “老爷呀，小女子就敢穿。” 王老爷说：“好了。既然你们小女子敢穿，三班人役们——” “噢。” “把那个席筒给老爷抬过来，叫她们穿吧。” “老爷，伺应——”	武举说：“老爷呀，那一样了？” 王老爷说：“你看看那一样不一样。则看，这该是不□不□么？” 武举说：“老爷，一样是一样了，要叫她穿上了，不大不小、不肥不瘦，穿上还正好……” 王老爷说：“你说的哪了？人家这个女流之辈敢穿？” 武举说：“不敢穿就不是她的，那是溜的、抢的、偷的、盗的、借的……我罢不会溜去、抢去、盗去、借去……” 伦姐说：“老爷呀，小女子还是敢穿。” 王老爷说：“对了，既然你这个小女子敢穿，三班人役们——” “噢。” “把后堂那个席筒给老爷抬过来，则叫她穿吧。” “老爷，伺应——”	武举说：“老爷呀，那一样了？” 王老爷说：“你看，你看那一样不一样？” 武举说：“老爷呀，我也晓得那一样了。一样是一样了，要叫她穿上了么，穿上不大不小、不肥不瘦，穿上还正好……” “哼哼”王老爷说：“人家那个女流之辈还敢穿么？” 武举说：“老爷，她不敢穿就不是她的，她是偷人家的，是溜人家的、抢人家的是盗去呀，或者是借人家的……我罢不会夹溜带抢，我罢不会借……” “噢，”伦姐说，“老爷呀，那就小女敢穿”。 “既然这个小女子敢穿，三班人役们——” “噢。” “把那个席筒给老爷抬过来，叫她们穿吧——”
	(11)	王老爷上边传下令， 三班人役莫消停， 当堂把席筒忙抬过，	王老爷上边传了令， 三班人役莫消停， 当堂把席筒忙抬过，	王老爷上边传下令， 三班人役莫消停， 当堂把席筒忙抬过，

续　表

段	节	文本一	文本二	文本三
4	(11)	小姐扣进筒里边盛， 这双绣鞋忙脱下， 那双绣鞋忙登上， 鞋带挣了紧又紧， 席筒挠在地流平， □□□□抖精神， 宁宁答答活脱得很， 手指武举骂几声， 记得你路上说那话， 要抢二位姨姨过你的门， 要把二位姨姨引过门， 给你们武举立个祖宗， 不要说武举你的汉性硬， 顶子就叫姨姨一脚蹬。 伦姐蹦一脚就把武举的顶子扑棱棱踢得踢在地流平， 急得武举长呵短叹两三声， 总说我常是遇好汉， 叫两个黄毛女子把我不烂(绊)倒， 都说我打官司老展映， 这个狗官对我肯顶本， 说得出来接茬定， 这个狗官又是我的大仇人， 三班人役站两行， 二小姐羞得立不定， 把两把钢刀拿手中……	小姐扣进筒里边盛， 这双绣鞋忙脱下， 那双绣鞋忙登上， 鞋带挣了紧又紧， 席筒挠在地流平， □□□□抖精神， 宁宁答答活脱得很， 手指武举骂几声， 记得路上说那话， 要抢二位姨姨过你的门， 要把二位姨姨引过门， 给你武举立祖宗， 不要说你武举的汉性硬， 顶子你姨姨一脚蹬。 伦姐一脚把武举顶子踢得踢在地流平， 急得武举长吁短叹两三声， 总说我打官司老展映， 这个狗官对我肯顶本， 说得出来他接茬定， 这狗官又是我的大仇人， 总说我打官司老展映， 这个狗官对我肯顶本， 说的出来他接茬定， 这狗官又是我的大仇人， 总说我打官司老展映， 今天就叫两个黄毛丫头把我不烂(绊)倒， 三班人役站两行， 二小姐羞得立不定， 两把钢刀拿手中……	小姐扣进筒里边盛， 这双绣鞋忙脱下， 那双绣鞋忙登上， 鞋带挣了紧又紧， 席筒挠在地流平， □□□□抖精神， 宁宁答答活脱得很， 手指武举骂几声， 记得你路上说那话， 要抢二位姨姨过你的门， 要把二位姨姨引过门， 给你们武举立个祖宗， 不要说武举你的汉性硬， 就叫姨姨一脚蹬。 伦姐蹦一脚就把武举的顶子扑棱棱踢得踢在地流平， 急得武举长呵短叹两三声， 都说我打官司老展映， 这个狗官对我肯顶本， 说得出来接茬定， 那狗官又是我的大仇人， 总说我倒是遇好汉， 又叫个黄毛丫头把我不烂(绊)倒， 三班人役站两行， 二小姐羞得立不定， 把两把钢刀拿手中……
	(12)	王老爷说："三班人役快快快着，把那两个女人钢刀给咱夺下。哎呀，人役们、	王老爷说："快快快着，把这两个女人的钢刀夺下。这两个女人是贤良女人，	王老爷说："人役门，快快快着，把这两个女人的钢刀夺下。这些两个

续 表

段	节	文本一	文本二	文本三
4	(12)	丫鬟你们听，人家这两个女娃娃在堂上对鞋，羞愧难当，不晓够多少世人……唉，丫鬟们——” “噢。” “不能教这两个女子堂上盛了，快赶紧把这两个女子引在你太太的三堂，叫跟你家太太一块安身去。”	当堂对鞋救男人，可是羞愧难当，丫鬟们，把这两个女子引在你家太太的三堂，交给你太太，叫她三堂里安身。” “老爷，伺应——”	就是贤良女人，当堂对鞋救男人，羞愧难当么，丫鬟们——” “噢。” “快赶紧把这两个小女子引在三堂，给你家太他交给——”
4	(13)	王老爷上边把话传， 丫鬟女子把路引， 二小姐背后紧相跟， 迈步来在三堂中， 太太上前忙接应， 小姐搀在床前盛， 小炒猪肉烙薄饼， 生葱拌蒜调凉粉， 凉切黄瓜猪头肉， 豆腐干儿卷煎饼， 五黄六月天太暖， 凉凉快快把饭用， 用罢饭来没消停， 王老爷上前把话明。 你们这女人贤良得很， 当堂对鞋救男人， 老爷因为你难回家， 我亲自送你们转家门。 二小姐搀在三堂里盛， 再说王老爷居官清廉得很。 武举裁缝罪不轻， 夹床夹，挑棍挑， 脚镣手铐没放松， 裁缝哭得如酒醉，	王老爷上边把话传， 丫鬟前边把路引， 二小姐背后紧相跟， 迈步来在三堂中， 太太上前忙接应， 小姐搀在床前盛， 小炒猪肉烙薄饼， 生葱拌蒜调凉粉， 凉切黄瓜猪头肉， 豆腐干儿卷煎饼， 五黄六月天太暖， 凉凉快快把饭用， 用过饭，没消停， 王老爷上前把话明。 你们这女人贤良很， 当堂对鞋救男人， 老爷因为你们难回家， 我亲自送你们转家门。 二小姐搀在三堂里盛， 再说王老爷居官清廉得很。 武举裁缝罪不轻， 夹床夹，挑棍挑， 脚镣手铐没放松， 裁缝哭得如酒醉，	丫鬟前边把路引， 二小姐背后紧相跟， 迈步引在三堂中， 太太上前忙接应， 小姐搀在床前盛， 小炒猪肉烙薄饼， 生葱拌蒜调凉粉， 凉切黄瓜猪头肉， 豆腐干儿卷煎饼， 五黄六月天太暖， 凉凉快快把饭用， 用罢饭，没消停， 王老爷上前把话明。 又把这两个小女子叫一声， 你们这两个女人贤良得很， 当堂对鞋救男人， 老爷因为你难回家， 亲自送你们转家门。 二小姐搀在三堂里盛， 再说王老爷居官清廉得很。 武举裁缝罪不轻， 夹床夹，挑棍挑，

续　表

段	节	文本一	文本二	文本三
4	(13)	二百两银子买的我们活性命， 你老坑得我们活不成， 武举裁缝好伤心， 再说王老爷居官清廉很。	二百两银子买了我们活性命， 你老坑得我们活不成， 武举裁缝哭得伤心， 再说那王老爷居官清廉得很。	脚镣手籀没放松， 在裁缝哭得如酒醉， 二百两银子买的我们活性命， 你老坑得我们活不成， 武举裁缝哭得伤心， 再说王老爷居官清廉很。
5	(14)	王老爷说："三班人役们——" "噢。" "监牢门打开，王定保给我带在堂前。" 人役监牢门往开一打，把王定保带在老爷面前。王定保见了老爷往下一跪，"老爷，你老家则什么话吩咐？" "王定保，你们这事情老爷一伙给你审明了，有你那妻子夫人来了给你对鞋，对了，老爷今天叫你出监，放你教你回家父子们团圆么。" "老爷呀，唉，我还走不得。我的赌博账还没还清来了么。" "哎呀"王老爷说："你这个娃娃，你还记你那赌博账了？则回去，哪一个人跟你要起赌博账呀，老爷给你还这个账，一定罟起要这个赌博账，打发的老爷这搭来，老爷给他一面承担。 王定保说："老爷呀，你老说的该净些实话么？" "不了老爷还虚说哄你了？" "那么谢过老爷，我就回去了——"	王老爷说："人役们，把监牢门打开，王定保放出监牢。" 人役们就把监牢门打开，王定保来在老爷跟前，往下一跪。王老爷说："王定保，老爷把你放出监牢，打发叫你回家，你们这个案，老爷也就吃清落实了，叫武举就把你冤枉了，你则回家。" 王定保说："老爷，我还不能回家，我这个赌博账还没还清来了。" "你这个憨娃娃，你还记你那赌博账着了，则赶紧回家。谁人问你要起赌博账，一面老爷给你应承；再谁人罟定跟你要起赌博账，直接就给老爷打发的来，老爷替你还这个赌博账。"王定保谢过老爷回家。	"人役们——" "噢。" "叫把监牢门打开呀，王定保放出监牢。" 王定保出了监牢，来在老爷面前往下一跪，"老爷，叫我出监干啥？" "噢，你们这案子，老爷就确实了解了，王定保呀，不要监牢安身呀，快赶紧回家，你们一家人团圆。" 王定保说："老爷呀，慢慢……我那赌博账还没还了呢，人家还等我着了。" "你看你这个憨娃娃，你给我董下这个祸星，你还记你那赌博账着了？则赶紧回家，谁跟你要起赌博账，一面老爷给你应承。再谁跟你要起赌博账，你没开处，打发的来，老爷给他们开这个赌博账。王定保你不要怯乎，赶紧回你们家中，赶紧和你们一家人家团圆。"

续 表

段	节	文本一	文本二	文本三
5	（15）	王定保谢过老爷回在家中， 他爹爹王润撴定我孩儿定保哭得伤心， 爹爹问见你跟武举打官司， 咱们街上武举汉性硬得很， 为父心疼不敢面前来， 王定保说爹爹呀—— 人家些女人贤良得很， 当堂对鞋救男人， 不是我妻来对鞋， 孩儿肯定活不成， 迟早过了咱家门， 实在要把人家当成个人。 王定保父子拉话□□□， 再说那王老爷居官清廉得很， 你们这些女人贤良得很， 当堂对鞋救男人， 老爷因为你们难回家， 老爷亲自送你们转家门。 二小姐坐了花花轿两乘， 王老爷坐轿随后跟， 两班吹手订现成， 鸣锣击鼓一哇声， 点了三声传城炮， 城里城外都知道， 二十里大路一个时辰， 不觉到了一个张家湾村， 他们围在张家府邸门， 鸣锣击鼓一哇声， 张家弟兄善得很， 双膝给老爷跪倒身，	王定保谢过老爷回家乡， 他爹爹王润撴定我的孩儿哭得伤心， 爹爹问见你跟武举打官司， 武举汉性硬得很， 为父心疼不敢救儿， 王定保上前把话明， 又把我爹爹叫一声， 人家些女人贤良得很， 当堂对鞋救男人， 不是我妻来对鞋， 孩儿□□□□活不成， 迟早过了咱家门， 实在要把人家当成个人。 王定保父子拉话□□□， 再说那王老爷居官清廉很， 你们这些女人贤良很， 当堂对鞋救男人， 老爷因为你们难回家， 我亲自送你们转家门。 二小姐坐了花花轿两乘， 王老爷坐轿随后跟， 两班吹手定现成， 鸣锣击鼓一哇声， 点了三声传城炮， 城里城外都知道， 二十里大路一个时辰， 不觉到了张家湾村， 他们围在张家府邸门， 鸣锣击鼓一哇声， 张家弟兄善得很， 双膝给老爷跪倒身，	王定保谢过老爷动了身， 迈步回在他家中， 王润他爹爹撴定我儿子哭得伤心， 爹爹问见你跟武举打官司， 武举的汉性硬得很， 为父心疼不敢救， 王定保说爹爹呀—— 人家的女人贤良得很， 当堂对鞋救男人， 不是我妻来对鞋， 我□□□□活不成， 王定保家父子拉话□□□， 再说那王老爷居官清廉得很， 你们这个女人贤良得很， 当堂对鞋救男人， 老爷因为你们难回家， 我亲自送你们转家门。 二小姐坐了花花轿两乘， 王老爷坐轿随后跟， 两班吹手订现成， 鸣锣击鼓一哇声， 点了三声传城炮， 城里城外都知道， 二十里大路一个时辰， 不觉得到了张家湾村， 张家弟兄善得很， 双膝给老爷跪倒身， 我们弟兄在阳间世上没干过亏天事， 为什么引人围我的门？

续　表

段	节	文本一	文本二	文本三
5	（15）	我们弟兄阳间世上没做下亏天事， 你老为什么引人围我的门？ 老爷说你们这些女人贤良得很， 当堂对鞋救男人， 老爷因为她们难回家， 亲自送她们转家门。 张家弟兄喜在心， 世界上这不是个怪事情， 总说她们就在楼上盛， 谁知道当堂对鞋救男人？ 则把王老爷接在待客厅， 大摆酒宴把酒饮， 酒过三巡菜五味， 张端巳又把老爷问一声。 ……	老爷呀，我们弟兄在阳间世上没亏人， 为什么引人围我们的门？ 王老爷说你们这些女人贤良得很， 当堂对鞋救男人， 老爷因为她们难回家， 我亲自送她们转家门。 张家弟兄一听喜在心， 世界上这不是个怪事情， 总说她们就在楼上盛， 谁知道当堂对鞋救男人？ 老爷接在待客厅， 大摆酒宴把酒饮， 酒过三巡菜五味， 张端巳又把老爷叫一声。 ……	王老爷说你们这个女人贤良得很， 当堂对鞋救男人， 老爷因为她们难回家， 我亲自送她们转家门。 张家弟兄一听喜在心， 世界上这不是一个怪事情， 总说她们就在绣楼上盛， 谁知当堂对鞋救男人？ 又把老爷接在待客厅， 大摆酒宴把酒饮， 酒过三巡菜五味， 张端巳又把老爷问一声。 ……

附录2－3　《花柳记》（选段）三种文本

○文本一据韩起祥 1981 年演唱录音记录；

○文本二据子洲盲说书人田治枝 1993 年演唱记录；

○文本三据吴堡县盲说书人康海务 2016 年 7 月 4 日演唱记录；

○完全相同的词句加＿线，略同的加﹏线；方言读音和不易理解的方言词后加（）注释，录音难以判断的字词用□代替。

段	节	文本一	文本二	文本三
1	（1）	闲言道罢书归正， 《花柳记》全本大家听。	闲言几句撂在空， 三弦一响开正本。 宋王驾坐东京城， 文武八百保国臣。 文官执笔安天下， 武官提刀定太平。 朝里大事把文官问，	手弹三弦腿打板， 听我把此书往上翻。 开书不表别人等， 咱再表宋朝的古书文。 大宋仁宗登龙位， 文武侯臣个个能。 文官执笔安天下，

续 表

段	节	文本一	文本二	文本三
1	(1)		敌国反来有武将征。 书上有奸便有忠， 不说忠奸没书文。 我不说奸臣害忠良， 就说状元招姑娘。 字字苦，声声泪， 哭诉万恶旧社会。 我说一本《花柳记》， 十个人听见九下泪。 四帝仁宗坐龙墩， 河南卫辉府出了事一宗。	武将提刀定太平。 四百武，四百文， 文武八百江山定。 按定文武且不表， 单表宋王有道龙。
	(2)		斗大黄金印，天高白玉堂。 不读书万卷，焉能奉君王？	国正天心顺，官清民自安。 妻贤夫祸少，子孝父心宽。
	(3)		四句闲言撂后，书归正传。这段故事出在大宋年间，四帝仁宗在位，引出一段故事。说在河南卫辉府人氏，南街巷口有一家相公姓李，名叫李登云，娶妻孙氏夫人，夫妻同年等岁，所生一儿一女，儿叫金哥，女叫银姐，家寒受贫，没有过用。众明公非知，恭坐安安静静，听我慢慢道来——	四句闲言不表，书归正传。这段故事出在大宋年间，仁宗在位，这段故事出在河南卫辉府人氏，南关街外，有个相公姓李，名唤李登云，娶妻孙氏大人，夫妻同年等岁，所生一儿一女，儿叫金哥，女叫银姐。要知李家后来之事，慢慢听我慢慢地道来呀——
	(4)	故事出在河南卫辉府， 离城十里李家村。 李家村有一个李登云， 自有娶妻名叫孙秀贞。 两口恩爱泰山沉， 所生金哥银姐两条根。 李家家寒受贫穷， 他就指教学过光景。	书中不表别处等， 河南卫辉府出了事一宗。 家住河南卫辉府， 南街巷口有家门。 一位相公李登云， 年方三十零二春。 他妻名叫孙秀贞， 七岁上童引过了门。 寻茶讨饭供他看“五经”， 到后来生下男女两条根。	家住河南卫辉府， 南关街外有家门。 有一家相公姓李人， 官名官号叫李登云。 娶妻夫人孙秀贞， 今年三十零二整。 夫妻同年等岁人， 所生儿女两条根。 儿叫金哥刚九岁， 女叫银姐七岁整。

续　表

段	节	文本一	文本二	文本三
2	(4)		儿叫金哥刚九岁， 女叫银姐整七春。 孙秀贞钻帮纳底伺候人， 眼泪洗脸度光阴。 眼泪洗脸度光阴， 双眼落泪哭得伤心。 盛的些烂房没顶顶， 遮不住雨挡不住风。 月亮下来就顶灯， 十个囤囤九个空， 倒把糠面磨半升。 老鼠饿得打能能， 蚧蛄饿得发迷昏。 卫辉府，数他穷， 家里断顿打断顿。 不说李登云家受贫， 再说东京开考棚。	家寒受贫没过用， 吃的断顿打断顿。 盛间烂房开窟窿， 月亮下来就顶灯。 遮不住雨挡不住风， 黄蒿困住堵了门。 十个瓮瓮九个空， 里头放把苦菜根。 到春天都吃的苦菜根， 到夏天树籽苦菜顶饭用。 杨树剥成光棍棍， 娃娃大人都饿得很。 孙秀贞钻帮纳底伺候人， 推磨滚碾她的营生。 按住孙秀贞且不表， 回书再说李登云。 愁眉不展难在心， 长呵短气这事情。 有心上京务功名， 路途盘费没一文。 家业家事没人照应， 人情门户谁应承？ 按住李登云且不表， 咱再说宋王赶（开）考棚。
	(5)	有一天登云回到家， 一屁股坐到床前盛， 愁眉不展难在心， 面前不是别人问， 闪过来贤妻孙秀贞， 走上前来把丈夫叫， 口里倒把丈夫称， 往日价回来你微微笑， 今日回来恼在心，	孙秀贞说：“官人呀，丈夫呀！你往常回来欢天喜地，今天为何长呵短气？”“唉！”李登云说，“夫人，我在卫辉府街上闲游小串，走在街上抬头一看，贴出皇选御榜，东京宋仁宗开了考场，选文武状元。我要上京赶考，没有路费盘缠”。	宋王当殿皇榜开， 全国贵人都上来。 有人上京务功名， 龙虎榜上点头名。 无人上京务功名， 耽误了科场没科场。 我不说宋王开考棚， 回书再说李登云。 李登云哭得泪淋淋，

续 表

段	节	文本一	文本二	文本三
2	(5)	你有什么为难事， 你对为妻表分明。 李登云有语开言道， 叫一声夫人你来听： 万岁皇王开龙门， 十三省举子都上京。 人人上京务功名， 再的上京我不讲， 我有心上京务功名， 没有路费盘缠银， 无心上京务功名， 哎呀！功名高升万不能。	孙秀贞说：“丈夫呀，不要紧——”	盘盘算算这事情。 有心上京务功名， 路途盘费没半文。 家园家事没人照应， 人情门户谁应承？ 孙秀贞上边笑盈盈， 丈夫丈夫叫两声。 往日价回来笑盈盈， 今日为什么你呆惺惺？ 你有什么为难事， 你对为妻表分明。 为妻虽然没出门， 给你丈夫宽一宽心。 李登云开言把话明， 夫人夫人听原因。 有心上京务功名， 路途盘费没半文。 家园家事没人照应， 人情门户谁应承？
	(6)	孙秀贞一听开言道， 叫声丈夫你来听： 娘家给我陪的金簪一条， 你把金簪拿到当铺中， 当上些银子做盘费， 你赶快上京务功名， 丈夫你说能不能？ 李登云一听喜在心， 我这个夫人是大贤人。 忙坏女人孙秀贞， 打开皮箱把金簪取。 给她丈夫李登云， 登云一看喜在心， 将身弯转就起身， 行走来在当铺门， 一当当的个三十两银， 十两银子一匹马，	家园家事我照应， 人情门户我应承。 路费盘缠我给你寻， 两个娃娃我照应。 金簪卖得二十两银， 丈夫你拿上做盘缠。 李登云开言把夫人称， 我随身的衣衫要上东京。 人家赶考要多打扮， 李登云没把衣衫换。 孙秀贞一把来顿定， 千嘱咐，万安顿， 丈夫慢慢你记在心。 走路你不敢走小路， 阳关大道你再走。 太阳不落你住旅店， 日头下来你再登程。	孙秀贞开言把话明， 丈夫丈夫听分明。 为妻安顿你记定， 走路不敢走小路， 大路…… 年长五岁论长兄， 同年等岁论弟兄， 为妻安顿牢记定。 住店不要住飘稍店， 飘稍店里有歹人。 □□□□□走路， 操心路上有贼寇。 坐船不要坐船头， 操心艄公变了心。 走路不要溜墙根， 墙里不知墙外人。 撂出来砖瓦打死你，

续　表

段	节	文本一	文本二	文本三
2	(6)	五两银子海行稍搭， 五两银子好衣服， 紧走回到自己门， 李登云收拾就要起身， 忙坏女人孙秀贞， 走上前来把丈夫叫， 口称丈夫我男人， 你今天上京赶考去， 为妻有话来安顿， 世古常言讲得好， 出门的人儿三辈小， 等上肩肩你论弟兄， 年高十岁义父称， 年高五岁你论长兄， 比你小的把拜识称， 歇地你不要歇寸草滩， 寸草滩上有冻虫， 避凉不要避大树底， 树上千年成妖气， 喝水不要喝泉井水， 泉井水上蛇摆尾， 低头喝水两口死， 谁是你通名报信人？ 吃干粮不要吃冷干粮， 一口两口吃下些病。 出门谁是你一心人， 谁给你端汤递水送？ 走路不要走截山路， 截山路上有刀客手。 歇店不要歇飘稍店， 嫖骚店上有短人， 小心谋财害性命， 谁是你出力报仇人？ 过河让人家走前头， 踩开渡口你再走， 上河水紧下河深， 小心当河有陷沙坑。	亮黄晌午你不要走， 操心路上有贼寇。 三道路，走当中， 操心边边水涮空。 过河让人头前走， 渡口踩好你再行。 水深水浅不知情， 操心混沙把你黏定。 坐船你要坐当中， 艄公谋财就害人。 未脱衣裳先吹灯， 外前叫上不要答应。 喝水不要喝泉井水， 泉井水里蛇摆尾。 年长十岁低头拜， 年长五岁叫长兄。 同年等岁论弟兄， 仁义礼智都记定。 走路不敢溜墙跟， 里头不知外头人。 砖瓦撂出来打死你， 谁是你坐监偿命的？ 歇息不要在树底盛， 大树底下有阴风。 阴风穿身害下病， 出门的人叫谁心疼？ 出门你不要把裙钗贪， 妓女院里你不要串。 好女子你不要观， 桃花美女你不要看。 那些早把心坏完， 多会有钱待你好， 但然没钱下眼子看。 口似大砂糖心似刀， 身就是老虎不长毛。 未曾说话开口笑， 心里藏刀暗伤身。	谁是你□□□□？ 吃饭不敢吃剩茶饭， 一口两口吃不饱， 三口五口吃下病， 谁是你端汤递水的人？ 休息不要坐大树底， 大树底里有阴风， 阴风传身害下病， 出门人儿谁心疼？ 三条路，走正中， 操心跌倒水串洞。 出门人不要把裙钗贪， 见了好婆姨不要贪。 只是有钱待你好， 但然无钱下眼子看。 口似砂糖心似刀， 身似猛虎不长毛。 家中饭，粗布衣， 知歪知好头一番妻。 李登云上面把话明， 夫人安顿牢记定。 我出门不把裙钗贪， 你不要家里不心安。 少点胭脂少搽粉， 少在街上去散心。 卫辉府街上没好人， 没婆姨的鳏公数不清。 操心一脊背把你背起身， 妇道人家谁应承？ 李登云说罢就起身， 两个娃娃来抱定。

续表

段	节	文本一	文本二	文本三
2	(6)	坐船不要在船头上坐， 艄公谋财肯害人， 出门不要把朋友交， 尔刻的女人不是些人， 口似砂糖眼似刀， 心似老虎一斑毛， 口里说得笑盈盈， 心中藏刀暗损人， 色是妇人八宝妆， 贪恋娇娥不得久长。 纣王贪色江山失， 董卓贪色长安死。 丈夫哟，出门不要把裙钗贪， 袖里藏刀暗伤人。 这是为妻的一心话， 再不要当成耳边风。 李登云有语开言道， 叫声夫人孙秀贞， “五经四书”我精明， 这么些礼行我能懂。 家园家事你照应， 你把人情门户你应承。 二位娃娃我走了， 全要夫人你心疼， 夫妻拉罢知心话， 李登云拉马要走脱， 李登云刚刚站起身， 金哥银姐把腿抱定。	家常饭，粗布衣， 知歪知好自己的妻。 李登云紧走要起身， 开言又叫我的夫人。 我出门不把裙钗的贪， 你家里不要把狐心安。 你不要点胭脂不要擦粉， 你不要在街上去散心。 卫辉府街上没好人， 黑痞野鬼半个城。 一脊背把你背起身， 你妇道人家怎么应承？ 孙秀贞开言把丈夫称， 你管你大放宽你的心。 家园家事我照应， 人情门户我应承， 两个娃娃我照应。 展开眉头放宽心， 谁家的男人不出两天门。 李登云紧走要起身， 两个娃娃把腿抱定。	
	(7)	爹爹老父叫几声， 你老家上京务功名， 要是你功名高了升， 千万不要忘了母子我们三人。 高叫一声二位孩儿你们听，	金哥、银姐把爹爹腿往住一抱，“爸爸，孩儿不让你起身，孩儿不让你起身”。 “儿呀，为何不让爹爹起身？” “爸爸，这离东京山高路远，半月途程，恐怕你老上	话说金哥、银姐走上前来，把爹爹一抱，“爹爹，孩儿不让起身，孩儿不让起身”。 李登云说：“儿呀，为什么不让爹爹起身？” 金哥、银姐一听，大放悲

续 表

段	节	文本一	文本二	文本三
2	(7)	你展开眉头放宽心。 爹爹大功成就了, 永远不忘你们母子三人。 “爹爹,远行大吉。” “儿呀,回家安宁。”	了东京,昧了良心,撂下我们母子三人,谁人照应?” “咳,好娃娃,咱们穷成这样的光景,老爹爹还能昧了良心?爹爹上京为赶考,不是为昧良心。” “爸爸,不保险。人心一顿饭,天地一时辰,恐怕你昧了良心,撂下母子三人,谁人照应?” “娃娃,不,不怕。” 孙秀贞说:“儿呀,你把你爸爸放脱,你爸爸不是那号人。起身盘缠没有的,妈妈金簪卖得二十两银,他拿了盘缠,他能昧了良心?娃娃,不要怕,叫你爸爸去。” 两个娃娃往脱一放,双眼掉泪。孙秀贞说:“丈夫你暂等一时,为妻送你起身。”	声,“东京离搭儿山高路远,半月路程,恐怕爹爹上了东京,昧了良心,没人照应”。 “哎呀呀呀……儿呀,你大放宽心,老爹爹□□不是那号人。” 金哥、银姐一听,“人心一顿饭,天地一时辰,恐怕爹爹上了东京,昧了良心,撇下母女三人,没人照应”。 哎呀呀呀……这么点娃娃,那能解开个昧良心长短?哎呀,怕不得非轻,不得非轻,“儿呀,你大放宽心,老爹爹□□不是那号人”。 孙秀贞说:“儿呀,不要哭了,则叫你爹爹去。” “夫人——” “丈夫——出门远行大吉。” “夫人,款款回家里安宁——”
3	(8)	李登云打马盼路程, 远奔阳关赶路程。 路上走,路上行, 一路上走路盼路程。 走路走了多时到, 这一天上了东京城。 上了东京住店房, 每日起来把文章论。 惊动惊动多惊动, 惊起宋王龙主公。	李登云紧走要起身, 孙秀贞和两个娃娃心里痛。 含着眼泪送出门, 李登云眨眼不见人影影。 孙秀贞走在当院前, 三炷明香点得红。 双膝跪在地流平, 祷告救苦救难的观世音。 我男人路上要没圪腾, 早起烧香晚点灯。 保佑我男人头名状元中,	李登云说罢就起身, 母女三人送出门。 说的李登云出了门, 远奔阳关路一根。 我不说李登云盼路程, 回书再说母子们三个人。 母子哭得进了门, 双圪膝跪在地流平。 救苦救难的观世音, 出门的人儿你照应。

续 表

段	节	文本一	文本二	文本三
3	(8)		浑猪双羊报神恩。 叩头一拜起平身， 手托娃娃进了门。 孙秀贞坐在床前盛， 滴滴眼泪多一阵。 娘们在家里受了贫， 家里边断顿打断顿。 勺勺米，块块炭， 早起吃饱黑里空。 按定母子这三人， 再听路上的李登云。 随身的衣衫上东京， 脊背上行礼背一捆。 五里走的阳关路， 十里走的困途程。 山高水低路不平， 转弯过去慢慢行。 白日走的阳关路， 夜晚东关店里盛。 一寸光阴一寸金， 寸金难买寸光阴。 盼了一天又一天， 走了一程又一程。 陆路走了两个月， 那一天到了东京城。 闯进三层铁箍门， 照见东京灰蓬蓬。 远照城高三点水， 坐看渡口赛羊群。 人走吊桥如雷响， 马踏尘土飞在空。 东街的幌子龙摆尾， 跑马卖艺耍冷虫， 卖挡的医生拉狗熊。 十七八女子踩软绳， 四个人抬了个毛野人。 卖茶打饭乱咚咚，	保佑我丈夫务了功名， 浑猪双羊报神恩。 保佑我丈夫上了东京， 三天大戏三口牲。 娘们家哭得很伤心， 眼泪洗脸过光景。 按定娘们家且不表， 再说路上的李登云。 李登云路上走得紧， 远奔阳关路一根。 路上走了半个月整， 远远看见东京城。 远看城高三点水， 近看垛口赛羊群。 里连城，外连城， 十二连城城套城。 人走吊桥如雷吼， 马踏道土飞在空。 闯进三道铁箍门， 牌门不断人挤人。 走马卖艺耍冷虫， 十七八的女娃娃踩软绳。 十四五的女孩蹬锅瓮， □□门上摆酒盆。 城门的景致数不清， 城内的店掌柜呐喊多一阵。

续　表

段	节	文本一	文本二	文本三
3	(8)		过来些光棍卖衣裳。 铁匠放火拉风箱， 瘸子们剃头挖耳朵。 李登云到了东京城， 在留人店里安了身。 留人店里安了身， 客人来了四百多。	
	(9)		留人店房子有一百二十多间，上光下光，都住得满满的。李登云说：“掌柜的，你贵姓？” “我姓王。” “你这叫什么店？” “唉，一阵叫留人店，一阵价叫招商店，我也解不开什么店。” “你这住一晚上多少？” “有歪的有好的，有贵的有贱的嘛。” “贵的多少，贱的多少？” “贵的？你要住贵的一宿是二百钱，贱的一夜五十个钱。” “唉，穷人没钱，贱些对。” “哦，钱也不大，店也不好。” （快板）进旅店，不管饭， 蝇蜢圪蚤够鸡蛋。 一夜起来五个人， 赶明咬死两对半，两对半。 “哎呀，出门人该为活嘛，那么个，我不住了。二百钱咋个？ “哎，那好嘛。” （快板）进店接，出店送， 洗脸盆盆花汗巾。 干草砸碎喂牲灵， 下房不盛上房盛。	叫客人，你们听， 谁要住店我这里盛。 碗又大，饭又重， □□□□算得清， 进店接，出店送， 盆盆水里花汗巾， 蟎蜢臭虫不咬人， 要吃猪肉烩片粉， 要吃羊肉炒细粉。 要喝糖茶泡点心， 客人觉得不好盛， 瓜子醉枣落花生。 □□□□糖点心。 掌柜的夸店多一阵， 李登云相跟进了店房门。 我不说李登云进了店房门， 咱再说宋王开考棚。

续　表

段	节	文本一	文本二	文本三
3	(9)		四盏灯,点得明, 房子烧得暖烘烘。 红油线毡铺几层, 花花被子鸳鸯枕, 蝇蜢圪蚤都栓定。 早起猪肉烙烙饼, 晌午羊肉馒头炒细粉。 喝茶汤,泡点心, 瓜子□□落花生。 豆腐干,薄煎饼, 什么好吃还什么行。 当炕摆下个大尿盆, 尿尿不用下炕楞。 “我就住这店,就住这店。 二百钱就二百钱,掌柜你带路。” “客人,跟我来——”	
4	(10)		掌柜在头前把路引, 李登云引在个小房里盛。 包裹行李接回房, 打来一杯清茶润口唇。 李登云就在这店里盛, 怀抱文章自用心。 不说李登云念书用了功, 再说东京开考棚。 主考大人坐当中, 文武百官两边分。 差官丫鬟紧伺应, 主考大人把文章看。 五百贵人都来了, 都把文章往上送。 主考大人把卷子审, 花开两朵另表明。 正宫娘娘上金殿, 连把万岁叫一声。	

续　表

段	节	文本一	文本二	文本三
4	(11)	话说宋王龙主正坐龙廷，龙心盘算，寡人今年开这个龙门，十三省贵客举子都来上京务功，寡人翠华宫尚有皇姑二九一十八春，没有驸马招亲…… “宫娥彩女上殿！” 宫娥彩女上得殿来，二次撩衣跪倒，“我主在上”。 万岁传旨：“宫娥彩女，赶快禀报你家皇姑知道，叫她梳洗打扮，更换衣衫，连上彩楼二十四层抛绣球招亲。绣球落在谁人身上，家中有妻的，满斗金尖斗银，官上加官禄上封；家中无妻的，引回翠华宫，和你皇姑拜堂完婚。” 宫娥彩女说：“遵旨——”	正宫娘娘上殿，“万岁，万岁，万万岁。” “你平日无事不上金殿，讲说什么？” “万岁，大皇姑婚姻成就，配了陈世美。二皇姑婚姻未成，京城开考，来了五百多贵人，叫二皇姑梳洗打扮，更换衣衫，上在十三层彩楼，彩楼抛绣球招驸马千岁”。 万岁龙心大喜，“好，梓潼下去，叫二皇姑更换衣衫，梳洗打扮，彩楼飘绣球招驸马千岁。” 正宫娘娘走在翠华宫苑，忙说：“女儿呀，你爹爹叫你走上十三层彩楼，彩楼飘绣球招驸马千岁，女儿意下如何？” “娘呀，婚姻大事你老承担，女儿不管。” “娃娃，一辈子终身大事还要女做主哩。” 宫娥彩女忙说：“哟，这是好事嘛，有喜有喜，人喜自喜，时又对、运又正，皇姑婚运动。” “宫娥彩女伺候——”	话说正宫娘娘上了金殿，双膝跪下，口称“万岁我主，我主万岁，这一科来了许多的贵人，命咱女二皇姑梳洗打扮，更换衣衫，走上十三层彩楼，飘绣球招驸马千岁。”宋王一听，龙心大喜：“梓潼讲话□□，宫娥才女传给你家二皇姑娘，梳洗打扮，更换衣衫，走上十三层彩楼，飘绣球招驸马千岁。宫娥彩女伺候——”
5	(12)	彩女上边传一声， 公主梳洗打扮换衣巾。 彩女头前引了路， 公主随后紧相跟。 上了彩楼头一层， 照见公主翠华宫。 上了彩楼第二层，	面前里放下个香油瓶， 细粉妆盒往下寻。 抖乱金丝赛乌云， 一滴香油润脑门， 好像秦王乱点兵。 象牙梳，在手中， 放在个头上抿两抿。	宫娥彩女□□□， 二皇姑打扮多一阵。 象牙梳子拿手中， 放在头上拧了拧。 前梳昭君抱琵琶， 后梳毛猴拜观音。 一面梳的龙戏水，

续　表

段	节	文本一	文本二	文本三
5	（12）	照见三宫六院门。 上了彩楼第三层， 金镶玉璧实在俊。 上了彩楼第四层， 金瓜钺斧朝天镫。 上了彩楼第五层， 一对青狮放光明。 上了彩楼第六层， 照见万岁昭阳宫。 上了彩楼第七层， 朝阳鼓来景阳钟。 上了彩楼第八层， 照见万岁午朝门， 上了彩楼第九层， 照见转本御史门， 上了彩楼第十层， 照见万岁九龙墩。 上了彩楼十一层， 金砖玉瓦放光明。 上了彩楼十二层， 金銮宝殿放光明， 上了彩楼十三层， 照见东京一座城。	左梳左绾左盘龙， 右梳右绾虎腾云。 前梳昭君抱琵琶， 后梳牡丹石榴分。 又梳毛猴拜观音， 又梳凤凰飞在空。 又梳六郎乱点兵， 又梳毛猴闹纷纷。 当中留一个小空空， 梳一个张生戏莺莺。 四朵大花别四方， 十二朵小花别两旁。 一朵压花压一个紧， 汗巾打了个方整整。 八宝金环坠耳跟， 温温水端过一盆盆。 把汗巾闷在个水盆盆， 水珠珠一拧嘶淋淋。 脸皮揩得水圪铮铮， 脸蛋上抹了桃红粉， 兰州的胭脂点口唇。 满口银牙对对分， 象牙鼻子香筒筒。 弯弯细眉两张弓， 头上金丝黑幽幽。 二龙项圈脖子里戴， 腔子上掉一个大圆牌。 上穿绿，下穿红， 连着八分扫地裙。 金莲大小没二寸， 穿着绣鞋两盏灯。 绿丝袜子两脚蹬， 花花绣鞋薄后跟。 脊背上掉一对银铃铃， 十三省地方都数头等。 弯弯眉，杏子眼， 银盘大脸朱红点。	一面梳的虎翻身。 中间留下个小空空， 把梳子□□□□□□， 十朵大花别四方， 十朵小花□□□， 一朵大花压脑门， 一对金环戴耳根。 脸上抹的桃红粉， 苏州的胭脂点口唇。 罗巾丝裙绣金龙， 红洋缎绣鞋足上登， 走上好像风摆浪， 站下好像个□□□， 皇姑头边把路引， 宫娥彩女紧相跟。 皇姑上了彩楼棚， 香烟点了通罡红。

续 表

段	节	文本一	文本二	文本三
5	(12)		小小金莲白脸脸， 长的一对花眼眼。 高低不过四尺几， 这些女人世上稀。 一对对胳膊一双双鞋， 像春上水萝卜剥了皮。 戴对手镯四两三， 满手的戒指发翠兰。 紧走一步将三寸， 慢走一步踪对踪。 脚稍一伸豆芽根， 脚后跟一踏铜钱洞。 古时的木匠怪得很， 脚后跟又安银铃铃。 金铃铃，银铃铃， 皇姑走上怪好听。 丫鬟走脱圪腾腾， 皇姑走上圪噔噔。 圪腾腾，圪噔噔， 两个女人下楼门。 宫娥彩女后背跟， 香纸盘盘端手中。 皇姑迈步下楼门， 花开两朵另表明。 呼啦啦出了翠华宫， 穿街过巷莫愁心。 紧走走在当街上， 走起彩楼十三层。 二皇姑上了头一层， 看见举子生意人。 二皇姑走上第二层， 看见王侯公子乱咚咚。 二皇姑走上第三层， 看见万岁午朝门。 二皇姑走上第四层， 看见天波府里有杨家的人。 二皇姑走上第六层，	

续 表

段	节	文本一	文本二	文本三
	(12)		看见安东府里有呼家的兵。 二皇姑走上第七层， 照见校场乱点兵。 二皇姑走上第八层， 文武百官在朝中。 二皇姑走上第九层， 看见昭阳翠华宫。 二皇姑走上第十层， 五丞四相在两边分。 二皇姑上了十一层， 看见万岁的九龙墩。 二皇姑走上十二层， 看见皇后都伺应。 二皇姑走上十三层， 双膝跪在地流平。	
5	(13)	她把绣球放到正面盛， 香麻□纸跪倒身， 我祷告绣球你来听， 你今日落到贵人身， 我焚香贡献三年零。 你今日落到草花子身， 钢剪铰你碎纷纷。	二皇姑走在十三层彩楼上，往倒一跪，点了三炷香，烧了一张表，磕了一头，“救苦救难观音老家、观世音老家，空中过往诸神老家，配婚老道老家，你老显灵感应，神爷管天管地，保佑绣球落在贵人的身——”	保佑绣球落在贵人身， 浑猪双羊报神恩； 绣球落在穷人身， 当即剜你个碎纷纷。
	(14)	绣球抛到半空中， 没见落地哪里行， 皇姑下了彩楼厅， 紧走回到翠华宫， 把宫娥彩女叫一声。	一颗绣球抬脱笼， 斗大的绣球绕在空。 一阵绕西一阵东， 底下的贵人倒乱死声。 一个说绣球落在我的身， 不穿棉袄暖三冬； 一个说绣球落在我的身， 明早死下不灰心； 一个说绣球落在我的身， 短寿十年也能行； 一个说绣球落在我的身，	皇姑祷告多一阵， 急坏楼底下的众贵人。 这个说绣球落在我的身， 不穿棉衣暖三冬； 这个说绣球落在我的身， 今死了明埋也愿情； 众贵人祷告多一阵， 过来河南的李登云。 李登云正然往过行，

续　表

段	节	文本一	文本二	文本三
5	(14)		我白日黑夜跪下敬神神； 一个说绣球落在我的身， 六台大戏报神恩。 贵人厮闹了多一阵， 来了个河南的李登云， 手拿文章准备进彩棚。 一颗绣球推脱落， 端端落在他胳膊上。 李登云把绣球忙逮定， 正宫开言问一声。	绣球落在他的身。 李登云抱上就起身， 新科状元 李登云正然往过行， 正宫娘娘喊一声。
	(15)	“哟，宫娥彩女，姑娘绣球起在空中未见落地三分，你们赶快走到街前，手捣筛锣，高声叫话，要看绣球落在人谁身上？要是家中有妻的，满斗金，满斗银，官上加官禄上封；家中没妻的，引回翠华宫拜堂完婚。” 宫娥彩女手捣筛锣，“绣球落在谁人身上，绣球落在谁人身上？”李登云正在花园散心，看见袍袖里边有一条棉线，赶快往出一撅，咦，撅的这么个小球，花花里，里里花，认也认不得这是个啥……“哎，你看这是个啥东西？” “哟，这就我家姑娘绣球。” “哎哟，你家姑娘绣球，为什么落在我身上？” “哎，我家皇姑娘抛绣球招亲，看绣球落在谁人身上，落到你身上，家中有妻的，满斗金，满斗银，官上加官禄上封；家中无妻的，引回翠华宫，和我皇姑拜	“这位贵人，你是哪里人氏？” “我是河南卫辉府人氏。” “你贵姓？” “不敢，姓李，名叫李登云。” “你多大年纪？” “今年三十二岁。” “家里老人在世不在世？” “父母双亡，就我一人。” “家里弟兄姊妹几人？” “唉，我上无哥哥下无妹，又没姐姐没兄弟，就我一个。” “好，你家里有妻无妻？” “哎哟，你问这么细，有妻咋讲，无妻咋说？” “有妻，封你新科状元，官居浙江省八府巡按；要是无妻封你驸马千岁，万岁的女婿。” 一句说得李登云两眼大瞪，盘算一阵，头往下一低，口问心，心问口，就像十五个吊桶打水——心里边七上八下。要说有妻，我这驸马就招不成了；要说无妻，我家有贤妻孙秀	话说正宫娘娘说：“哎哟，这位贵人，你是哪里人氏？” 李登云说：“河南卫辉府人氏。” “多大年纪了？” “我三十二岁了。” “有功(名)无功(名)？” “我天榜举人。” “有妻无妻？” “有妻咋讲，无妻咋说？” “有妻了，封你个新科状元，官居浙江省的八府巡按大印；无妻了，我招你个驸马千岁，万岁跟前的个女婿。” 哎哟，李登云口中不言，心中暗想要说有妻，恐怕驸马千岁招不成呀；要说无妻，家有我妻孙秀贞，所生儿女两条根，为人跟万岁一辈子直能当几回女婿呀？则把良心昧了罢，不昧良心不得发，昧了

续 表

段	节	文本一	文本二	文本三
5	(15)	堂完婚……你家中有妻呀没妻?” 哎呀,李登云心想这就难坏人了,要说我家中没妻去了,我娶妻孙秀贞,所生金哥、银姐;要说家中有妻去,招不成这皇姑。要是我李登云招了皇姑,你看我出门带的铁甲士兵,保命护身,虎威虎威,我天下驰名……哎呀!良心难卖了,城隍爷难见了,不卖良心不长茬,卖了良心不得发,管他长茬不长茬,我把良心昧了罢!孙秀贞呀孙秀贞,我已经跟你生下一儿一女了,两条根芽,你可翻转罗裙,另找一人,重过你的光景,我现在把良心昧了,忘了你了。 “我并没娶妻,二十四春,我姓李名叫李登云,河南卫辉府人氏。” “哟!”宫娥彩女跑在翠华宫上。“哟,皇姑娘有喜!绣球落在河南卫辉府李登云身上,并未娶妻,二十四春。” “宫娥彩女,赶快朱红大轿迎回翠华宫。” “遵令——”	贞,金哥、银姐两条根,两个娃娃把我送出门,我要昧了心,天也不容。又想了一阵说,唉,不昧良心不得发,昧了良心不长茬,管他长茬不长茬,我把良心昧了罢。只要我当时受荣华,管他死后变驴马。 “老人家,我家里没有娶妻。” “你没有娶妻?” “没有娶妻。” “你该没有儿女么?” “哎哟,老人家,没有娶妻,哪来的儿女?” “好,将千岁驸马衣裳换了,抬在午朝门来——”	良心不长茬,管他长茬不长茬,昧良心现得发呀,只管享荣华,哪管死后变驴马,“家里概没有娶妻,还没有娶妻。” “没的儿女?” “哪里的儿女。” “传过太监给驸马衣裳换了,抬进万岁午朝门外——”

参考文献

一 古籍

（汉）班固：《汉书》，中华书局1962年标点本。

（清）曹雪芹、高鹗：《红楼梦》，中华书局2009年版。

（晋）陈寿：《三国志》，中华书局1959年标点本。

（清）崔述：《补上古考信录》，中华书局1985年版。

（唐）段成式：《酉阳杂俎》，中华书局1981年版。

（清）纪昀：《阅微草堂笔记》，河北教育出版社1995年版。

（明）姜南：《蓉塘诗话》，周维德集校《全明诗话》，齐鲁书社2005年版，第1册。

（明）郎瑛：《七修类稿》，上海书店出版社2009年版。

（宋）李昉等编：《太平广记》，中华书局1961年版。

（唐）李肇：《唐国史补》，上海古籍出版社1979年版。

（汉）刘安：《淮南子》，上海古籍出版社2016年版。

（五代）刘昫等：《旧唐书》，中华书局1975年标点本。

（明）吕坤：《吕坤全集》，中华书局2017年版。

（宋）孟元老等：《东京梦华录》（外四种），古典文学出版社1956年版。

（宋）欧阳修、宋祁：《新唐书》，中华书局1975年标点本。

（清）彭定求等编：《全唐诗》，中华书局1960年标点本。

（清）蒲松龄：《聊斋志异》，三秦出版社2016年版。

《十三经注疏》整理委员会整理，李学勤主编：《十三经注疏·周礼注疏》，北京大学出版社 1999 年版。

（汉）司马迁：《史记》，中华书局 1959 年标点本。

（明）宋濂：《元史》，中华书局 1976 年标点本。

（明）汤显祖：《汤显祖诗文集》，上海古籍出版社 1982 年版。

（明）田汝成：《西湖游览志余》，上海古籍出版社 1958 年版。

（明）田艺蘅：《留青日札》，上海古籍出版社 1992 年点校本。

（宋）吴曾：《能改斋漫录》（上），上海古籍出版社 1979 年版。

（清）西周生：《醒世姻缘传》，齐鲁书社 1993 年版。

（明）澹圃主人（诸圣麟）：《大唐秦王词话》，中州古籍出版社 1986 年版。

（明）薛旦《醉月缘》，廖可斌主编《稀见明代戏曲丛刊》，东方出版中心 2018 年版，第 6 册。

（清）严可均辑：《全后汉文》（下），商务印书馆 1999 年版。

（清）阮葵生：《茶客余话》（下），上海古籍出版社 2012 年版。

（明）臧懋循：《负苞堂集》，古典文学出版社 1958 年版。

（清）张廷玉：《明史》，中华书局 1974 年标点本。

（唐）张鷟：《朝野佥载》，中华书局 1979 年版。

（宋）周密：《癸辛杂识》，中华书局 1988 年版。

（明）周清原：《西湖二集》，人民文学出版社 1989 年版。

（明）朱京藩：《风流院》，《古本戏曲丛刊二集》，国家图书馆出版社 2016 年影印本，第 24 册。

（战国）左丘明：《国语》，上海古籍出版社 2015 年版。

《绣像天门阵鼓词》，上海江东茂记书庄宣统庚戌（1910）石印本。

《绣像杨家将鼓词》，上海锦章书局石印本。

《绣像杨金花争帅印鼓词》，上海江东茂记书局民国元年（1912）石印本。

《绘图新编鼓词八剑七侠十六义》，上海校经山房书局民国七年（1918）石印本。

《前后说唐鼓词全传》，上海校经山房书局民国五年（1916）石印本。

《悟道双林宝卷》抄本，子洲县王家墕村武修文存。

道光《清涧县志》，台湾成文出版社有限公司 1970 年影印本。

嘉庆《延安府志》，台湾成文出版社有限公司1970年影印本。

光绪《绥德州志》，台湾成文出版社有限公司1970年影印本。

民国《安塞县志》，《中国地方志集成·陕西府县志辑》，凤凰出版社2007年影印本，第42册。

民国《横山县志》，台湾成文出版社有限公司1969年影印本。

民国《米脂县志》，《中国地方志集成·陕西府县志辑》，凤凰出版社2007年影印本，第43册。

民国《延川县志》，中国档案出版社2003年点注本。

二 中文著作

安塞县地方志编纂委员会编：《安塞县志》，陕西人民出版社1993年版。

白化文、周绍良编：《敦煌变文论文录》（上册），上海古籍出版社1982年版。

白维国：《白话小说语言词典》，商务印书馆2010年版。

鲍震培：《清代女作家弹词研究》，南开大学出版社2008年版。

曹伯植：《陕北说书概论》，陕西人民出版社2010年版。

曹伯植等编：《陕北说书传统书目选编》，陕西人民出版社2010年版。

朝戈金：《口传史诗诗学：冉皮勒〈江格尔〉程式句法研究》，广西人民出版社2000年版。

车锡伦：《中国宝卷总目》（修订本），北京燕山出版社2000年版。

车锡伦：《中国宝卷研究》，广西师范大学出版社2009年版。

陈汝衡：《说书史话》，人民文学出版社1987年版。

程毅中辑注：《宋元小说家话本集》（全二册），齐鲁书社2000年版。

冯丽娜：《盲说书人的调查与研究》，中国文史出版社2013年版。

伏俊琏：《敦煌文学文献丛稿》，中华书局2004年版。

富世平：《敦煌变文的口头传统研究》，中华书局2009年版。

高长天、张小兵：《陕北历史文化述略》，陕西人民出版社2006年版。

顾颉刚：《古史辨自序》（下），商务印书馆2011年版。

郭冰庐：《乡土陕北》，人民出版社2016年版。

韩起祥编：《翻身记》，长安书店 1963 年版。

韩起祥编，高敏夫记：《刘巧团圆》，东北书店 1947 年版。

韩起祥编唱，孙宏亮编：《韩起祥陕北说书曲目选编》，中国致公出版社 2018 年版。

韩起祥口述，孙宏亮编：《红色说书人——韩起祥陕北说书口述史》，中国致公出版社 2018 年版。

横山县地方志编纂委员会编：《横山县志》，陕西人民出版社 1993 年版。

胡孟祥：《韩起祥评传》，中国民间文艺出版社 1989 年版。

胡士莹：《弹词宝卷目》，古典文学出版社 1957 年版。

胡士莹：《话本小说概论》（上下），中华书局 1980 年版。

环县道情皮影志编纂委员会编：《环县道情皮影志》，甘肃文化出版社 2006 年版。

黄新力：《陕北盲说书人》，上海锦绣文章出版社 2009 年版。

佳县地方志编纂委员会编：《佳县志》，陕西旅游出版社 2008 年版。

雷梦水等编：《中华竹枝词》（1），北京古籍出版社 1997 年版。

李家瑞：《北平俗曲略》，中国曲艺出版社 1988 年版。

李希凡、孟繁树、吴文科：《中华艺术通史》（清代卷），北京师范大学出版社 2006 年版。

李修生主编：《全元文》，凤凰出版社 2004 年版，第 29 册。

李雪梅等：《中国鼓词文学发展史》，上海人民出版社 2012 年版。

李豫等：《中国鼓词总目》，山西古籍出版社 2006 年版。

李豫等：《清代木刻鼓词小说考略》（上下），三晋出版社 2010 年版。

李豫主编：《清末上海石印说唱鼓词小说集成》（10 册），上海人民出版社 2013 年版。

林继富：《民间叙事传统与故事传承：以湖北长阳都镇湾土家族故事传承人为例》，中国社会科学出版社 2007 年版。

刘复、李家瑞等：《中国俗曲总目稿》（上下册），台湾“中央研究院”历史语言研究所 1993 年影印本。

刘汉腾、纪玉莲：《延绥镇志校注》，二秦出版社 2006 年版。

刘烈茂、郭精锐：《车王府曲本研究》，广东人民出版社 2000 年版。

刘志学：《志丹书库·民俗风物卷》，中国文史出版社 2010 年版。

陆澹安：《小说词语汇释》，中华书局 1964 年版。

马西沙、韩秉方：《中国民间宗教史》（上下），中国社会科学出版社 2017 年版。

马紫晨等：《戏曲知识 300 问》，河南文艺出版社 2015 年版。

米脂县志编纂委员会编：《米脂县志》，陕西人民出版社 1993 年版。

潘重规编：《敦煌变文集新书》，台湾文津出版社有限公司 1994 年版。

亓娟莉：《乐府杂录校注》，上海古籍出版社 2015 年版。

钱仲联：《剑南诗稿校注》，上海古籍出版社 1985 年版。

清涧县志编纂委员会编：《清涧县志》，陕西人民出版社 2001 年版。

曲六乙、陈达新编：《傩苑——中国梵净山傩文化研讨会论文集》，中国戏剧出版社 2004 年版。

尚丽新、车锡伦：《北方宝卷研究》，商务印书馆 2015 年版。

盛志梅：《中国传统说唱文学之发展流变》，中国社会科学出版社 2013 年版。

孙鸿亮：《陕北说书研究》，天津人民出版社 2011 年版。

孙宏亮：《弹起三弦定准音——陕北说书考察》，陕西师范大学出版总社有限公司 2017 年版。

汤可敬译注：《说文解字》，中华书局 2018 年版。

王国维：《古史新证——王国维最后的讲义》，清华大学出版社 1994 年版。

王季思主编：《全元戏曲》（第 2 卷），人民文学出版社 1999 年版。

王兆仪：《陕北区域方言选释》，三秦出版社 2014 年版。

王正强：《兰州鼓子研究》，甘肃人民出版社 1987 年版。

王重民等编：《敦煌变文集》（上下），人民文学出版社 1957 年版。

伍忠纲、伍凯锋：《镇宁布依族》，贵州大学出版社 2014 年版。

吴堡县志编纂委员会编：《吴堡县志》，陕西人民出版社 1995 年版。

徐珂编：《清稗类钞》，中华书局 1986 年版。

延川县志编纂委员会编：《延川县志》，陕西人民出版社 1999 年版。

杨明芳、杨进:《陕北语大词典》,陕西师范大学出版社 2011 年版。

叶大兵、乌丙安:《中国风俗辞典》,上海辞书出版社 1990 年版。

叶德均:《宋元明讲唱文学》,商务印书馆 2017 年版。

叶舒宪:《诗经的文化阐释——中国诗歌的发生研究》,湖北人民出版社 1994 年版。

袁明仁等编:《三秦历史文化辞典》,陕西人民教育出版社 1992 年版。

岳永逸:《空间、自我与社会——天桥街头艺人的生成与系谱》,中央编译出版社 2007 年版。

张定亚编:《简明中外民俗词典》,陕西人民出版社 1992 年版。

张鸿勋:《敦煌俗文学研究》,甘肃教育出版社 2002 年版。

张振涛:《声漫山门:陕北民族音乐志》,文化艺术出版社 2015 年版。

曾永义:《说俗文学》,台湾联经出版事业公司 1984 年版。

赵景深:《曲艺丛谈》,中国曲艺出版社 1982 年版。

郑振铎:《中国俗文学史》,商务印书馆 2010 年版。

志丹县地方志编纂委员会编:《志丹县志》,陕西人民出版社 1996 年版。

中国科学院考古研究所编:《长安张家坡西周铜器群》(考古学专刊乙种第十五号),文物出版社 1965 年版。

中国民间文艺研究会上海分会编:《中国民间文学论文选 1949—1979》(中),上海文艺出版社 1980 年版。

周振甫:《周易译注》,中华书局 1991 年版。

朱一玄校点:《明成化说唱词话》(13 种),中州古籍出版社 1997 年版。

中国曲艺志全国编辑委员会:《中国曲艺志·陕西卷》,中国 ISBN 中心 2009 年版。

子长县志编纂委员会编:《子长县志》,陕西人民出版社 1993 年版。

子洲县志编纂委员会编:《子洲县志》,陕西人民教育出版社 1993 年版。

[美] 阿尔伯特·贝茨·洛德:《故事的歌手》,尹虎彬译,中华书局 2004 年版。

[美] 理查德·鲍曼:《作为表演的口头艺术》(附录四),杨利慧、安德明译,广西师范大学出版社 2008 年版。

［美］卢公明：《中国人的社会生活：一个美国传教士的晚清福州见闻录》，陈泽平译，福建人民出版社 2009 年版。

［美］约翰·迈尔斯·弗里：《口头诗学：帕里－洛德理论》，朝戈金译，社会科学文献出版社 2000 年版。

［日］柳田国男：《传说论》，连湘译，中国民间文艺出版社 1985 年版。

［日］井口淳子：《中国北方农村的口传文化——说唱的书、文本、表演》，林琦译，厦门大学出版社 2003 年版。

三　外文著作

StephenJhons，RitualandMusicofNorthChina，Volume2：Shaanbei，Ashgate-PublishingLimited，2009.

四　论文报刊

朝戈金：《口传史诗的田野作业问题——南斯拉夫和蒙古史诗田野作业评述》，《民族文学研究》1999 年第 3 期。

朝戈金：《口传史诗诗学的几个基本概念》，《民族艺术》2000 年第 4 期。

杜金鹏：《说皇》，《文物》1994 年第 7 期。

何寿松：《清抄〈阴门打关煞科〉与儿童“过关”旧俗》，《收藏》2011 年第 3 期。

何新：《诸神的起源——中国上古神话新探·三皇考》，《中国社会科学院研究生院学报》1985 年第 2 期。

侯虎虎、王天强：《明代陕北自然灾害与民生研究》，《沈阳大学学报》2009 年第 4 期。

李国正：《“皇”字新解》，《语文研究》1986 年第 2 期。

李贵龙：《圣洁与凡俗同在的文化空间——绥德庙会文化述略》，绥德黄土文化研究会编《文化绥德》（内部刊物）2013 年第 1 期。

李衡眉：《三皇五帝传说及其在中国史前史中的定位》，《中国社会科学》1997 年第 2 期。

李世瑜：《宝卷新研——兼与郑振铎先生商榷》，《文学遗产增刊》1957

年第4辑。

李雪梅、李豫：《新发现元刻本〈包公出身除妖传〉说唱词话考论》，《民族文学研究》2013年第6期。

蔺文瑞：《瞽：上古时代的游吟诗人》，《中国戏剧学院学报》2003年第4期。

刘水云、车锡伦：《清代说唱文学文献》，《文献季刊》2003年第3期。

毛巧辉：《韩起祥说书的民间性阐释》，《兰州学刊》，2006年第1期。

孟万春：《从语言的三个平面看汉语方言分区——兼谈延长方言的归属问题》，《内蒙古社会科学》2006年第4期。

潘建国：《明说唱词话〈新刊宋朝故事五鼠大闹东京记〉考——再论“五鼠闹东京”之故事流变及其学术意义》，《文学遗产》2015年第2期。

孙鸿亮：《先秦“瞽矇文化”与陕北说书》，《社科纵横》2008年第8期。

孙晓忠：《改造说书人——1944年延安乡村文化的当代意义》，《文学评论》2008年第3期。

王杰文：《语境主义者重返“文本”》，《青海社会科学》2013年第3期。

王清：《村落的记忆——马街及周边村落的传说研究》，《民间文化论坛》2004年第4期。

汪荣宝：《释皇》，《北大国学季刊》第1卷第2号。

肖波：《从“日首人身”形岩画看“皇”字起源》，《艺术探索》2015年第4期。

邢克斌：《“三皇”“五帝”的各种说法》，《文史知识》1983年第7期。

张志娟、安德明等：《〈表演理论对中国民间文学研究的意义〉问答、评议与讨论》，《民族艺术》2016年第1期。

郑杰文：《新发现的〈三皇遗训〉与唐代瞽人社会》，《文献》2009年第3期。

周福岩：《表演理论与民间故事研究》，《鞍山师范学院学报》2011年第1期。

常凯华：《陕北佛教石窟研究》，硕士学位论文，陕西师范大学，2013年。

呼延胜：《陕北土地上的水陆画研究》，博士学位论文，西安美术学院，

2012 年。

关意宁：《在表演中创造——陕北说书音乐构成模式研究》，博士学位论文，上海音乐学院，2011 年。

张连守：《明成化刊本说唱词话研究》，博士学位论文，复旦大学，2003 年。

[俄] 李福清：《中国民间说书与韩起祥的创新》，《国外社会科学》2008 年第 5 期。

[美] 马克·本德尔：《怎样看彝族〈梅葛〉："以传统为取向"的楚雄彝族文学文本》，付卫译，《民俗研究》2002 年第 4 期。

[美] 约翰·迈尔斯·弗里：《口头程式理论：口头传统研究概述》，朝戈金译，《民族文学研究》1997 年第 1 期。

[日] 水越知：《元代的祠庙祭祀与江南地域社会——三皇庙与赐额赐号》，《宋史研究论丛》2007 年。

付克：《记说书人韩起祥》，《解放日报》1945 年 8 月 5 日第 4 版。

林山：《说书训练班的收获》，《解放日报》1945 年 11 月 23 日第 4 版。

后　记

本书是我主持的2012年国家社会科学基金度项目“民俗文艺学视野下的陕北盲说书人研究”（批准号：12BZW125）的结项成果。为了避免文字过长，改用现在的书名。出版前做了一些内容和文献注释上的修改，删去了不必要的插图和关于王家墕村醮会“宣卷”仪式过程的记叙。

我是从2006年开始采访陕北说书人的，屈指算来，竟有14个年头了。期间，我走遍了陕北地区所有县（区），去过的庙会和采访过的说书人的数量，自己也记不大清楚了。然而，每当打开电脑里的文件夹，聆听着那熟悉的曲调和声音，追随说书人下农村采访的情景便会浮现出来，历历在目，记忆犹新。10多年来，我共采录了140多本中长篇传统曲目的演唱视频和录音，整理了600多万字书词。不仅如此，作为见证者，我也亲眼目睹了古老农村和陕北说书的时代变迁。

本书是献给所有陕北盲说书人的。记得一位地方“文联”的负责人曾说过一句很有分量的话：“在陕北，人与人之间的交流靠的是民歌，山与山之间的交流就是一把三弦。”在电视和手机为代表的现代媒体和通讯工具大规模流行前，背负三弦、行走于村落的盲说书人不仅带来古老的故事，也传递着山那边的信息。他们不仅是故事的歌手，也是山与山、村与村之间联络的纽带。

首先感谢老吴、邱满囤、曹生高、拓开发、鲁峰、高新荣、张斌、刘世旺、王殿亮、刘忠元以及每一位盲说书人，他们精彩的演唱和热情、厚道，不仅为本书提供了丰富的材料，也使我增添了许多新的“书匠”朋友。

感谢陕北说书国家级非物质文化遗产传承人、陕西省曲艺家协会主席韩应莲，作为韩起祥的女儿，她为本书提供了大量珍贵的录音资料；感谢李维俊、王永文、乔仰文、王祖宁、郑宝、戴九洲、王勇、赵华英、贺四，作为老一代盲说书人的弟子，他们同样为本书提供了有价值的材料。

非常感谢国家社科基金对本书的资助，感谢国家社科基金评审专家对本课题的认可和支持。本项目不仅是陕北说书研究第一个获得立项的国家社科基金项目，并且结项鉴定等级为优秀，这是对我最大的鼓励。

感谢延安大学文学院、红色文艺研究中心的大力支持。特别是红色文艺研究中心这个十分温暖的团队，惠雁冰教授、霍建波教授、侯业智副教授、李萍副教授都在为各自手头的国家社科基金项目和教育部人文社科项目忙碌着，与他们的交流和探讨，使本书写作获得不少启发和灵感。能和他们在一起，我深感荣幸。感谢家人对我下农村的理解和支持，在那段最忙乱的日子里，女儿佳阳帮我校对了结项文本。

最后，还要特别感谢本书的责任编辑郭晓鸿老师，从书名的确定到书稿修改、文字校正，她都为本书提出了宝贵的建议，付出了辛劳。

孙宏亮

2020 年 4 月 23 日于延安大学图书馆

2012年度国家社会科学基金一般项目
（批准号：12BZW125）

陕西省高水平大学建设专项资助项目
（编号：2015SXTS-04）